생사학연구총서 1

생명과 인간존엄에 대한 숙고

한림대학교 생사학연구소 엮음

박문사

이 저서는 2012년 정부(교육부)의 재원으로 한국연구재단의 지원을 받아
수행된 연구임(NRF-2012S1A6A3A01033504)

○◉○◉

본 총서에서는 현대사회에서 생명윤리와 삶, 죽음과 죽음의 자기 결정의 논의가 어떻게 전개되고 있는가를 고찰한다. 이를 위해 생명 존중과 인간존엄의 철학적이고 종교적인 전제를 검토하고, 생명윤 리와 좋은 삶, 좋은 죽음에 대한 견해가 사회문화적 맥락 속에서 변 형되는 과정을 짚어본다. 나아가 생명윤리와 인간존엄의 사상이 죽 음의 자기결정권의 논란의 핵심에 있음을 살피고자 한다.

제1부에서는 급변하는 현대사회, 특히 과학기술의 발전과 함께 일상의 거대한 전환이 일어나고 있는 현대사회에서 어떻게 생명존 중과 인간존엄을 논의할 것인가의 질문을 던진다. 정영근은 역사적 삶 속에서 자기이해를 추구하는 존재로 인간을 이해하고, 근대적 합 리성에 대한 신봉 속에서 인간이 도구화되었음을 비판한다. 사회전 반에 확산된 인간의 도구화는 교육 현장에도 일상화되어, 근대 학교 교육은 인간 내면의 고유한 능력과 존엄성을 경시해 왔다. 기술혁신 과 함께 인간의 자기이해와 존재방식이 거대한 변환에 직면한 최근 에는 급변하는 시대적 요구에도 대응하지 못하고 있다. 오늘날 전인

머리말

◉◉◉◉

교육이 더욱 요구되는 것은 과학의 발전과 함께 인간 존재의 미래와 인류의 운명이 새로운 국면에 처해 있기 때문이다.

　과학기술의 혁신은 '생명존엄'에 대한 윤리적 지평을 흔들고 있다. 냉동배아나 복제된 배아, 뇌사자나 식물인간의 장기이식 사전 동의의 문제, 생명연장 혹은 치료중지 등 의료현장에서 생명윤리의 논쟁은 끊이지 않고 있다. 공병혜는 현대 의료현장, 생명의 출발과 죽음의 과정에서 인격이란 무엇이며 인간의 존엄성은 어디에서 출발하는가라는 생명윤리의 질문들이 쏟아지고 있기에, 이에 응답하기 위한 사회적인 합의의 과정이 절실함을 강조한다. 저자는 리쾨르의 『타자로서의 자기』에서 전개된 '이야기적 정체성'과 '배려의 윤리'에 근거하여 생명과 인간존엄을 둘러싼 생명이해의 지평을 넓히고자 한다.

　오늘날 과학기술과 생명공학의 발전은 생명과 인간의 본질에 대한 이해를 크게 변형시키고 있다. 인간게놈프로젝트(HGP)를 통해 인간의 본성을 인간의 유전자 안에서 찾으려하는 유물론적 이해 방식이 강조되기도 했다. 이에 양선진은 왕양명의 생명론과 전인전 인간관에 주목하여, 서양의 주류 철학과 달리, 지성과 감성을 넘어서 도덕성과 영성이라는 특성을 모두 인정하는 총체적이며 통합적 인간이해를 제시한다. 이는 고전적인 생명론을 현대사회에서 새로이 해석하여 생명에 대한 감각을 일깨우려는 시도이다.

◌◌◌◌

호리에 노리치카의 글 역시 생명에 대한 재인식을 촉구한다. 그는 2011년 동일본대지진 이후의 원전사고를 통해 경제 우선주의 속에서 어떻게 생명이 위협을 받고 있는가를 비판한다. 또한 '감당할 수 없는 위험'을 딛고 서 있는 오늘날의 '풍요'가 어떻게 현재의 인류뿐 아니라 미래 세대의 '생명'까지 위협하고 있음을 경고한다. 이와 같은 생명에 대한 각성은 현재 일본에서 반원전 운동의 근거가 되고 있다. 글로벌화된 거대한 위험이 인류를 파국으로 몰고 갈지도 모른다는 위기의식 속에서 전지구적인 생명의 연대가 생겨나고 있는 것이다.

2부에서는 우리가 어떠한 생사관의 전통 속에서 삶과 죽음을 인식하는가를 고찰하고, 죽음의 인식, 죽음의 경험을 통해 현대적 삶을 반추하고자 한다. '집에서 묘지로, 병원장례식장에서 납골당으로'라는 한국사회 죽음의 공간변화는 죽음을 둘러싼 의식의 변화를 가장 잘 보여준다. 천선영은 죽음의 공간 변화는 죽음에 대한 의식의 변화, 더 나아가 삶에 대한 의식의 변화를 가져오기에 이를 사회학적인 분석의 대상으로 삼는다. 그리고 죽음의 공간이 '우리 삶과 죽음에 대한 고백'의 장소가 되고, 산 자와 죽은 자가 이어질 수 있는 공간이 되어야 함을 강조한다.

양정연은 근대시기 『신여자』의 발간을 통해 여성의 인격적 각성

◉◉◉◉

가 자기 발전을 모색하고자 하였던 김일엽의 생사관을 검토했다. 김일엽의 삶은 인간 의미에 대한 끊임없는 물음이었으며, 여성운동과 불교 귀의, 수행을 통해 구체적으로 나타났다. 김일엽은 남성의 상대적 개념이 아니라 인간으로서의 '인격' 존중이라는 관점에서 여성운동을 전개했다. 출가하기 전까지 일엽에게 죽음은 좌절과 고통에서 벗어나는 최후의 방법으로 인식되었다. 그러나 종교에 귀의하면서 죽음을 생명이라는 과정 속에서 파악하였고 인격 완성의 길을 종교적 완성으로 제시하였다.

이케자와 마사루는 타이완의 생사학자 푸 웨이쉰과 일본의 종교학자 기시모토 히데오가 자신의 죽음을 마주하며 남긴 글들을 통해, 생사학자가 존엄한 죽음을 성찰하는 과정을 보여준다. 푸 웨이쉰과 기시모토 히데오는 그들이 속해 있는 전통적인 종교나 문화를 재해석하여 삶과 죽음에 대한 그들의 견해를 수립했다. 이케자와는 동아시아의 학자들이 놀라울 정도로 같은 길을 걸었다는 것에 의미부여를 한다. 삶과 죽음에 대한 우리의 일상적인 감각이 무의식적으로 우리의 전통문화의 영향 하에 있으며, 그렇다면 아시아 생사학의 중요한 주제는 아시아의 문화적 전통 안에서 삶과 죽음의 문제를 해석하는 일이 될 것임을 주장하는 것이다.

제3부에서는 삶과 죽음에 대한 사회문화적 이해가 의료현장과 법

◎◎◎◎

률의 차원에서 어떻게 구현되는가를 밝힌다. 최근 이를 가장 뚜렷하게 보여주는 것은 죽음의 자기결정권을 둘러싼 법적 변화이다. 이념적 측면에서 보면 여기에는 생명과 삶, 죽음에 대한 거대한 패러다임의 변화가 함축되어 있다. 쑨 샤오즈는 환자의 치료와 생명연장, 혹은 치료중단에 대한 환자의 자주적인 권리를 보장하는 타이완의 '환자자주권리법'의 내용을 소개하고 그 의미를 밝힌다. 환자자주권리법은 의료현장과 사회전반의 변화를 전제로 하는 법안인 동시에 끊임없는 논쟁 속에 있는 의료윤리, 존엄한 죽음, 좋은 죽음에 대한 타이완의 사회적 합의의 진척을 보여주는 법안이기도 하다.

양정연은 말기환자의 의견을 존중하고 그 결정에 대한 법적 근거를 제공하는 것을 주된 목표로 하는 타이완의 <안녕완화의료조례>를 불교생사관의 관점에서 검토한다. 호스피스에서는 존엄한 죽음을 맞이할 권리라는 관점에서 <안녕완화의료조례>를 검토하지만, 생사학에서는 영적 성숙과 다음 단계를 위한 준비과정으로서 조례 제정의 필요성을 강조한다. 본 글에서는 말기환자에 대한 안녕완화의료가 종교적 완성이라는 관점에서 어떠한 의미를 가지는가를 살핀다.

'김할머니 사건'으로 알려진 한국사회의 첫 존엄사 판결은 한국사회에서 연명치료 중단에 대한 법제화 논의를 촉발시켰다. 유지영은 이 판결의 과정을 돌아보며 존엄사의 의미를 고찰하고, 미국과

◉◉◉◉

네덜란드에서의 존엄사 법제화 과정과 그 내용을 검토함으로써 존엄사법에 대한 다양한 견해를 소개한다. 그리고 존엄사의 합법화는 생명을 보호할 권리와 죽을 권리 사이의 갈등을 초래할 수 있는 중대한 사안이기에 사회적 의사소통과 합의를 통해 신중하게 접근해야 함을 강조한다.

3부로 구성한 이 책을 통해 '인간의 존엄'에 대한 이해를 기초로 생명윤리와 죽음의 자기결정권에 대한 논의들을 살펴보았다. 또한 생명과 인간존엄에 대한 자각이 좋은 죽음과 죽음의 자기 결정권에 대한 숙고와 긴밀히 연결됨을 밝히고, 이것이 과학과 의료의 발전, 사회규범의 변화와 함께 새로이 해석되고 있음을 검토하였다. 이는 생명과 인간존엄의 관점에서 죽음의 자기결정권에 대한 논의를 확산시켜, 인류의 생명과 존엄에 대한 돌아봄을 촉구하는 것이기도 하다.

천선영의 글은 생사학연구소가 주최한 제7회 학술대회 <좋은 죽음의 사회적 확산을 위한 학제적 접근>에서 발표한 원고를 수정 보완한 것이다. 유지영의 글은 제8회 학술대회 <동서양의 생명윤리 비교>에서 발표한 원고를, 공병혜, 양선진, 정영근의 글은 제9회 학술대회 <생명존엄 인식을 통한 전인적 가치관의 확립>에서 발표한 원고를 수정 보완한 것이다. 한편, 호리에 노리치카의 글은 한림대

◎◎◎◎

생사학연구소와 도쿄대 사생학·응용윤리센터가 공동으로 주최한 제6회 국제학술대회 <아시아 발전의 모순과 생사학의 모색>에서 발표한 원고를, 이케자와 마사루와 쑨 샤오즈의 글은 생사학연구소가 주최한 제7회 국제학술 <상실과 치유에 대한 생사학적 접근>에서 발표한 원고를 수정 보완한 글이다.

   이 총서의 취지에 공감하고 글을 가다듬는 수고를 해주신 집필진에 감사드리며, 편집에 도움을 준 한림대 생명교육융합학과 대학원생들에게도 감사를 표한다.

2018년 2월
한림대 생사학연구소 총서 편집위원회

목 차

제1부

생명존중과
인간존엄

생명과 인간존엄에 대한 숙고

인간의 존엄성과
전인교육

○◎○○

Ⅰ. 인간의 자기 이해

인간에 대한 질문은 인류의 역사를 관통하여 계속되었으며 시대
와 문화적 상황에 따라 상이한 답변이 제시되었다. 오늘날에는 생물
학·생리학·심리학·사회학·문화인류학·종교학 등 인간을 연구대상
으로 하는 학술분야가 그 수를 헤아릴 수 없을 정도로 많다. 그러나
이러한 개별과학은 그 학문 특유의 제한점과 연구방법 상의 한계로
인해 인간의 특정 부분만을 제시할 뿐이다. 어느 개별과학도 인간의
모든 측면을 완전하게 다룰 수 없으며, 연구대상을 객관적 방법으로
만 다루는 경험과학은 인간이 인간으로 되어가는 본원적 의미와 내
용을 파악할 수조차 없다. 본래 인본주의적 차원, 즉 "인간을 인간으
로 표현하고, 인간의 자기이해를 규정하며, 인간 현존재의 의미 전

체를 추론하는 그러한 차원"(코레트, 1993: 8)은 보편적 객관성 확보를 목표로 하는 경험과학의 영역 밖에 있다.[1]

삶의 실천에서야 비로소 파악되는 교육 또한 이미 인간의 자기이해의 한 부분이다 인간은 자신에 대한 의식이 형성되어 있을 때에만 교육과 연관된 모든 행위를 해낼 수 있다. 왜냐하면 자기이해가 전제되어야 그에 따른 교육의 목표가 설정되고 교육 방안이 구체화될 수 있기 때문이다. 따라서 인간과 교육의 관계를 논하기에 앞서 인간의 자기이해가 어떻게 형성되어 왔는지 역사적으로 살펴보는 일이 중요하다. 인간의 본질에 대한 사유는 오래 전부터 지속되었다. 인간은 자신이 살고 있는 세계의 근원과 의미에 대해 스스로 의문을 품을 뿐만 아니라, 역사적 삶 속에서 자기이해를 추구하게 마련이다. 서양의 경우 고대 그리스의 철학적 사고에서 현대의 철학적 인간학에 이르기까지 인간의 사유방식, 윤리적 행위, 우주에 있어서 인간의 위치 등에 대한 사색과 탐구가 계속되고 있다.

본 글에서는 서양을 중심으로 인간이 스스로를 어떻게 이해해왔는지 살펴보면서 근대 이후 자기 자신에 대한 자신감과 신념을 지니게 됨으로써 지구상의 다른 생물 존재와는 질적으로 상이한 예외적 지위를 인정하게 된 과정을 고찰한다. 중세에는 만물이 기독교적 창조라는 영원한 질서에 고착된 듯 보였으나, 르네상스시대 이후 인간은 이 질서 안에서 유일하게 요동치며 자신의 지위를 스스로 부여하

---

1 이러한 인식은 인간이해를 위한 우리의 학문적 노력이 '경험과학적' 접근과는 다른 그 어떤 시도이어야 한다는 점을 시사한다. 결국 인간 현존재를 이해하기 위해서는 문제 전체를 조망하는 '철학적' 접근이 필요하다.

게 되었다. 중세에서 근대로의 전환은 인간의 합리적 사고능력이 무한히 신뢰받는 과정으로 정치적·사회적 삶의 조건은 물론 신앙의 세계마저도 합리적으로 이해하려 하였다. 그러나 이러한 경향성은 다른 한편으로 국가발전 및 시민의 유용한 삶을 추구한다는 합리적 사고와 계획을 바탕으로 정치적·경제적 측면에서 인간을 도구화하는 과정으로 진행되었다. 이에 반발하여 인간 고유의 존엄성을 새롭게 정의하려는 시도가 나타나게 되었는데, 외부환경의 필요나 합리적으로 계획된 요구에 일방적으로 따르기보다는 내면에 주어진 고유한 능력을 스스로 통합해 독창적 문화와 생활을 영위하는 존엄한 존재로 인간을 파악하려는 관점이 그것이다.

인간은 선험적 규정이나 조건에서 연역될 수 없는 자기 고유의 정신능력을 지닌 개별성으로 이해되었다. 인간의 본질적 가치가 역사성을 지닌 개별 존재에 있기 때문에 인간 사이의 다양함이란 자체에 내재된 원천적·최종적인 것이다. 그래야 고유한 나다움을 형성·표현하는 도야과정을 통해 인간 스스로의 가치와 존엄성을 드러낼 수 있다. 도야사상가들은 시대경향성에 떠밀려가는 교육이 아니라 주어진 상황에서 스스로 자신의 고유한 모습을 찾아나가는 인간의 교육을 구상했다. 이는 다양한 지식내용 축적의 교육이 아닌 내면의 정신적 힘들을 조화롭게 통합하여 전인적 자아와 인격을 형성하는 교육이다. 페스탈로치는 인간 내면의 도덕성·지성·신체 능력이 서로 조화되어 전인을 형성한다는 이론적·실천적 교육사상을 제시했다. 그러나 예전과 확연히 달라진 기술적 환경이나 인공지능에 의해 인간의 지식·감정·노동이 그 형식은 물론이거니와 내용과 방법의 측변에서 급격히 변화하는 작금의 상황에서 사회와 학교가 전인교육의 정당성과 필요성을 어느 정도나 수긍할 수 있을지 의문이다.

II. 인간 존엄성의 역사적 형성과정

객관적 대상을 중시하는 사유가 그 중심을 이뤘던 고대 그리스시대의 철학에서 인간은 자연의 한 부분으로 이해되었고 가변적인 다른 모든 사물들과 더불어 자연철학의 탐구대상이었다. 후에 소피스트가 탐구의 대상을 인간과 인간관계로 전환하면서 인간은 우주의 중심으로 간주될 수 있었다. 소크라테스는 다른 소피스트들의 회의적·상대주의적 관점을 극복하면서 실천적·도덕적 측면의 인간을 이해하였다. 플라톤은 어떤 보편적 원리나 개념 또는 그 밖의 모든 것을 인식하는 데 기초가 되는 관념을 지녔기 때문에 인간은 진정으로 만물의 중심이라 생각하였다. 인간은 자신의 정신에 의해 가상계와 구분되는 참된 실재의 세계에 속하는 존재이다. 아리스토텔레스에 의하면 인간은 우주 안에 있는 다른 모든 물체와 똑같은 방식으로 존재하는 창조물이지만 이성을 지녔다는 점에서 자연계의 다른 물체와 구별된다. 그는 육체와 영혼의 통합을 통해 플라톤의 이원론을 극복하고자 했다. 플라톤이나 아리스토텔레스의 인간이해에서 나타나는 특징은 인간의 정신, 다시 말해 지성 능력으로서의 이성이 중시된다는 점이다.

이에 반해 중세 기독교사상의 인간은 자신과 하느님 사이의 구원

사적 사건 하에서 자유롭게 결단하는 인격적 존재로 등장한다. 그리스의 '우주론적 사고'와 중세 기독교의 '성서적·종말론적 사고'의 차이는 인간이해에서 뚜렷해진다. 인간의 역사성이 인간이해의 지평을 여는 새로운 요소가 된 것이다(Scheuerl, 1982: 54). 인간은 개체적 존재로서 가치와 권위를 지니며 신의 부름이나 영원한 운명과 마주하여 스스로 자유롭게 결단하는 존재이다. 기독교의 인간이해는 신학적 기원을 지닌 개체적 인간관에 근거하고 있다. 신을 세계의 창조자로서 높이는 동시에 인간에게 자주적 의지를 인정하고 종교적 맥락의 존엄성을 부여하려는 이러한 시도는 '보편'과 '개체' 사이의 관계에 대한 논쟁에서 그 절정에 달했다. 하느님은 지고의 존재이며, 그의 창조물인 인간은 비록 자발성을 지닌 개별체이지만 궁극적으로 신의 법칙과 의지에 종속되어 있다는 교리에 의문을 품는 것은 용납되지 않았다.

르네상스시대에 이르러 교회의 절대적 권위에 직접·간접적으로 대항하며 점차 인간의 주체적 능력과 존엄성을 강조하는 사상이 지배적 추세가 되었다. 인간은 세계를 지배할 수 있고, 세계의 가장 내면적인 비밀을 인식할 수 있으며, 세계의 진로를 자신의 능력으로 결정해나갈 수 있다는 생각을 지니게 되었다.[2] 르네상스시대 인문주

---

2 철학적으로 볼 때 이러한 경향은 '주관으로의 전환'이라 할 수 있다. 고대 그리스와 중세시대에서는 객관적 사고가 지배적이었으나, 근대에는 인간의 주관에 내재하는 능력에 의해서만 확실한 인식이 얻어질 수 있다고 보았다. 따라서 인간은 우주적 세계의 힘이나 교회의 권위에 복종하거나 머리를 숙이려 하지 않았다. 물론 종교개혁·르네상스시대 이후 기독교의 세계관과 근대적 사고가 서로 충돌·혼합하며 이성과 자연의 법칙성이 종교적 창조질서의 자리를 대체하던 계몽주의시대까지도 중세적 객관질서가 교육을 지배하는 힘으로 남아있었다.

의 학문은 인간의 이성적 자율성을 주구하며 개성적 자아에 대한 의식을 눈뜨게 하였는데 특히 문학과 예술 분야 거장들의 작품과 활동에서 그러한 면모가 뚜렷했다. 이들은 개성으로서의 자기 자신을 체험하면서 세계를 중세와 다른 방식으로 신원하게 파악하였고 개인의 초상화는 물론 자연풍경마저도 개성 있게 표현하였다. 르네상스시대에는 정신적으로 도야되었고 문학과 예술에 식견을 지녔으며 처세에 능한 사람이 이상적인 인간으로 간주되었다(Reble, 1995: 77).

르네상스시대의 위대한 사상가 죠바니 피코 델라 미란돌라(Giovanni Pico della Mirandola, 1463-1494)의 연설에 나타난 인간은 중세의 기독교적 인간관과는 다른 면모를 보이고 있다. 그는 근대 휴머니즘적 인간이해를 천명한 유명한 연설『인간의 존엄성에 대하여(De dignitate hominis)』에서 조물주는 모든 생명체 가운데 인간을 가장 경탄할 만한 존재로 창조했다고 밝히면서 다음과 같이 말한다.

"[조물주가 아담을 창조하신 후] 그를 세계의 중심에 놓고 말씀하시기를 '우리는 너에게 어떤 특정한 거처나 고유한 모습은 물론 특별난 재능을 부여하지 않았다. 이는 네가 너의 의지와 의견에 따라 임의로 그러한 것을 원하고 소유할 수 있도록 하려는 것이다. 다른 모든 생물의 본성이란 미리 규정된 법칙에 의해 결정되는 바, 그로 인해 [그들의 삶은] 제약을 받는다. [그러나] 너는 그 어떤 제약도 받지 않는다. 너는 네 자신의 운명을 좌우하게 될 고유한 자유의지에 따라 살아야 하며 또 자신의 본성조차도 스스로 결정해야 한다. (…) 우리는 너를 천사로 창조한 것이 아니요, 그렇다고 또한 속물적 존재로도 창조하지 아니했다. 너는 죽음을 피할 수 없는 존재가 아니요, 그렇다고 해서 불멸의 존재 역시 아니다. 따라서 너는 너 자신의 조각가요 작가로서, 즉 완전히 자유로우며 단지 명예를 전제로 해서 일하는 조각가와 작가로서 네가 살고자 원하는 삶의 형식을 스스로 결정해야 한다. 짐승의 세계로 타락하는 것은 너의 자유이다. 그러나 자신의 고유한 정신적 결단을 통해 드높은 신성의 세계로 들어서는 것 또한 너의 자유이다."(Pico, 1988: 10 f.)

모든 것이 다른 그 무엇에 의해 결정되는 세계에서 오직 인간만이 자기결정을 하는 유일한 존재라는 것이다. 이는 인간에게 주어진 은총인 동시에 자기기만의 유혹이기도 하다. 삶의 어떤 형태를 획득했더라도 그것에 만족할 수 없는 존재이기 때문에 인간은 끊임없이 다음 단계의 형태를 찾아 나서게 된다. 그 본성상 인간은 영원히 만족하지 못한 채 자기 자신을 확립하고자 끊임없이 추구하게 된다는 것을 피코가 상징적으로 암시하고 있다.

교육학의 관점에서 인간의 개별적 특성에 대해 의미 있는 언급을 한 최초의 사상가는 몽떼뉴(M. d. Montaigne, 1533-1592)로 교육을 무엇보다 정신의 개방성 및 자유와 연관해 파악하였다(Friedenthal, 1969). 몽떼뉴는 인간을 유형화하여 이해하던 당시의 전통에서 벗어나 개별 인간에게서 나타나는 특징을 특별한 것으로 파악함으로써 인간의 자아와 개별적 특성의 개념을 포괄적으로 제시하였다(Ballauf/Schaller, 1970: 121). 로크(J. Locke, 1632-1704) 역시 지식 습득에 맞춰진 수업보다는 개별 인간의 의지형성을 더 중요시 하였다. 교사와 학생 사이의 중요한 점은 신뢰이며 존경과 복종의 참된 관계에서 아동이 활발하고 즐

겁게 생활해야 하는데, 이때 개별적 특성이 고려되어야 한다는 것이다. 로크는 저서 『교육에 대한 단상(*Gedanken über Erziehung*)』에서 "두 명의 아이를 똑같은 방법으로 키울 수는 없을 것"이라며 "왕자나 귀족 자제 또는 평범한 신사의 아들 그 누구든 서로 다르게 교육되어야 한다."(Locke, 1996: 169)고 언급한다.

서양 중세에서 근대로의 전환은 전반적으로 인간의 합리적 사고 능력을 무한히 신뢰해가던 과정이었다. 기독교 신학자이자 교육사상가 코메니우스(J. A. Comenius, 1592-1670)는 신학적 세계상을 합리적으로 설명하기 위해 인간 오성의 지식탐구에서 출발하여 도덕성 그리고 궁극적으로 종교적 경건함으로 나아가는 세계관과 교육의 단계를 제시하였다. 이후 계몽주의시대에는 개인의 고유함보다는 인간 공통의 법칙성을 추구하면서 절대주의적 통제나 교회의 권위에 대해 비판적이었다. 계몽주의시대 학문의 관심사는 합리적으로 설계된 삶을 통해 인간이 행복해질 수 있도록 계몽하는 데 있었다. 따라서 교육이 정치적·경제적·시민적 유용성을 지향하게 되었으며 편협한 계몽주의적 유용함이 인간의 존엄성인 양 여겨지게 되었다. 이처럼 정치적·경제적 효용성에 근거해 도구화되는 인간을 염려하며 합리성을 넘어서는 관점에서 인간 고유의 존재적 속성을 새롭게 정의하려는 시도가 나타났다. 인간은 외부의 요구에 무작정 따르는 존재가 아니라 내면의 고유한 영역을 스스로 형성함으로써 비로소 존엄한 인간이 된다는 신인본주의(Neuhumanismus) 도야이론이 바로 그것이다.

인간도야에 대한 사유는 1770년대 독일의 고전주의·이상주의에서 구체화되었고 신인본주의 교육사상을 통해 그 절정에 도달하게 되었다. 이 시기 독일의 정신적 삶은 메마른 이성이 지배하는 계몽주의적 합리성에 저항하며 인간의 '도야(Bildung)'에 대한 새로운 의미를 추구하였다. 그리하여 이성의 힘을 우선시할 것이 아니라 다양한 모든 힘이 조화롭게 발달된 내면을 갖춘 인간으로 교육해야 한다는 전인교육 지향의 이념이 나타나게 되었다. 헤르더(J. G. Herder, 1744-1803)와 훔볼트 등 신인본주의 교육사상가들은 당시 철학에서 위세를 떨치던 연역적 방법이 궁극적으로 더 이상 연역해낼 수 없어 마지막까지 남아있는 '우연적'이고 '개체적'이며 '역사적'인 그 어떤 것이 '인간의 개별성(menschliche Individualität)'이라는 점에 주목하였다. 그들은 라이프니츠(G. . W. Leibniz)의 『단자론(Monadologie)』에 내재한 형이상학적 사유체계를 인간학적 관점에서 생산적으로 재해석·응용함으로써 인간 개별성에 대한 이론을 구체화했다(정영근, 1991: 173).[3]

신인본주의 교육사상가들은 대체로 선험주의에서 벗어나 개체 인간의 개별성을 눈앞에 실재하는 사실로 인정하였다. 그들은 연역될 수 없는 고유한 개체로서의 개별성을 발생학적·해석적 방법을 통

---

3 독일 교육학의 핵심적 개념이며 그 역사가 중세시대까지 소급되는 도야개념을 이해하기 위해서는 인간 존재의 형이상학적 측면, 즉 실체를 형이상학적 힘(metaphysische Kraft)으로 파악하는 라이프니츠의 사유를 파악할 필요가 있다. 도야개념의 학문적 근거를 제시한 라이프니츠는 『단자론』에서 개체(Monade; 단자)란 하나의 독자적 세계로서 스스로 지닌 고유한 힘에 의해 성립된다고 보았다. 이 독자적 세계는 개별성 속에 자신을 나타낸다. 그리하여 개체는 유일하고 반복될 수 없는 그 어떤 속성을 지니게 되어 세계 전체에 자신의 의미를 가진다. 오로지 단자만 우리의 정신 외부에 실존을 가지는데 이 실체의 본질은 힘(energeia)이다. 독일 신인본주의의 도야사상가들은 이러한 라이프니츠의 사유체계를 인간학적 관점에서 수용해 인간의 도야와 연결했다.

해 섭근·파악함으로써 인간을 경제적·시민적 유용성으로 교육하던 계몽주의 합리성과 인간을 기능화·파편화하여 익명성 속으로 소외시키는 산업혁명기의 현실에 대처했다. 헤르더는 인간이란 언제고 되어가는 과정 중에, 즉 도야의 과정에서 파악된다고 보았다. 자연이 목적한 바에 따라 사람 각각은 오로지 개별적일 경우에만 인간으로 성장할 수 있다(Herder, 1942: 189). 인간은 완성된 자기 자신으로 도야하기 위해 현 상태를 넘어 성장하면서 삶과 인류의 역사를 가능한 한 심원하게 변화시켜야 한다. 자신 안에 내재된 고유함을 실현시킴으로써 개별성으로서의 자아를 발견할 뿐만 아니라 보편적 인본성(Humanität)으로 나아가는 인류역사의 발전 전반에 기여하라는 것이다(Reble, 1995: 190).

Ⅲ. 개별성과 인간의 도야

개별성 개념을 근거로 인간도야이론을 구축하고 교육학적으로 발전시킨 사람은 빌헬름 폰 훔볼트(W. v. Humboldt, 1767-1835)이다. 훔볼트가 그 이론적 근거를 제시하지 않았더라면 신인본주의 도야이념의 형성과 전개가 불가능했을 것이다. 그는 개별성으로서의 인간이 자기 자신이 되는 여정을 도야의 과정으로 정의하였다: "인간은 아주 보편적 특성에서만 서로 비슷하고 실제로는 각기 다른 이들이요, 그 소질과 능력 그리고 추구하는 데에서 고유하고 완전한 존재이다. 그는 밀고 당기며 자신에게 고유한 삶의 여정을 간다."(GS XV,

537) 인간이 스스로 도야하는 여정은 끝나지 않는 과업이기 때문에 종결될 수 없으며 전 생애를 걸쳐 지속된다(Blankertz, 1982: 101). 도야는 인간의 사회적·지성적 해방을 추구할 뿐만 아니라 존재 자체의 근거가 되는 계기라는 점에서 실체적이다. 인간은 도야를 통해 비로소 인간이 되는바, 훔볼트의 인간도야이론에서 핵심 개념은 '개별성(Individualität)'이다(Menze, 1976). 인간은 성숙하고 발달된 상태로 세상에 나오지 않으며 도야를 통해 자신의 개별성을 계발함으로써 살아가는 근거와 이유를 제시한다. 훔볼트에 따르면 인간 존재의 목적은 도야된 개별성으로서 인격적 고유함의 형성이다.

훔볼트는 자신의 글 「18세기」와 「비교인간학 구상」을 개별 인간의 고유한 사람됨, 즉 인격에 대한 학술이론으로 계획하였다. 그가 인간을 연구하는 유일한 목적은 개별성으로서의 인간에 관한 지식을 획득하는 것이었다. 인간의 본질적 가치가 종(種)이나 유형이 아니라 대리·대체될 수 없고 역사성을 지닌 개별적 존재 그 자체에 있기 때문에 인간 사이의 다양함이란 자체에 내재된 원천적이고 최종적인 것이라 보았다. 인간은 고유한 개별성 속에 내재된 타고난 소질과 외부에 주어진 환경에 의해 각인된 자신을 하나의 전체로 드러내기 때문에 존재의 고유함은 그의 개별성에서만 파악된다. 인간 본질의 핵심인 내면은 근본 힘(Grundkraft)으로 이 힘으로부터 분화된 특정한 힘들의 통합을 통해 결국에는 개별성이 형성된다. 힘은 인간 존재의 원리이며 선험적으로 주어진 것이기 때문에 정의될 수 없고 단지 좀 더 상세히 묘사될 수 있을 뿐이다.

이처럼 힘이 표현된 것을 개별성으로 파악하기 때문에, 개별 인간

은 '원초적 본성' 혹은 '타고난 인격'(GS II, 89)으로 근절될 수 없는 각
각의 고유성을 지닌다. 인격 안에서 스스로를 구체화하는 개별성을
포착하려는 훔볼트의 사유에서 인격과 개별성을 동일시하는 것이
가능한데,[4] 그 까닭은 인격의 본질과 의미가 바로 그 개별성을 특징
짓기 때문이다(Menze, 1965: 108 f.). 그러므로 인격은 어떤 한 힘(Kraft)의
표현이자 인류의 역사 및 모든 인간사(人間事)의 출발점으로 간주되는
인간의 개별성을 알게 해준다. 훔볼트는 이처럼 개별성에 대한 형이
상학적 해석에 의거해 인격의 본질을 규명함으로써 인격개념을 존
재론적으로 고찰한다.[5]

인간 내면의 본원적 힘은 하나의 '개별적 이념(individuelle Idee)'으로
자신을 표현하는데, 이 개별 이념은 현실과 동떨어진 사변(思辨)이 아
니라 인간 각각에게서 사상으로 나타나는 본성적인 그 무엇이다.[6]
그러므로 개별성으로서의 인격은 개별 인간의 계기를 인류 전체에
통합시키기 위해 현상 속에서 스스로를 드러내는 개별성의 이념이라

---

4 아직 활성화되지 않은 원초적 힘으로의 인격은 개별성과 엄격하게 구분되지 않는다.
5 "내면에 숨겨진 인격(der innere, verborgene Charakter)", 즉 고유하고 본원적 인
 격은 오랫동안 순수한 가능성의 영역에서 개발되지 않은 채 머물러 있기도 하지
 만, 기회가 주어지면 "갑자기 활성화되어 전력을 다해"(GS II. 89) 자신을 드러낸
 다. 개별 인간 사이의 차이는 "힘 그 자체의 차이 때문이 아니며 힘의 절대적인 등
 급에 근거하지도 않는다. 힘은 지속하는 과정 전체에서 고찰될 뿐으로 그 등급이
 계산될 수 없다."(GS II. 58 f.) 따라서 인간 힘의 역동적 구조, 즉 내면의 힘들 사이
 의 관계와 운동에 개별 인간의 차이가 근거한다. 이처럼 "소재(Materie)와 형식
 (Form), 힘의 관계와 움직임으로 이해되는 인격은"(GS II. 94) 이 밖에도 개별성
 의 경탄할 만한 속성들을 보여준다.
6 "자연과 이념은 (우리가 이 단어를 스스로 활동하는 힘을 부여받아 점차 생명력을
 드러내며 도야하는 우주의 유형을 나타내는 단어로 사용하는 것이 절대적으로 허
 락된다면) 하나이고 동일한 것이다. 자연은 작용하는 권력으로서의 이념이고, 이
 념은 성찰된 사상으로서의 자연이다."(GS II. 209)

할 수 있다. 이 개별성 이념, 즉 이상적 개별성은 모든 인간의 이상적 도야상태를 포괄하려는 역동성을 지니고 있어 훔볼트가 말하는 '인류의 이상(das Menschheitsideal)' 또는 '인간의 이상성(Idealität des Menschen)'으로 나아간다. 이처럼 도야이론의 사변적·이상적 속성에도 불구하고 훔볼트는 인간학적 관점에서 감성과 이성을 서로 상반된 것으로 간주하지 않는다. 그는 다음과 같은 결론을 내린다: "인간은 최초로 호흡을 할 때부터 인간이며 그의 본원적 인격은 바로 자신의 사람됨 (Persönlichkeit)의 특성이다. 우리가 이성이라 부르는 것은 다름 아닌 이 사람됨의 어떤 형식이다."(GS II, 92).

사람됨의 형식에서 우리는 본래 규명될 수 없는 인격 자체를 가장 명확하고 확정적으로 안다. 인간의 유기체적 자연과 도덕적 인격은 언제나 '파악될 수 없는 관계'(GS I, 396)를 이루고 있다. 훔볼트는 인간을 이처럼 육체적·지성적·도덕적 존재로 고찰함으로써 한 인간을 특별히 뛰어나게 하는 고유함 전체를 인격으로 통합한다.[7] 따라서 개별성으로서의 인격은 이상과의 관계에서 감각적인 동시에 정신적이다. 각각의 개별성은 우연히 어느 특정의 상황에 존재하는 힘이며 이 힘이 개별성의 본질을 이룬다. 개별성으로서의 인격은 우연한 역사적 현실 속에 있을 뿐만 아니라, 자신의 도야를 통해 인류의 통합을 추진함으로써 현실을 넘어서는 그 어떤 목표를 추구히는 힘이다.[8]

---

7 훔볼트는 인격이라는 개념 하에서 어떤 도덕적 특성이나 특별한 삶의 태도를 파악하려 하지 않는다. 그는 인격을 개별적 인간의 존재와 총체성을 표현하기 위한 전제조건으로 이해한다. 괴테 역시 인격의 본질적인 특성이란 자신의 고유한 상태를 완전하게 보존하려는 노력에 있다고 보았다(Goethe, 1948 ff.: Bd. 16. 576).

8 훔볼트가 인격개념을 이렇게 정의하는 것은 인격을 이원론적으로 본 칸트(I.

개별성의 도야에 내재된 교육학적 의미나 특성을 좀 더 명확하게
이해하기 위해서는 도야를 교육의 개념과 서로 비교하여 그 차이점
을 밝히는 일이 필요하다. '교육'은 어린이가 성장하여 자립상태에
도달할 수 있도록 도와주는 행위로 기성세대와 성장세대 사이의 관
계를 전제로 한다. 교육개념에서는 교육적 영향력 행사가 일방적일
뿐만 아니라 후견인의 교도(敎導)·육성(育成) 행위의 권위적 특성이 뚜
렷하다. 이처럼 육성이나 형성(形成)이 일반적으로 인간에게 주어진
어떤 것의 배양을 목표로 하는 데 반해, '도야'는 무엇보다 한 인간
이 자신의 고유한 사람됨을 자율적으로 이뤄나가는 영속적 과정이
라 할 수 있다.[9] 훔볼트는 "도야라는 단어에서 우리는 고귀한 동시에
내면적인 그 무엇, 즉 정신적·도덕적으로 추구하는 전체에 대한 지
식과 느낌으로부터 감정과 인격으로 조화롭게 흘러넘치는 내면적
근본 태도를 파악하는 것"(GS VII, 30.)이라고 말한다.

　스스로의 힘으로 자기 자신을 형성하는 도야에는 교육개념에 내

Kant)나 쉴러(F. Schiller)의 인격에 대한 정의와 상당한 차이를 보인다. 칸트는
인격의 신체적 측면과 도덕적 측면, 또 경험적 특성과 인간의 오성에 의한 예지적
특성(intelligibler Charakter) 사이에 엄격한 경계를 설정하였다(Kant, I. 1983.
Bd. 4, 492 ff.). 이러한 견해는 본능적 존재의 인간보다는 정신적 자기활동을 하는
인간의 우위를 표명하는 것이다. 칸트는 인간의 인격을 묘사하는 데에는 "자연적
으로 주어진 것(타고난 소질), 기질(감성의 형식) 그리고 다름 아닌 인격 또는 사고
방식"(Kant. 1983: Bd. 9, 625)이 속한다고 말함으로써 인간의 외적인 면과 내적
인 면을 분리하고 있다. 감성을 긍정적으로 평가하는 쉴러 역시 인격을 "본성적 인
격"과 "도덕적 인격"으로 구분하는바, 이 둘은 "제3의 인격"에 의해 중재되어야
한다(Schiller, F. 1967: 575-576).
9 반면에 자연주의 교육에서 말하는 성장과 발달이란 성장의 주체와 상관없이 이미
주어져 있는 것을 형성하는 과정이요, 사회화 과정에서 형성되는 것은 (비록 내가
습득과정에 참여한다고는 하지만) 학습하는 주체의 외부에서 가해지는 힘에 의
한 결과라고 할 수 있다.

재된 후견인적 인간관계가 필연적으로 전제되지는 않는다. 그 행태에서 교사나 부모 같은 인간과 상호작용을 통해 매개되는 것을 부인할 수 없겠으나, 도야는 일차적으로 '개별 인간이 세계와 자기 자신을 대하는 관계'로 이해되어야 한다. 도야는 주체에 의한 부단한 세계 해석의 과정, 즉 자연은 물론 역사적·문화적 유산, 사회, 다른 인간을 포함하는 세계를 마주하며 진행되는 과정이다. 사회적 관계를 통해 인간을 사회·문화질서에 편입시키는 교육과 달리 도야는 주체적 인간에서 출발하며 그 어떤 지배에서도 자유로운 자아를 지향한다.[10] 도야에서는 행위 주체인 학생이나 어린이 자신의 '스스로 형성하려는 자발적 힘'이 강조되며 자기 자신에 의하지 않는 도야란 상상할 수 없다. 도야는 개별 인간이 자신의 유일함, 즉 다른 무엇으로도 대체될 수 없는 개별성을 형성해나가는 과정으로 이때 인간은 스스로 결정하고 자신의 결정에 책임을 지는 인격체로 이해된다.

그렇다고 해서 도야가 인간의 사회적 관계나 규범적 현실을 벗어나 진행되는 것은 아니다. 인간을 교육하는 과정에서 '형성시키려는 외부의 힘'보다 '스스로 형성하려는 내면의 자발적 힘'이 더 중요시되는 것이며, 이렇게 자신의 고유함을 전제로 할 때 타인과 더 바람직한 소통을 하는 인간으로 성장하는 것이 가능해진다. 이런 점에서

---

10 1930년대에 놀(H. Nohl)은 도야와 교육을 확연히 구분지어 설명하려 했다: "도야는 내부로부터 고유한 형식을 이뤄내는 자발적 발달을 의미한다. 반면 '교육(erziehen)'은 이미 주어진 형식에 맞춰 키운다는 의미가 더 강하다. 오늘날 '교육'이란 용어가 선호되는 것은 교육현상을 대하는 태도가 변화했음을 보여주는 시대적 특징이다."(Retter, H. 1997: 214 재인용)

도야개념에는 스스로를 형성하려는 자발적 힘에 의한 '개별성(인격) 형성의 계기'와 사회적 존재로 타인과 더불어 살 수 있도록 이끄는 '보편적 인간교육의 계기'가 공존한다. 그러므로 도야는 사사로운 개인이 심리적 자아실현에 머무는 자기만족의 차원이 아니다. 도야하는 개인은 자신의 모든 능력에서뿐만 아니라 타자 및 사회와의 관계에서도 조화로운 삶을 영위하는 존재로 성장해야 한다. 고유한 '나다움'으로서의 인격을 형성함으로써, 즉 그 누구도 나를 대신해 제시할 수 없는 고유한 나를 표현함으로써 인간은 스스로의 가치와 존엄성을 드러내는 것이다.

Ⅳ. 정신능력의 전인적 도야

18세기 후반 유럽에서는 산업이 발전하면서 정치적·사회적 변동과 더불어 인간이 통합된 삶에서 유리되어 특정한 기술과 노동의 하수인으로 전락하고 있었다. 쉴러, 페스탈로치, 훔볼트 같은 사상가들은 국가정책에 유용하게 인간을 이용하려는 절대군주의 민중교육을 우려하였다. 인간도야이론을 구상한 훔볼트는 절대주의국가의 통치자들에 의해 결정되는 근대 유럽의 정치판도에 내재된 인간 존엄성의 위기를 감지하였다. 이 위기의 특징은 "각기 고유한 개체들의 상이함을 제거하고 언어와 관습 그리고 견해를 획일화하는 데" 있는바, 이런 획일화에서는 "고유함의 손실"을 피할 수 없다. 즉 산업혁명 이후 합리적 세계 구상에 따른 국가의 정치적·경제적·사회적 동질화 과정은 자활성과 생동적 힘의 손실은 물론이거니와 "개별 인격의 존엄성이 상실되지 않고는"(GS I, 382) 불가능하다는 것이다. 그에 따라 신인본주의 교육사상가들은 지식의 증가, 정치와 국가운 영기술의 발달, 산업화에 따른 수공업의 해체가 인류를 변화시키기는 했지만 개선하지는 못했다고 비판하면서 인간의 전인적 도야에 대한 사고, 즉 전인교육사상을 통해 시대적 경향에 대항하였다.[11]

1. 인간 내면의 고유한 능력

현실 개선의 원동력을 교육에서 찾아야 한다고 생각했던 도야사 상가들은 인간을 압도하는 시대적 경향에 떠밀려가는 교육이 아니라 현 상황에서 인간 스스로 자신의 고유한 모습을 찾아나가는 교육을 구상했다. 교육은 성장세대가 미리 확정된 상황을 전제로 지식과 행동양식을 습득하는 과정이 아니다. 배우는 이가 그 내용의 근원을 통찰함으로써 영역별 지식 사이의 연관성과 상호관계 및 지식의 한계를 깨닫게 하는 데 교육의 본질적 의미가 있다. 그래야만 습득한

---

11 전인교육의 이념은 고대 그리스의 미와 덕을 겸비한 인간상인 칼로카가티아 (Kalokagathia)와 육예(六藝)의 교육을 내세우는 동양의 전인교육에서 그 뿌리를 찾을 수 있다. 한국에서 전인교육을 논할 때면 대체로 인가의 지적, 사회적, 정서적, 신체적 및 도덕적 발달을 두루 망라하는 교육을 뜻하고 있다(홍웅선. 1980: 14). 한마디로 말해 각 개인의 다양한 능력영역이 자발적으로 조화롭게 발달하도록 이끄는 교육을 전인교육이라 할 수 있겠다. 교육의 목표를 인지학습 분야에 국한시키지 않고 학교 안에 인간적 환경을 우선적으로 조성해야 한다는 교육의 인간화이론에 따른 '인간교육'이라는 용어 역시 우리에게 친숙하다(패터슨, C. H. 1980: 28-31). 그런가하면 '전인교육은 교육의 인간화이자 바로 인격교육'이라 이해하기도 한다(김정환. 1982: 56).

지식을 구제석 상황에서 다시 확인할 수 있게 되고 다양한 개별상황에 적용할 수 있는 능력을 형성한다. 이러한 형식의 교육은 그 철학적 근거를 인간 정신의 자발성에 두고 있으며 상이한 정신적 힘들의 주화로운 계발을 전제로 하게 된다. 이러한 관점에서 신인본주의 도야이론은 인간 개별성을 설명하는 '힘의 형이상학'에 근거해 내면의 능력을 형이상학적으로 탐구함으로써 전인교육의 이론적 기반을 구축하고 있다.

개별 인간 내면의 심정(Gemüt)에는 상이한 능력을 발휘하는 다양한 정신적 힘들(geistige Kräfte)이 존재하는바, 이 힘이 서로 협동하여 균형과 조화를 이룰 때 비로소 전인적 자기도야가 가능하게 된다. 그에 따라 인간에게서 발달되어야 할 핵심이 전인교육의 관점에서 신체적·지적·도덕적 영역으로 분류되었고 이와 관련된 능력들이 골고루 발달될 때 균형 있는 인간으로 형성된다고 보았다. 어떠한 유형의 교육일지라도 교육내용 그 자체는 인간을 도야시킬 수 없으며, 그것이 학습자의 자발성을 통해 정신에 통합되어야 비로소 전인적 도야가 가능해진다. 그러므로 진정한 의미의 인간교육은 다양한 지식내용을 축적하는 데 있는 것이 아니라, 자발성을 활성화하는 내면의 정신적 힘들이 조화롭게 활동함으로써 배운 내용을 전인적으로 인식하는 데 있다. 개성적 존재인 인간 모두에게 공통적으로 주어져 있으며 전인적 자기도야에 본질적으로 작용하는 주요 심정력(Gemütskräfte)으로는 감성·오성·이성·상상력의 네 가지가 제시된다(정영근, 1994a: 191 f.).[12]

---

12 인간이 이밖에도 다양한 능력을 지녔지만 전인교육과 연관해 고찰하자면 감성과 오성 그리고 도덕적 가치를 깨달아 삶의 태도 형성에 기여하는 능력으로서의 이

감성(Sinnlichkeit, 感性)은 오성(합리성)에 대립되는 힘으로 인간이 무엇을 인식할 때 없어서는 안 될 능력이다. 오성의 능력이 자발적인 데 반해 감성은 수동성, 즉 감각기관을 통한 수용성을 그 특성으로 지닌다. 자신의 형식을 통해 대상으로부터 받아들인 것을 오성적 사유의 소재로 제공하는 감성은 외계로부터의 촉발에 의해 사물의 인상을 받아들일 뿐이다. 실천적 측면에서 감성은 신체적 감관에 의한 충동에서 발생하는 모든 자연적 욕구를 의미한다. 흔히 다섯 가지 감각기관이 인간의 감성에 관계하는데, 그중에서 시각과 청각은 미적 관능이라 하여 정신활동과 긴밀히 연결되며 객관적 명료성도 뛰어나다. 이에 반해 촉각·미각·후각은 육체와의 관계가 밀접하다. 감각과 상상력에 의해 발생하는 감성적 감정인 미학적 정취나 기분 또한 인간의 감성능력과 연결해 생각할 수 있다.

흔히 합리적 사고능력 또는 지력(知力)이라고도 칭하는 인간의 오성(Verstand, 悟性)은 비교·추상화·개념형성·판단·추론 등을 포괄하는 내면의 능력이다. 오성은 감성과 연결되어 대상을 경험적으로 확인·기록하는 관찰능력으로 지각한 것에서 인식을 이끌어내고 기존의 지식을 비판적으로 검토·분석한다. 칸트에 의하면 오성은 분별·분석·비교·계량하는 능력 및 개념적으로 논증하는 지적 능력을 뜻한다. 감성에 의해 주어진 소재를 자신의 형식에 따라 정리하여 대상을 구성하는 과학적 인식의 주체적 능력을 오성이라고 할 수 있다.

성과 상상력이 중요하다.

상상력(Einbildungskraft, 想像力) 억시 인간 모두가 지닌 내면의 징신직 힘 가운데 하나로 체험의 직접성과 정신을 연결해 인식의 매개체 역할을 한다. 상상력은 기억력과 실천적 판단력에 작용하며 인간의 심정에 자리하는 다른 힘들이 각기 서로의 자유를 견지하면서도 상호결합하도록 해준다. 또한 상상력은 감각적인 것을 비감각적인 것과 연결시키는 능력 이외에도 대상을 새롭게 형상화함으로써 직접적 경험이 제한받는 부분을 극복시켜 인간의 인식에 창조적 차원을 열어준다. 역사적 존재인 인간이 감성과 오성 능력에 의한 직접적 경험만으로 앎과 삶의 차원 전체를 파악하기 어렵기 때문에 인식에서 상상력의 역할은 소중하다. 항상 보편적 개념만 수용하는 오성과 감각에 의한 지각은 상상력과 협동함으로써, 즉 감성의 능력인 수용성과 오성 능력으로서의 자발성이 서로 협동하게 됨으로써 인간의 인식능력 확장에 기여한다. 자주적·창조적 능력으로서의 상상력은 오성의 활동을 제한하지 않으며 보다 높은 인식을 위해 인식의 소재를 확장한다.

인간을 다른 동물과 구분 짓는 가장 뚜렷한 점은 자신이 사고한다는 사실을 생각할 뿐만 아니라, 현실을 이상화하기 위한 가치 지향적 사고·판단·실천을 주도하는 이성(Vernunft, 理性) 능력을 지녔다는 것이다. 현실을 이상적으로 변화시킨다는 말은 비록 지금은 그렇지 못하지만 더 바람직한 상태를 향해 사유·실천하는 삶을 추구하도록 이끈다는 의미이다. 인간에게는 사회적·경제적 평등, 평화, 자유 같이 궁극적으로 완전히 실현될 수 없는 이상적 상태를 지속적으로 추구하는 이성 능력이 선천적으로 부여되어 있다. 개념적 사유능력을 지닌 인간은 이성의 명령을 따르는 존재이기도 하다. 오성이 개념에서 원칙을 만드는 제약된 인식능력인 반면, 이성은 오성이 만든 원칙에 최종적 근거를 부여하는 원리를 깨닫게 하는 무제약적 인식능력이다.[13] 이념에 따라 오성의 작용에 통일성과 체계를 부여하는 것이 이성의 능력이라 할 수 있다.

2. 정신의 통합능력

인간 내면의 힘들은 각기 분리되어 활동하는 것이 아니라 몇몇이 서로 연관해 작용하며 상이한 차원의 다양한 인식이란 그러한 상호작용의 결과이다. 이처럼 내면의 상이한 힘들이 서로 충돌·방해하지 않으면서 인간을 완성된 전체로 형성하려면 이들 개별능력을 통합할 수 있는 그 무엇이 필요한데 그것은 바로 인간의 정신(Geist)이다.[14] 정신은 개별 인격의 존엄성뿐만 아니라 주관적 가치를 표현하는 개별 인간의 총합이 인간의 도야에 주는 의미를 잘 파악하고 있다. 정신의 과제는 개별성과 인류의 이상이라는 두 특징을 서로 연결시키는 것이다. 만약 인간이 역사의 추상적 목적론이나 교환 가능

---

13 훔볼트의 이성개념은 '인간하저' 특성을 지니고 있다. '원성된 인긴의 인격'이란 '감성의 생동성, 상상력의 불꽃, 인간감정의 따스함 그리고 의지의 강인함'(GS I. 61)을 통해 검증되는 이성의 활동에 의해 인도·통제될 때에야 비로소 기대될 수 있다.

14 비록 개별적 인간이 정신의 활동을 통해 자신을 다른 사람들로부터 구별하지만 인간 존재의 전제조건으로서의 정신은 모든 인간에게 필연적으로 귀속된다. 인간 내면의 상이한 힘들은 항상 나누어지지 않는 하나의 힘으로서 작용하는 정신을 통해 조화롭게 통합된다.

한 전체의 일부분으로 산주되는 기능적 존재가 아니며 세게 전체를 구성해 드러내는 존엄한 존재로 자신을 이해해야 한다면, 그에게는 이상적 도야를 통해 전체를 자기 나름의 고유한 방식으로 표현하는 것 이외에 다른 도리가 없다. 개별적 인격의 힘이 표출되는 방식은 항상 다른 인격과 연관되어 있기 때문에 각각의 인격은 스스로를 도야하기 위해 반드시 다른 인격들을 필요로 한다. 이에 정신은 인류의 이상으로 나아갈 수 있도록 개별적 인격을 서로 통합하는 것이다.

이러한 정신은 다른 능력에 병행하는 또 다른 능력이 아니라 인간이 비로소 인간으로 되도록 활동하는 힘 그 자체이다. 훔볼트에 의하면 '정신의 본질적 속성은 인간의 모든 힘이 생동적으로 작용할 때 통합하게 하는'(Seidel, 1962: Bd. 2, 30) 데 있다. 우리가 인간의 인격을 경험적으로 규정하거나 확인할 수 없듯이 내면의 모든 힘이 결합된 결과인 그 무엇은 결합된 힘인 정신을 통해서만 다시 이해될 수 있다. "감성은 사고와 조화롭게 연결되어 함께 활동해야 한다. 오성이 개념에 따라 존재의 본성과 작용방식을 탐구한다면 상상력은 존재 현상의 외형적 상(像)과 그 내용의 형식을 파악해야만 한다. 그리고 정신은 이 둘의 결과를 하나로 통일시키고자 한다."(GS I, 313)

정신(Geist)의 기능은 상이한 개별적 힘들을 통합함으로써 인격적 존재가 전인적으로 완전하게 드러나게 하는 데 있다. 진정한 의미의 인간교육은 정신의 이러한 통합작용(Vereinigungsakt)을 거쳐야 가능하게 된다. 정신은 인간의 도야에서 실제적 관찰과 사변적 숙고를 연결시킨다. 실제로 "감각이나 감정적 느낌의 영역에서 어떠한 방식으로든지 간에 모종의 암시조차 주지 않는 대상을 우리는 오성을 통해 파악할 수 없다. 본질적으로 개념을 통해 어느 정도 준비가 되어 있지 않은 대상 또한 이해할 수 없게 된다."(GS I, 386) 그러므로 다양한 정신적 힘이 조화롭게 협력하는 상태로 통합되어야 하는데, '정신의 조화로운 상태(Geistesstimmung)'란 분리된 것을 통합하는 정신 자체의 능력이 올바로 사용될 때 이뤄지는 전인적으로 조화된 상태를 의미한다(GS I, 397). 이러한 점에서 전인교육은 형이상학적으로 설정된 인간 내면의 정신적 힘들이 균형 있게 서로 결합하도록 이끄는 인간 도야의 속성을 지녔다.

V. 페스탈로치의 전인교육론

인간 내면 정신적 힘들의 조화로운 통합을 통해 전인교육의 이상과 이론을 제시하는 신인본주의 교육사상은 근대 학교교육이 궁극적으로 수행해야 할 과제를 암시하였다. 학교가 학생의 전인적 성장과 인격형성을 위해 노력해야 할 중점분야를 제시하는 것이다. 조화로운 인간의 교육에 대한 신인본주의 교육사상가의 이론 중에서 우리에게 가장 친숙한 것은 페스탈로치(J. H. Pestalozzi, 1746-1827)의 전인교육론이다. 그는 머리·가슴·손의 신체상징을 통해 지식·감정·행위의 연관관계를 제시하면서 이 셋의 조화로운 통합이 정신적 존재로서 인간의 삶을 형성한다고 보았다. 다시 말해 인간 정신활동의 세 방향인 이론적으로 인식하는 사고능력, 감정을 통한 인간의 심미적 능력, 의지와 행위의 실천적 능력을 통합해야 한다는 이론적 성찰이다. 이러한 전인교육의 관점에서 볼 때 학교는 서로 폐쇄적인 나양한 분야의 학과목 지식을 매개하는 곳이 아니라 이론적 지식교육, 심미적 도덕교육 그리고 실천적 신체(직업)교육을 수행하는 곳이어야 한다(정영근, 2012: 111 f.).

페스탈로치는 인간의 원천적 속성(Elementarität)에 따를 때 교육은 요람의 아기부터 시작되어야 하는데 무엇보다 자연적으로 주어진 근거에서 출발해야 한다고 말한다.[15] 그는 영원하고 선험적인 교육의 법칙에 대해 질문하면서(Delekat, 1968: 272) 교육은 애초부터 인간의 모든 정신적 힘(geistige Kräfte)의 조화로운 계발에 있다고 생각하였다. 인간의 정신적 힘 가운데 어느 특정 능력이 선호되거나 일방적으로 계발되어서는 안 된다.[16] 인간은 사실을 아는 데만 만족하지 아니하고, 무엇이 올바른 것인지에 대해 의욕하며, 스스로의 신체로 일하고 활동해야 한다. 그러므로 그간의 학교교육에서 가장 기초과목으로 여겨져 강조되었던 읽기·쓰기·셈하기가 인간 교육이 지향해야 할 교수기술이나 수업의 요소 전체로 간주될 수 없다. 이런 점에서 페스탈로치의 기초도야(Elementarbildung)에서 제시되는 전인교육의 방법원리는 교과에 따른 기존의 학교교육의 교과교수학과 완전히 다르다.

저서 『Gertrud의 자녀교육법』을 중심으로 전인교육론을 고찰하

---

15 "나는 인간의 정신 발달이 그 본성상 스스로 종속되어야 하는 법칙을 찾아내려 하고 있다. 나는 이 법칙이 물리적-감각적 자연의 법칙과 동일해야만 한다는 것을 알고 있었다. 그리고 그 법칙에서 일반 심리학적 수업방법을 풀어낼 실 가닥을 확실하게 발견할 것이라 믿었다."(PSW 13: 246)

16 따라서 하나의 전체로 간주해야 할 힘들을 분화시킴으로써 틀에 박힌 교육으로 나아가게 할 경우 이는 '기초적(elementar)'일 수 없는데, 그 이유는 거기에 인간의 본성(자연)과 순수하게 일치하는 근거가 결여되어 있기 때문이다.

자면, 페스탈로치는 민중의 교육이 지식과 기술 습득 수준을 넘어서는 '전인적 보편교육'으로 나아가야 한다고 언급한다. 사람됨을 완성하는 데에는 '가슴(Herz)', '머리(Kopf)' 그리고 '손(Hand)'이라는 세 핵심 뿌리가 있으며, 이는 심정적·지능적·기능적 능력을 일컫는 것으로 이 셋이야말로 인간 도야의 과목(Bildungsfächer)이라는 것이다(PSW 18: 48). 그렇기 때문에 인간에 대한 모든 교육학적 시도가 신중하고 철저하게 이 세 핵심을 지향하는 일을 망설여서는 안 된다. 도야의 세 과목이 균형 있게 교육되어야 인간은 자신의 사람됨을 형성한다. 심정능력·지성능력·신체능력은 본래 인간의 본성에 잠재되어 대기하는 근본 힘으로 점진적으로 완성·고양되어야 한다. 도덕적(심정)·지적(지능)·기예-수공업적(기능) 도야가 골고루 형성되어야 인간은 주어진 자연성을 완성하며 신성함에 다가설 수 있다(Adl-Animi, 2001: 162).

1. 도덕교육

도덕적 심정능력을 상징하는 가슴은 사랑의 핵심이다. 자식에 대한 어머니의 사랑으로부터 도덕성과 신에 대한 믿음이 발달한다. 지능을 상징화한 머리는 지식의 중심으로 합리성과 지성을 상징하며 지식이 없을 경우 인간은 무력하게 된다. 손으로 상징화된 육체적 기능은 수공업적·예술적 활동의 중심으로 수공작업이나 그리기 및 춤이 이에 속한다. 인간의 진인적 완성을 위해서는 교육을 통해 신으로부터 주어진 이 세 가지 능력을 고양시켜야 한다. 그런데 이 능력의 발달과 고양에서 그 순서가 매우 중요하다.

가슴으로 상싱뙨 도덕적 도야가 무엇보다 먼저인데, 그 까닭은 고유한 사명에 따라 인간 존재가 사람됨과 도덕성에 도달하도록 태어났기 때문이다. 도덕성 도야가 결핍될 경우 지능이나 기능의 도야가 이를 대신할 수 없으므로 도덕교육이 최우선적이어야 한다. 그리므로 페스탈로치의 기초도야 이념의 중점은 어머니와 연관된 가슴의 도야, 즉 도덕성의 도야에 있다. 그는 "내가 이뤄낸 전체는 바로 가슴이 해낸 것입니다. 그것의 근간 그리고 내 안에 있는 모든 진리는 고통 속의 내 감정과 경험의 결과입니다."(PSW 18: 51)라고 하면서 순수한 감정을 통한 전인적 도덕교육을 제시한다.

페스탈로치는 도덕성 발달이 하위의 기초적 기량들에 달려있다고 보았다. 이후 더 상위의 기량을 얻기 위한 실질적인 근거가 되는 이 기초적 기량들은 각기 어느 정도까지 완성되어야만 한다. 도덕성과 신앙심의 근거가 되는 기초적 기량에는 한편으로 사랑의 감정과 신뢰의 감정 그리고 감사의 감정이 있는데, 이러한 감정은 젖먹이가 어머니에게 자신의 욕구를 충족시켜준 것에 대한 응답으로 발달하게 된다.[17] 그러나 다른 한편으로는 어머니의 올바른 교육태도를 통해 생겨나게 되는 참고 복종하는 기량의 발달 또한 중요하다. 도덕

---

17 페스탈로치의 이러한 관점은 여성을 어머니의 기능에 한정하여 이해하고 강조한다는 비판을 받을 수 있다. 그러나 그가 어머니의 본능을 단순히 생물학적 현상으로 여기지는 않는다는 점을 고려해야 한다. 또 이제 막 산업화를 시작한 시대의 열악한 사회·경제적 환경에서 어린이를 보살피고 보호해야 상황을 전제로 어머니의 역할을 제시했다고 이해할 수도 있을 것이다(Liedtke. 2002: 136). 그는 이미 앞선 저작들에서 거실과 가정환경이 강조되는 인간의 교육을 모델로 제시한 바 있으며, 어린이와 관계에서 어머니의 역할을 가장 중요시하였다. 왜냐하면 그는 어린이가 어머니에게 생물학적으로 의존하는 것이야말로 "감각적 본능의 힘에 의해"(PSW 14: 341) 자연에 적합한 교육을 보장해준다고 생각하였기 때문이었다.

적 측면의 전인교육은 세 가지 관점에 근거한다. "순수한 감정을 통해 도덕적 심정을 조화롭게 하는 교육, 자기 극복 및 옳고 바른 것을 추구함으로써 도덕적으로 연습하는 교육, 도덕적으로 올바른 관계에 대해 사유·비교하는 일을 통해 도덕적 안목을 열어주는 교육"(PSW 13: 19)이 바로 그것이다.

인간의 기초도야란 언제고 확고한 윤리적 목적 하에 존재하기 때문에 교육의 본질과 목표는 지식교육을 넘어 도덕성 도야를 지향해야만 한다. 인간의 도덕교육은 지식교육에서와 마찬가지로 직관에 근거한다. 페스탈로치는 도덕성 기초도야에서 '내면의 직관(innere Anschauung)'이란 개념을 사용하는데, "내면의 직관은 본원적이며 본성에 주어진 충동과 감정의 체험"(Spranger, 1959: 53)을 의미한다. "인간의 도덕성을 싹트게 하는 최초의 감성적 배아로부터 나오는 감정(Gefühl)은 내면적 직관의 본질을 이뤄내는 바탕이다. 따라서 사랑·감사·신뢰의 감정을 배양하기 위한 기본교육은 내면의 직관을 위한 기초교육"(PSW 14: 344)이 된다. 페스탈로치는 『Gertrud의 자녀교육법』 열세 번째 및 열네 번째 서신에서 이에 대해 논의하고 있으며, 인간에 대한 사랑이나 신뢰 같은 윤리적 감정은 본래 어머니와 자녀의 관계에서 나온다고 보았다.[18]

---

18 어머니의 노력으로 인해 어린이는 신뢰와 감사의 감정을 갖게 되며 이것이 점차 어머니 차원을 넘어 주변 사람들에 대한 신뢰와 사랑 및 감사의 감정으로 발전된다. 더 나아가 복종의 감정 또한 "어머니의 무릎 위"(PSW 13: 343)에서 생겨나게 되며 양심, 의무 및 정의에 대한 감정 역시 그러하다. 어머니가 아이의 감각적 만족감을 보장해줌으로써 그의 도덕적 감정이 깨어나게 된다는 것이다.

2. 지식교육

페스탈로치가 머리로 상징화한 지식교육은 인간의 정신작용을 활성화하여 세계를 인식하고 사물에 대해 합당한 판단을 내릴 수 있도록 지성의 힘을 키우는 활동이다. 그는 직관의 보편적 요소인 언어·도형·수에 근거한 세 가지 기초교과를 지식교육의 근거로 제시하며 그 전인적 의미를 다룬다. 페스탈로치는 인간 정신도야의 비밀이 무엇보다 언어에 있다고 생각해 요람의 아기가 듣는 단순한 음절 소리에서 시작해 언어기관의 발달로 나아가는 '소리의 심리학적 순서'가 제시되어야 한다고 주장했다(Liedtke, 2002: 127). 하나하나의 음은 요소이며 문법적으로 완성된 문장의 조합이 가장 높은 단계에 속한다는 것이다. 인간의 언어에 자연의 법칙성이 존재한다고 확신했던 그는 인간 정신영역의 교육프로그램에서 언어를 핵심요소로 간주했다.[19] 언어를 통해 비로소 인간이 되기 때문에 세 기초교과 가운데 언어수업이 최고의 위치를 차지한다(Adl-Amini, 2001: 207). 언어교육의 목표는 불명확한 직관으로부터 명료한 개념으로 나아갈 수 있도록 해주는 것으로(PSW 13: 266) 유아초기 발달단계에서 언어수업을 통해

---

19 여기서 페스탈로치가 제시한 방법원리는 이러한 자연에 단지 도움의 손을 내미는 것이라는 점을 명확히 인식해야 한다. 어린이에게 언어를 전수하는 일은 언어 안의 내재적 논리와 구조 자체에 따라 진행되는 것이지 인간 정신의 구조에 따른 것은 아니라는 의미이다. 이러한 관점에서는 어린이의 자연이 아니라 언어의 자연이 전면에 위치한다. 어린이가 중심이 아니라 사물이나 대상의 논리가 우선인 것이다. 그러나 오늘날의 관점에서 볼 때 대상(언어)의 논리란 그것을 전수하는 논리와 전혀 다르다. 언어교육이 언어의 내재적 논리가 아닌 인간의 발달단계를 고려해 진행되어야 한다는 현대 교육학의 관점과 지식을 페스탈로치는 아직 알지 못했다.

아이에게 도움을 주는 것은 어머니의 과제이다.

도형(Form, 圖形)은 측정(Messen)과 선 긋기(Zeichnen) 그리고 쓰기(철자를 서투르게 쓰거나 그리기)를 위해 반드시 필요한 구성부분이다. 사물세계는 형태로 이루어진 대상들로 구성되어 있으며 우리는 형의 다양함을 지각하고 개념화할 수 있다. 도형에 대해 가르치는 일이 형을 지닌 사물들을 직관하는 의식에 선행하는 것이다(PSW 13: 281). 도형은 세 가지 수업과목으로 나뉘는데, 선긋기·측정하기·쓰기가 그것이다. 인식의 세 번째 기초교과인 수(Zahl)는 "수업의 목적이라 할 분명한 개념 전달에 가장 확실한"(PSW 13: 298) 방법이기 때문에 중요하다. 페스탈로치는 수를 가지고 하는 작업은 결코 기억과 관련되어 있는 것이 아니라고 강조한다. 덧셈 다음에 곱셈 그리고 나눗셈을 배우며 뺄셈은 맨 마지막에 온다. 언어·도형·수로 구성된 지식교육에서 얻을 수 있는 최대의 성과는 원숙한 판단력이다. 이 판단력은 어린이가 학교의 학과수업에서 사물과 세계에 대한 지식을 획득함으로써 가능해진다.

"직관이 모든 지식의 절대적 근거"(PSW 13: 309)이기 때문에 지식교육은 무엇보다 '직관의 원리(Prinzip der Anschauung)'를 따라야 교육적 효과를 얻을 수 있다.[20] 직관은 인간의 정신에 대한 자연적 인상들의

---

20 교육의 방법적 원리의 중심에는 어린이들에게 아직 분명하지 않은 기초적 직관 (Anschauung)들을 정리하는 일이 자리한다. 페스탈로치는 사물을 말로 배울 것이 아니라 직접 마주 대하는 일이 중요하다고 보았다. 사물을 마주 대할 때 어린이는 대상을 입체·생동적 존재로 경험하고 모든 감각기관을 동원하여 상세한 부분까지 직접 파악할 수 있다. 가능한 한 모든 감관이 인식의 과정에 참여하는 것이 중요한데 그래야만 어떤 존재나 현상을 더 정확하게 인식할 수 있기 때문이다(PSW 13: 250).

결과, 즉 단순한 재현이나 모사를 넘어 내면의 정신이 감각을 통해 자연에 활동한 결과이다. 원숙한 판단을 위해 필요한 개념을 습득하는 지식교육의 원리는 어린이가 항상 언어와 연결하여 자신의 감각 사용을 배우는 것이다. 어린이가 사회적 관계에서 언어를 배우므로 교사는 관심과 애정을 바탕으로 교육에 임해야 한다. 페스탈로치는 지적 힘이 발달함에 따라 희미한 직관에서 명확한 개념으로 나아가게 된다고 보았다. 다시 말해 어린이가 감각을 총동원해 주변세계의 사물을 집중하여 경험함으로써 나타나는 상(像)의 세부사항을 가능한 한 정확히 언어로 명명하도록 가르쳐 독자적으로 판단할 수 있는 근거를 형성시키는 과정이 지식교육이다. 이때 어린이가 서둘러 판단하도록 이끄는 것은 금물이다.

3. 신체·직업교육

페스탈로치는 신체교육을 신체적·실천적·직업적 기량의 도야로 파악하였다. 그는 신체적 기량과 통찰력을 배제한 채 지식만 갖추도록 하는 일은 "아마도 적대적 정령(精靈)이 그 시대에 주는 끔찍한 선물일 것"(PSW 13: 334)라고 언급했다. 신체적으로 교육하는 과정은 지식교육에 병행한다. 지식교육과 마찬가지로 신체교육에서도 가르치는 기술의 원리를 찾아내 어린이가 간단한 것에서 어려운 것으로 순서에 따라 기량을 향상시킬 수 있도록 해야 한다. 신체·직업교육은 가정에서 감정에 기초하는 사랑과 감사하는 마음의 도덕성 도야에서 출발하여 직관을 통해 세계를 인식·해석하는 학교의 지식교육을 전제로 한다. 그 이후에 "본능이 그 필요성을 느끼고 통찰을 통해 인식하며 자신의 의지에 따라 배우게 되는 육체적 기량"(PSW 13: 335)에 근거한 직업교육으로 나아간다. 도덕·지식교육의 영역에 비해 신체영역의 발달법칙에 대한 페스탈로치의 교육학적 사유와 이론은 잠정적이고 미완성된 상태에 머물러있다. 그런 까닭에 『Gertrud의 자녀교육법』에 나타난 신체교육에 대한 서술 역시 간략하며 구체적이지 못하다.

청년시절 소박함과 절약의 미덕, 타락하지 않은 엄격한 도덕성, 국가 공동체의 구성원으로서의 헌신을 통해 민중을 삶을 치유·개선하려던 페스탈로치에게 그들의 생업과 연결된 노동은 간과될 수 없는 교육적 요소였다. 그에 따라 그는 직업적 자립으로 나아가는 신체교육을 전인교육의 관점에서 제시하였다. 그는 신체영역의 기량이 단순한 움직임에서 복합적 방향으로 나아가는 법칙성을 지녔으며 자연스럽게 발달한다는 사실을 발견하였다. 신체영역에서 최상의 성과란 인간이 자신에게 필요와 의무로 주어진 일을 당연하게 받아들여 수월히 잘 해내고 이를 "제2의 천성"(PSW 13: 340)으로 만드는 것이라 생각했다. 직업과 연결된 기량의 도야 역시 단계적으로 형성되어야 한다. 어린이는 먼저 기본적 기량의 올바로 실행을 중시할 것이며 그 밖의 기량을 창의적·자발적으로 지유롭게 행하는 일은 맨 마지막 단계에서 계발되어야 한다.

그러나 전체적으로는 심정적·지능적·기능적 능력이 서로 잘 연결되어 전인적 일반교육으로 진행되어야 한다. 그 이유는 일반교육이 특수한 부분이나 내용을 교육하는 것보다 더 중요하기 때문이다. 이

점에서 페스탈로치는 자신과 가족을 부양하기 위해 직업적으로 자립하는 능력인 신체적 기량의 발달이 지성적·도덕적 힘들과 밀접하게 연결되어 있음을 명확히 하였다. 페스탈로치의 전인교육론은 심정에 근거해 어머니와 함께하는 거실에서의 도덕교육, 가정을 떠나 학교에서 배우는 지식교육, 직업적 도야를 위해 신체를 사용하는 수공업적 기량의 배양을 조화롭게 하는 인간정신 통합작용의 교육이론이다. 그는 인간에게 본원적으로 주어진 가슴·머리·손으로 상징되는 세 영역의 능력을 완전하고 조화롭게 계발하는 교육의 방법원리를 찾으려 노력하였으며, 그것은 다름 아닌 신이 이미 인간에게 자연으로 준 것이라고 생각하였다. 우리 인간은 신이 의도하였고 자연이 행하고 있는 이 방법원리에 의해 전인교육을 실천해야 한다는 것이다.

Ⅵ. 디지털 기술문명시대와 전인교육의 위기

신인본주의 교육사상 이후 19세기 근대 산업사회에서 국가발전에 필요한 인력의 양성이 목표인 학교교육체제가 시작되었다. 오랫동안 억눌렸던 교육에 대한 열망이 폭발한 20세기 이후 한국에서도 국가가 관리하는 근대 학교교육을 통해 우수한 산업인력이 배출되었으며 그 결과 경제발전이 이루었다. 그러나 인간 존엄성의 관점에서 볼 때 산업사회의 틀에 갇힌 교육시스템이 교육의 본질을 훼손할 뿐만 아니라, 인격적 고유함을 갖춘 인재의 양성은 물론 급변하는 시대적 요구조차 충족시키지 못한다는 생각을 하게 된다. 최근에는 디지털 기술혁명으로 인한 인공지능과 자동화 산업시설의 결합에 의해 진행되는 '4차 산업혁명'과 연관된 교육개혁이 논의되고 있다. 기존의 기술 및 문화산업사회와 확연히 달라진 새로운 환경과 조건에서 능력과 경쟁력을 발휘할 인재의 양성이 시급다고 정치권과 기업이 아우성이다. 이제 디지털기술과 인공지능 앞에서 전인교육의 이념은 교육학 논의에서 더 이상 다뤄질 필요가 없는 것처럼 간과된다.

초유의 기술혁신이라 할 '인더스트리 4.0'과 연결된 디지털기술은 새로운 생활현실 창조의 차원을 넘어 인간의 자기이해 및 존재방식까지 근본적으로 바꾸고 있다. 사유하는 인간이 그간의 기술혁신을 통해 이룩한 자동화기계의 잠재력을 획기적으로 향상시킨 사이버-물리 시스템을 기반으로 하는 전대미문의 새로운 기술이 등장했기 때문이다. 이러한 상황은 인간 노동력 대체를 위한 기계화 및 생산효율성 추구의 자동화가 주축을 이루던 시대와 확연한 차이를 보여준다. 기계화를 통해 육체노동을 줄여가며 사유와 협업능력에 의한 기획·설계·운영업무 및 서비스업무로 전환하던 인간이 이제 스스로 학습하는 인공지능에 의해 자신의 사회적·직업적 지위를 상실할 위기에 처했다(정영근 외, 2017: 302). 인공지능과 자동화기기가 하루아침에 인간의 일을 대체하지는 않겠지만 앞으로 인간이 수행해야 할 일이 얼마나 남게 될 것인지 명확치 않다.

연구에 의하면 디지털기기를 사용하면서 인간의 감정이입능력 또한 앞선 시대보다 현저히 약화되었다고 한다(Konrath et al., 2011: 18).

이는 개별성으로서의 인산이 다양성을 보이며 공존하는 삶이 어려워질 것이라는 예고와 다를 바 없다. 그럼에도 획기적 전환기에 '창의·융합인재가 필요하다'거나 '컴퓨팅 능력을 형성시켜야 한다'는 식의 대책 찾기만 요란할 뿐 인간 존재의 미래와 운명에 대한 본질적 논의는 찾아볼 수 없다. 시대의 담론을 이끄는 사람들이 주로 기술 낙관적 관점에서 무조건적 혁신과 발전을 주장하는 공학자이거나 수익증대 추구의 산업자본가이다 보니 지금까지 인간이 스스로 정의해왔던 사람됨의 기준을 망각한 것처럼 보인다. 인간이 자기 존재의 속성을 어떻게 유지·변화시키며 살 것인지에 대한 생동적 미래전망보다는 인공지능시대 산업과 직업의 변화에 대한 무수한 추측과 기대가 확산된다. 교육학 역시 4차 산업사회에 적응할 인재를 양성해야 한다는 막연한 논의에 빠져있다. 그래서 인간 존재가 처한 현 위기상황과 문제를 지금부터라도 전인적 인간교육의 관점에서 성찰·논의하는 것이 요구된다.

인공지능 기반의 4차 산업사회가 인간과 교육에 줄 영향을 전인교육의 '지성'과 '감정' 그리고 '육체'의 측면에서 간략히 예측해보자. 먼저 인간은 사유·표현·소통하는 능력을 바탕으로 지식과 가치를 전수하며 누려왔던 특유의 지위를 서서히 인공지능에 넘겨주게 될 것이다. 육체노동에서 점차 분석·사고·운영하는 직무로 전환되던 인간의 일자리가 스스로 학습하여 인간보다 뛰어난 연산·추리·해석·판단기능을 구사하는 인공지능 및 자동화설비에 의해 잠식될 것이 확실해 보인다. 또한 직접적 대면관계를 억제함으로써 공감능력의 약화시키는 디지털기술과 인공지능은 이미 실용화된 감정상태 분석기술과 결합해 인간의 감정영역을 대체하려 할 것이다.[21] 따라서 공감과 가치의 공유를 통해 도덕적 태도 및 행위능력을 형성하는 교육이 유지될지 의문이다. 더 나아가 사유하는 두뇌 외에도 직립보행을 하고 섬세한 작업을 할 수 있는 손을 지님으로써 '노동을 하며 살아야 하는 운명적 존재(homo laborans)'인 인간이(정영근, 2010) 할 일을 잃게 되는 것이 걱정이다. 인공지능과 자동화 생산시설이 노동의 성격과 형식을 획기적으로 전환시켜 새로운 일자리를 창출할 것이란 낙관적 전망과 함께 인간을 더 이상 할 일이 없는 잉여존재로 전락시킬 것이란 우려가 공존하고 있다.

개별 인격으로서의 고유한 존재라는 인간이해, 즉 인격적 존엄성을 전제로 정신활동을 하며 사회적·문화적 삶을 영위하는 인간에게 실제 삶으로부터 유리된 새로운 현실이 강요됨으로써 인간과 환경 그리고 인간과 인간 사이가 분리되고 있다. 실제 세계를 직접 경험하기보다 검색을 통해 데이터화된 가공(架空)의 세계를 열어가며, 검색행위에 의해 자신의 디지털 프로필이 형성되는 것을 우리는 목도한다. 원격 테크놀로지와 결합된 디지털 미디어를 통해 만나는 세계는 숫자로 조합된 가상의 세계이기 때문에 자신이 데이터화될 수밖에 없다. 가상공간에 남기는 디지털 족적은 서버에 이력으로 축적되

---

21 직접 대면하여 대화하는 사람이 경험하는 감정과 가상공간에서 접속·연결하는 사람 또는 인공지능과의 감정교류는 아마도 서로 차이가 있을 것이다. 사실 0과 1의 숫자로 이루어진 디지털공간의 관계는 비록 그 접속과 활동의 주체가 인간이라 할지라도 매체의 기술적 속성의 영향을 받지 않을 수 없다. 우리가 디지털화된 일상에서 면밀하게 이해하거나 느낄 수 없다는 문제를 떠나서도 유기체 인간과 디지털기술이 서로 확연히 다른 세계일 수밖에 없다는 점을 명확히 인식할 필요가 있다.

어 나의 프로필로 저장되고 컴퓨터 알고리즘에 의한 일종의 아바타가 되어 정치적·경제적으로 활용된다(이시다 히데타카, 2017: 153). 이렇게 디지털화된 자아는 언제든지 객관적으로 활용 가능한 보편인간으로서의 삶을 살 수밖에 없으며 고유한 정신적 개별성으로의 존엄성은 망각되기 마련이다. 앞으로 우리가 자신의 고유한 감성과 지성 그리고 육체의 조화로운 통합을 추구하는 문화와 생활조건을 상실하게 된다면 전인교육 또한 같은 운명을 겪을 수밖에 없다.

참고문헌

김정환. 1980. 『페스탈로찌의 敎育思想』. 고려대출판부.
김정환. 1982. 『전인교육론』. 세영사.
김정환. 2008. 『페스탈로치의 생애와 사상』(개정판). 박영사.
박순서. 2016. 『공부하는 기계들이 온다』. 북스톤.
이시다 히데타카. 2017. 『디지털 미디어의 이해』. 윤대석 옮김. 사회평론.
정영근. 1991. 「독일 신인본주의 교육사상과 인간도야의 이념」. 『교육철학』 제9호.
정영근. 1994a. 「전인교육의 이념과 한국의 학교교육」. 『교육철학』 12(1).
정영근. 1994b. 『인격과 인간교육』. 문음사.
정영근. 2000. 『삶과 인격형성을 위한 인간이해와 교육학』. 문음사.
정영근. 2010. 「호모 라보란스의 꿈」. 정영근·이종하·김선희 공저. 『삶·일상·윤리』. 문음사.
정영근. 2012. 「페스탈로치의 방법원리(Methode)에 대한 교육학적 평가와 의미」. 『교육의 이론과 실천』 17(2).
정영근. 2013. 『교육학, 인간에게 다가서다』. 문음사.
정영근·전숙경·손미란. 2017. 『교육학개론 4.0 − 인간·학교·디지털기술문명사회와 교육』. 문음사.
코레트, E. 1993. 『哲學的 人間學』. 진교훈 옮김. 종로서적.
패터슨, C. H. 1980. 『인간주의 교육』. 장상호 (역). 박영사.
홍웅선. 1980. 「인간교육의 방향모색」. 『교육학연구』. 제18권 2호.
Adl-Amini, B. 2001. *Pestalozzis Welt. Eine Einleitung zur Erziehung.* Weinheim und

München: Juventa Verlag.

Ballauf, T./Schaller, K. 1970. *Pädagogik. Eine Geschichte der Bildung und Erziehung.* Band II. Freiburg/München: Verlag Karl Alber.

Blankertz, H. 1982. *Die Geschichte der Pädagogik. Von der Aufklärung bis zur Gegenwart.* Wetzlar: Büchse der Pandora.

Delekat, F. 1968. *Johann Heinrich Pestalozzi. Mensch ·Philosoph ·Politiker ·Erzieher.* Heidelberg: Quelle & Meyer.

Friedenthal, R. 1969. *Entdecker des Ich. Montaigne, Pascal, Diderot.* München: Piper.

Friedrich, L. 1987. "Bildung im Spannungsfeld von Bedingtheit und Freiheit. Zum Bildungsverhältnis Johannes Heinrich Pestalozzis". *Pädagogische Rundschau* 41.

Goethe, J. W. v. 1948 ff. *Gedenkausgabe der Werke, Briefe und Gespräche.* Hrsg. von E. Beutler. Zürich: Artemis.

Herder, J. G. 1942. *Mensch und Welt. Eine Zusammenfassung des Gesamtwerkes von E. Ruprecht.* Jena: Eugen Diederichs Verlag.

Humboldt, W. v. 1903 ff. *Gesammelte Schriften.* Hrsg. von der Königlich Preußischen Akademie der Wissenschaften. Bd. I- XVII. Berlin: Behr.(본문에서는 GS 로 축약 표시하고 로마자로 권수 표시.)

Kant, I. 1983. *Werke in zehn Bänden.* Hrsg. von Wilhelm Weischedel. Darmstadt: Wissenschaftliche Buchgesellschaft.

Konrath, S./O'Brien, E./Hsing, C. 2011. "Changes in Dispositional Empathy in American College Students Over Time: A Meta-Analysis". *Personality and Social Psychology Review* 15(2).

Liedtke, M. 1992. "Pestalozzi". H. Scheuerl (Hg.). *Klassiker der Pädagogik.* Bd. 1. München: C. H. Beck Verlag.

Liedtke, M. 2002. *Pestalozzi.* Reinbek bei Hamburg: Rowohlt Taschenbuch Verlag.

Locke, J. 1966. *Gedanken über Erziehung.* Bad Heilbrunn/Obb.: Verlag Julius Klinkhardt.

Menze, C. 1965. *Wilhelm von Humboldts Lehre und Bild vom Menschen.* Ratingen: A. Henn Verlag.

Menze, C. 1976. "Die Individualität als Ausgangs- und Endpunkt des Humboldtschen Denkens". K. Hammacherin (Hrsg.). *Universalismus und Wissenschaft im Werk und Wirken der Brüder Humboldt.* Frankfurt/M.: Vittorio Klostermann.

Osterwalder, F. 2008. "Die methode Pestalozzis. Wahrnehmung, Ordnung und Erlösung". J. H. Prstalozzi: *Schriften zur〈Methode〉.* F. Osterwalder (Hg.). Zürich: Verlag Pestalozzianum.

Pestalozzi, J. H. 1927-1996. *Sämtliche Werke*. Kritische Ausgabe. Begründet von A. Buchenau, E. Spranger und H. Stettbacher. 29 Bände. Berlin/Leipzig/ Zürich: de Gruyter/Orell Füssli/ Neue Züricher Zeitung.(본 논문에서는 PSW로 축약하여 로마자로 권수 표시.)

Pico, della Mirandola Giovanni. 1988. *Über die Würde des Menschen*. Übers. von H. W. Rüssel. Zürich: Manesse.

Retter, H. 1997. *Grundrichtungen pädagogischen Denkens*. Bad Heilbrunn/Obb.: Julius Klinkhardt.

Reble, A. 1995. *Geschichte der Pädagogik*. Stuttgart: Klett-Cotta.

Reinert, G. B./Cornelius, P. 1984. *Johann Heinrich Pestalozzi. Anthropologisches Denken und Handeln*. Düsseldorf: Schwann.

Scheuerl, Hans. 1982. *Pädagogische Anthropologie. Eine historische Einführung*. Stuttgart/Berlin/Köln/Mainz: Kohlhammer.

Schiller, F. 1967. *Sämtliche Werke*. Bd. V: *Erzählungen. Theoretische Schriften*. Hrsg. von G. Fricke und H. G. Göpfert. München: Carl Hanser Verlag.

Seidel, S. 1962. *Der Briefwechsel zwischen Friedrich Schiller und Wilhelm von Humboldt*. 2 Bände. Berlin: Aufbau Verlag.

Spranger, E. 1959. *Pestalozzis Denkformen*. Heidelberg: Quelle & Meyer.

Tröhler, D./Zurbuchen, S./Oelkers, J.(Hg.). 2002. *Der historische Kontext zu Pestalozzis «Methode». Konzepte und Erwartungen im 18. Jahrhundert*. Bern: Haupt.

Tschong, Y. 1991. *Charakter & Bildung. Zur Grundlegung von W. v. Humboldts bildungstheoretischem Denken*. Würzburg: Königshausen & Neumann.

제2장

리쾨르의 이야기 윤리와 생명윤리[*]

공병혜(조선대학교)

⊙⊙⊙⊙

Ⅰ. 인격의 존엄성과 생명윤리

오늘날 한 인간의 인격이란 무엇이며, 그 인격의 존엄성의 출발은 어디에 근거하는가에 대한 숙고는 생명윤리에 있어서 핵심적으로 고려해야 할 사안들이다. 특히 요즘 논쟁거리가 되고 있는 줄기세포 연구를 위한 냉동배아나 복제된 배아가 잠재적 인격체인가, 단지 세포덩어리에 불과 한 사물인가, 혹은 뇌사자나 식물인간으로부터 장기이식을 할 때 그 개인으로부터 이렇게 사전 동의를 얻을 수 있는가, 중환자실에서의 생명연장을 위한 적극적 치료나 치료중단은 과연 인간의 존엄성에 반하는가 등은 구체적으로 의료현장에서 자주

* 이 글은 생사학연구소 학술대회발표를 위해 본인의 「리쾨르의 이야기적 정체성과 생명윤리」, 『철학과 현상학 연구』제 24집. 2005년. 논문을 수정 보완하였음.

직면하는 윤리적 물음들이다. 이러한 윤리적 질문들을 숙고함에 있어서 우선적으로 논의되어야 할 생명윤리의 지평은 바로 인간 삶에서의 인격의 정체성과 존엄성에 대한 이해에 있다고 할 것이다. 이 글은 오늘날 의료현장에서 인간 생명의 시초와 죽음의 과정에서 발생하고 있는 인격과 인간의 존엄성과 연관된 윤리적 문제를 리쾨르의 『타자로서의 자기』에서 전개된 '이야기적 정체성'과 '배려의 윤리'에 근거하여 다루어 보기로 하겠다.

일반적으로 철학적 논의에서 인격의 정체성이란 개인의 동일성을 가리키며, 시간적 변화와 지속에서도 동일하게 '나'로 남아 있게 하는 것이 '무엇인가' 하는 것이 핵심 사안이다. 여기에는 시간의 변화 속에서도 지속적으로 존재하는 '나'의 실체로서는 생물학적 종이 지닌 '유전자 코드'나 한 개인을 식별할 수 있는 기질의 총체로서의 성격의 지속성을 들 수 있을 것이다. 그러나 리쾨르는 인격의 정체성의 문제를 시간 속에서 불변의 본질을 찾는 물음인 "나는 무엇인가"의 차원뿐만 아니라, 나의 나됨을 묻는 **"나는 누구인가"**라는 시간성 속에서의 자기 해석의 차원을 포함시킨다.[1] 여기엔 개인의 고유성, 각자성, 개체성뿐만 아니라, 어떤 것을 통해 또는 어떻게 나의 자기(Selbst), 너의 자기 혹은 그의 자기로서 여길 수 있는 것이 확인될 수 있는가가 포함되는 것이다. 리쾨르는 '나는 무엇인가'라는 질문과 '나는 누구인가'라는 질문을 매개할 수 있는 것은 바로 이야기를 통해 형성된 정체성, 즉 이야기적 정체성(Narrative Identität)이라고 말한

---

1 P. Ricoeur. 1996. *Das Selbst als ein Anderer, Aus dem Franz.* München: von J. Greisch. W. Fink Verlag. 147 참조, 이하에서는 SA로 약칭.

다.[2] 그것은 각자의 자기가 이야기를 통해 해석되며 자기가 타자를 통해 그리고 타자와 함께 규정된다는 것을 의미한다. 그 이야기는 삶의 총체적 연관성 속에서 통일성을 지니며, 사회 속에서 타자와 함께 타자를 위해서 어떻게 자신이 훌륭한 삶을 추구해야 하는지, 즉 훌륭한 삶이 무엇이며, 그 삶이 어떠해야 하는 지에 대한 윤리적 지향성을 지닌 각자의 '자기'를 보여주는 것이다.[3]

리쾨르는 이야기 차원에서 전개된 자기이해의 지평을 윤리적 차원으로 넓혀나간다.[4] 리쾨르는 자신의 윤리학에서 좋은 삶을 추구하려는 자기 존중의 능력이 타자를 매개로 하였을 때 실현되는 배려의 윤리를 통해 인격의 존엄성을 논의한다. 그에게서 인격의 존엄성에 대한 배려는 도덕적 주체로서의 인격체뿐만 아니라, 배아나 태아 그리고 무의식 환자나 식물인간 등을 포괄한다. 이렇듯 잠재적 인격체나 타자화된 인격의 존엄성을 보호하고 실현시키기 위해 마음을 쓰는 배려의 윤리는 타자와 함께 타자를 위해 좋은 삶을 추구하는 실천적 지혜를 강조하는 윤리인 것이다.

이 글은 바로 인간 생명의 출발과 죽음의 과정에서 야기되는 윤리적 문제들, 특히 생명에 대한 유언이나 사전 동의, 추정적 동의, 배아 연구나 낙태, 그리고 임종간호 등과 연관되어 숙고되어야 할 인격의 정체성과 존엄성에 대한 논의를 리쾨르의『티자로서의 자기』에서

---

2 P. Ricouer. 1996. 155 참조.

3 Martin, W. Schnell. 1999. "Narrative Identität und Menschenwürde" in, A. Breitling Stefan Orth Birgit Schaaff(hrsg.) *Das herausgeforderte Selbst, Perspektiven auf Paul Ricoeurs Ethik.* Würzburg. 117 참조.

4 P. Ricoeur. 1996. 329-331 참조.

전개된 '이야기적 정체성'과 그의 배려의 윤리에 대한 이해에 기조하여 전개시켜 보겠다. 결국 이러한 논의를 바탕으로 오늘날 인격의 존엄성이 위협받는 취약한 상황에 처한 신체적 존재에 대한 인격존중과 보호를 위한 윤리저 태도에 대해 반성해 보고자 한다.

Ⅱ. 인격의 자기 정체성과 이야기적 정체성

오늘날 영미 철학계에서 인격(person)에 대한 논의에는 인격의 정체성(identity)의 기준이 무엇이며, 그것을 개별화하고 재확인을 할 수 있는 것이 무엇인가에 대한 논쟁들이 대부분이다. 거기엔 자의식과 기억에 의한 심리적 기준에 의한 것인가, 혹은 시간과 공간의 동일성에 따른 신체적 기준에 의한 것인가의 구분이 이루어지고 있다. 그러나 리쾨르는 이런 개인의 동일성의 기준을 심리적인 것과 신체적인 것으로 구분할 수 없으며, 따라서 기억과 몸이 '나는 누구인가'에 대한 질문과 상관없이 결합과 분리가 가능한지에 대해 의심을 품는다.[5] 또한 그는 인격의 동일성을 단지 다양한 심리상태의 연결 상태로 보는 현상론이나 환원주의의 입장도 따르지 않으며, 심리적 상태와 분리된 신체를 동일성의 기준으로도 보지 않는다. 리쾨르는 인격의 정체성 '나는 정말 누구인가'라는 질문에 대답하기 위해 이야기의 차원을 끌어들인다. 이야기를 통한 인격의 정체성은 바로 시간성

---

5 P. Ricoeur. 1996. 157. 주 참조.

과 타자성을 포함하여 타인에게 주체에 대한 책임을 물을 수 있는 자기 정체성을 보여준다는 것이다.

리쾨르는 우선 인격의 자체동일성(idem, Selbigkeit)과 자기동일성(ipse, Selbstheit) 사이의 차이와 둘 사이의 상호연관성의 의미를 밝히고, 이에 대한 변증법적 종합으로서의 이야기적 정체성을 제시한다. 자체동일성이란 우선 단수로서의 수적 동일성과 두 존재가 서로를 대체될 수 있는 질적 동일성, 그리고 생물학적 종으로서의 인간의 탄생과 성장, 죽음에 이르는 전 발달 과정에서 보이는 연속성으로서의 동일성을 의미한다고 한다.[6] 이러한 자체 동일성을 칸트의 『순수이성비판』에서는 관계의 범주인 실체의 지속성, 즉 "실재적인 것의 시간에서의 지속성, 즉 모든 다른 것이 변함에도 불구하고 지속하는 것"과 같은 것으로 이해될 수 있다.[7] 이러한 자체동일성은 "생물학적 개인이 지닌 유전자 코드의 지속성"일 것이다.[8] 그러나 이것은 스스로에게 질문하는 인간 존재자에게 체험되는 사실이 아니라, DNA 검사를 통해 검증되거나 확인되는 것이다. 자신에게는 물론 타자에게도 체험되는 자체동일성이 있는데, 이것은 성격(Charakter)의 지속성으로서 인간개별자의 자체동일성의 양태라고 말할 수 있다. 성격은 유전자처럼 객관적이거나 익명적이 아니면서, 시간의 흐름 속에서 나의 성격으로 나를 재확인하고 너의 성격으로 너를 재확인히고, 각자의 성격으로 각자를 재확인할 수 있다. 그 성격은 단지 한 주체의

---

6 P. Ricoeur. 1996. 145-146 참조.

7 I. Kant. 1968. *Kritik der reinen Vernunft.* Berlin: Akademie-Ausgabe. 224.

8 P. Ricoeur. 1996. 146.

것이지 다른 그 누구의 것이 아니기 때문이다. 성격이란 비로 이것을 통해 우리가 한 인간적 개별자를 식별해내고 알아볼 수 있도록 습득된 지속적인 기질들(dispositions)의 총체인 것이다.[9]

그러나 리쾨르는 과거로부터 축적되고 침전된 성향들이나 기질들로 구성된 성격을 통한 개인의 정체성은 미래를 예견하고 계획하며 스스로 구성해 나가는 측면을 간과한 접근이라고 말한다. 자체동일성의 구체적 양태가 성격이라면, "나는 누구인가"라는 물음에 대한 자기성의 구체적인 양태는 바로 "자기 유지"(Selbst-Ständigkeit)로서의 타자에 대한 "약속의 준수"(Wort-Halten)이다.[10] 여기서 자기성이란 그 누구도 대체할 수 없는 그 인간 개별자의 자기다움이다. 즉 약속의 준수는 자기 자신은 물론 타자에서 무엇을 하겠다고 말하는 것을 충실하게 이행함으로써 자기 자신을 유지할 뿐만 아니라, 그가 누구임을 보여주는 것이다. 리쾨르는 시간과 이에 따른 변화에 맞서 내 욕구가 변화하고, 내 의견과 내 경향이 변화한다고 해도 이미 한 말을 충실히 이행하는 과정에서 자기를 지속할 수 있는 것이다. 즉, 자기가 한 말을 성실하게 준수한다는 것은 말하는 자의 자기 지속성은 물론 언어라는 사회적 제도를 유지시키고, 타자가 나에게 기대하고 신뢰할 수 있게 함으로서 한 사람의 자기가 다른 자기와 맺는 관계 그리고 그 자기와 다른 모든 사회적 관계의 지속성과 그 관계의 유지도 가능하게 하는 것이다. 이것은 약속의 실행을 통해 나의 미래로 향한 실존을 형성해 나감은 물론, 타자가 나에게 거는 기대와 소망을 동시에 구축해

9 P. Ricoeur. 1996. 159.

10 P. Ricoeur. 1996. 153.

나가는 고도의 상호 인격적인 윤리적 행위라는 것이다.

위에서 설명한 성격이라는 자체 동일성과 약속을 준수하는 자기 동일성은 이야기 속에서 변증법적 결합이 이루어지며, 이것으로 인해 인격의 정체성이 형성된다. 이것은 인간주체의 자기 이해와 자기 인식이 자신의 삶에 대해 말한 이야기들에 의해 조명되고 얻어진다는 그의 해석학적 이념에 근본적으로 부합된다. 그에게서 '나는 누구인가'라는 자기 이해를 매개하는 것이 바로 이야기이며, 각자의 삶을 이야기하면서 자기 동일성, 즉 각자가 누구인지가 파악되는 것이다. 각자 자기의 삶의 이야기는 지속적인 성격만을 말하는 것이 아니라, 약속이행을 통해 새로운 행위의 가능성과 그 가능성의 실현을 위한 전망들을 제시한다. 즉 이야기는 그 인물의 고착된 성격을 넘어서 진정한 삶에 대한 이상과 지향을 이야기함으로써, 그 인물을 사랑받거나 존경받을 만한 특성을 가진 사람으로 만드는 것이다. 이렇듯 이야기를 통해 얻을 수 있는 인격의 정체성이 바로 이야기의 정체성이며, 이것은 성격이라는 변하는 않는 그 무엇과 그 '누구'라는 자기 지속을 통한 약속이행이 변증법적으로 연결됨으로서 확보될 수 있는 것이다.

그러면 우선 리쾨르가 이야기적 정체성의 본질을 어떻게 보여주고 있는지 살펴보기로 하자. 리쾨르에게 있어서 이야기란 '줄거리 만들기'에 의해 이루어진다. 줄거리 속에서 사건의 목적괴 원인과 우연들은 전체적이고 완전한 행동의 시간적 통일성 아래 통합된다. 이로써 일상적 삶 속에서 일어나는 복잡하고 이질적인 것들온 줄거리 안에서 만들어지고, 그 속에서 만들어진 줄거리는 인물의 정체성을 형성한다. 즉 줄거리란 부조화와 조화사이의 변증법을 통해 이루어시는데, 조화란 행위를 결합시키는 일종의 '질서의 원칙'이며, 부조화란 시원적 상황에서 종말적 상황에 이르기까지 일어난 운명이 바뀌는 것이다. 조화와 부조화 사이의 매개와 이질적인 것을 종합하는 기술은 구성이다. 이러한 구성을 통해서 이야기의 줄거리가 만들어지면서 이야기 속에서 인물의 정체성이 형성되는 것이다.[11] 이야기의 줄거리 짜기는 그 인물의 지속적인 성격이라는 자체동일성과 자기지속을 위한 약속준수라는 자기 동일성을 변증법적으로 연결시키면서 이야기 속에서 인물의 정체성을 형성하게 한다.[12]

리쾨르에 따르면 이야기 속에서 드러내는 '자기' 지속을 위한 약속은 근본적으로 윤리성을 지닌다. 이는 타자 앞에서 나의 행위가 책임 있는 것이 되기 때문이다. 행위의 '책임'이란 우리의 삶 속에서 한 개인으로서의 성격을 드러내면서 동시에 다른 사람들이 우리에게 기대하고 있는 것을 말로 약속하고 그것을 지켜나가야 함을 의미한다. "만약 다른 사람이 내가 약속을 지킬 것을 기대하지 않는다면 나는 약속을 지킬 수 있을 것인가?" 이때의 책임은 바로 상호 믿음에 기인한다. 왜냐하면 타인이 나의 약속을 믿지 못한다면 약속을 하고 지키지 않기 때문이다. 결국 이야기 속에서 인물이 자기 행위에 대해 책임을 진다는 것은 자기가 미래에 이르기까지 지속되는 것을 의미하고 동시에 타자 앞에서 약속한 말이 그 행위에 대한 증거

---

11 P. Ricoeur. 1996. 170.

12 삶의 이야기는 서술형식도 불완전하고 모호하기 때문에 이야기 정체성은 끊임없이 형성되고 해체된다. 이야기적 정체성은 확고부동의 정체성이 아니고 역동적으로 재구성되는 정체성인 것이다.

로서 책임이 있음을 보여주는 것이다. 이것은 곧 이야기 속에서 약속을 통해 구성된 자기 정체성이 근본적으로 타자와의 신뢰를 바탕으로 한 윤리적 성격을 지니고 있음을 의미한다.

　이러한 이야기는 인간 삶의 역사 속에서 지속되는 개별적 행위를 통일적으로 재구성한다. 한 개인의 정체성은 이야기란 형식을 통해서 삶에 대한 회고뿐만 아니라, 삶의 계획과 전망을 제시하는 통일성을 제시하며, 좋은 삶을 지향하는 윤리적 성격을 함축하고 있다.[13] 리쾨르에 따르면 이야기하는 기술은 경험들을 교환하는 일종의 "실천적 지혜의 일상적인 연습"인 것이다.[14] 이야기는 좋은 삶을 추구하는 윤리적인 목적론적인 범주와 도덕적 규범으로서의 의무론적인 범주를 가지고 경험들을 평가한다. 즉 우리는 이야기를 통해 경험들을 교환하면서 어떤 행위에 대해서는 찬성하고 어떤 행위에 대해서는 반대하며, 그 행위자를 칭찬하거나 비난하게 되는 것이다. 특히 우리가 상상의 거대한 실험실인 문학적 허구 속에서 행하는 사유실험은 선과 악의 영역 속으로 들어가는 탐사라는 것이다.

III. 리쾨르의 자기 존중과 배려의 윤리

　리쾨르에 있어서 이야기하기는 윤리학의 예비학이라는 성격을 지닌다. 왜냐하면 이야기하기는 좋은 삶을 지향하는 윤리적 사유에

---

13 P. Ricoeur. 1996. 194, 197.
14 P. Ricoeur. 1996. 201.

대한 훈련이 가능하기 때문이다.[15] 이야기 속에서의 자기 삶의 역사
는 자기 이해에서 출발하며 좋은 삶에 대한 전망과 규범을 포괄한
다. 그럼 지금까지 누구에 대한 물음, 즉 누가 말하는가, 누가 행위하
는가, 누가 이야기하는가라는 '자기동일성'에 대한 물음으로부터
펼쳐지는 윤리에 대해 살펴보기로 하자.

리쾨르에 있어서 윤리는 항상 '지향(Ausrichtung)' 또는 목표에 따른
삶의 이상, 신념, 소신, 바람 등과 관계하며, 도덕은 '규범(Norm)' 또는
규칙에 따른 의무나 당위성의 의미를 지닌다. 그는 윤리를 아리스토
텔레스의 목적론적 윤리학과 도덕을 칸트의 의무론과 연계시킨다.
리쾨르의 윤리학은 정의로운 제도 속에서 타인과 더불어 그리고 타
인을 위하여 좋은 삶을 지향하는 것을 주된 내용으로 한다. 그의 윤
리학은 주로 윤리적 목표를 구성하는 '좋은 삶'과 '타자와 함께 하
는' '타자를 위한 요소'들이 어떻게 결합되며, 자기 존중과 타자를
위한 배려가 어떻게 연결되는가라는 문제에 초점을 맞추고 있다.

우선 리쾨르의 윤리적 목표를 구성하는 첫 번째 요소인 좋은 삶에
대해 살펴보자. 그에게 있어 좋은 삶에 대한 추구는 자기 애, 자기 관
심, 자기 존중, 자기 존경의 발로이다. 아리스토텔레스는 "사람은 누
구보다도 자기 자신을 위해 선을 행한다"라고 말한다.[16] 이에 따라
서 리쾨르는 좋은 삶에 대한 추구는 결국 우리 각자가 가지는 자기
에 대한 관심과 이로부터 나온 자기 존중에서 비롯된 것이라고 한

---

15 M. Schnell. 1999. 126 참조.

16 아리스토텔레스. 2003. 『향연, 파이돈 나코마코스 윤리학』. 최명관 옮김. 을유문
  화사. 415 참조.

다.[17] 자기 관심에서 나온 자기 존중이 없이는 좋은 삶에 대한 지향은 생각할 수 없다. 여기서 자기 관심으로부터 나온 좋은 삶이란 일종의 자기 삶의 이상이며 이러한 삶의 이상을 실현하기 위해서는 그 이상을 향해 구체적으로 선택된 실천들 간에 합일이 이루어져야 한다. 이러한 합일을 위해서 필요한 것이 바로 좋은 삶에 합당한 행위들을 숙고하여 선택하는 능력인 실천적 지혜(phrónesis)인 것이다. 이렇듯 실천적 지혜는 좋은 삶을 향해서 실천들과 삶의 계획들 간의 통일 속에서 판단할 수 있는 능력인 것이다. 거기서 '자기'가 무엇이며, 그리고 '그 자기'의 어떤 점이 윤리적 견지에서 아끼고 소중히 여길만한 것인가가 바로 자기 존중인 것이다.

리쾨르는 '자기'가 존중받을 만한 가치가 있는 가는 자기의 성취(Leistung)가 아니라, 근본적으로 '나는 할 수 있다'라는 능력(Fähigkeit) 때문이라고 한다. 거기에서 윤리적 차원의 '행위 능력(Tun-können)'에 상응하는 자기능력은 곧 "나는 판단할 수 있다(Urteilen-können)"라는 의미를 지닌다.[18]

> "나는 한 사람의 행위들을 평가할 수 있고, 특정한 행위들이 그 행위들이 지향하는 목표들이 좋은 것들임을 평가함에 있어서, 행위자 자신을 평가하여 그가 좋은 사람임을 평가할 능력이 있는 존재자이다."[19]

---

17 P. Ricoeur. 1996. 219.

18 P. Ricoeur. 1996. 221.

19 P. Ricoeur. 1996. 220.

이렇듯 리쾨르는 사기 존중의 권리를 '자기' 능력, 주체의 행위 힐 수 있는 능력에 둠으로써 자기를 존중의 대상으로 가정한다. 이것은 자기 능력의 실현을 위해서는 자기가 타자와 유기적으로 연결되어 있어야 함을 의미한다. 여기서 리쾨르는 타자를 위한 관심과 배려가 자기 존중의 근거인 행위 할 수 있는 능력을 실현시키기 위해서 피할 수 없는 요건임을 보여주고 있는 것이다. 그래서 그는 자기존중의 능력이 실현되기 위해서는 어떻게 자기와 타자에 대한 관심과 배려가 상호연결이 되는지 보여주고자 한다. 여기서 바로 리쾨르가 이러한 자기 존중과 타자에 대한 배려의 차원을 매개하기 위해 주목하는 것이 바로 우정이다.

아리스토텔레스는 우정을 좋은 삶을 위한 필수적인 덕이라고 한다. 그의 윤리학에서는 덕을 소유하지 않고서는 행복이 가능하지 않다. 우정이 타자와 더불어 타자를 위한 덕이란 점에서 타자를 위한 삶이 없다면 자기의 행복도 있을 수 없다는 것을 의미한다. 리쾨르는 아리스토텔레스의 "행복한 사람은 친구를 필요로 한다"에 주목하면서 자기 속에 있는 결핍은 오직 타자에 의해서만 채워질 수 있다고 강조한다. 친구는 사람이 제 자신만으로 산출할 수 없는 좋은 것을 제공하는 '다른 자기'인 것이다. 리쾨르는 아리스토텔레스의 우정론을 해석하면서 "우정은 자기 존중으로부터 아무 것도 떼어내지 않고 오히려 무엇을 덧붙인다"고 한다.[20] 우정으로 인해 자기 존중에 첨가되는 것은 바로 자기 자신들을 존중하는 사람들 간의 상

---

20 P. Ricoeur. 1996. 225.

호성의 이념이다. 우정은 내가 나 자신을 존중하듯이 타자로서의 자기인 친구 역시 존중하며, 따라서 자기 존중을 감소시키지 않고 자기 존중의 실현을 오히려 풍성하게 하는 것이다. 우정은 함께 사는 인간과의 교류 속에서 상호성을 추구하기 때문에 필연적으로 삶의 목표나 정의 사이에서 연결고리의 역할을 한다.[21]

그 다음 리쾨르는 바로 우정을 통해서 바로 배려의 차원을 전개시킨다. 배려는 자기 존중에 외부의 어떤 것이 부가된 것이 아니라, 자기 존중의 지속적인 대화적 차원이 전개된 것이다. 즉 배려가 자기 존중의 지속적인 실현 속에서 전개된 것이다. 리쾨르는 자기 존중이 상호적으로 대화하는 과정을 자율과 타율의 관계, 그리고 주는 것과 받는 것과의 교환관계에 기초하여 설명한다.[22] 거기서 그는 주고받음이 가설적으로 평등하다고 할 수 있는 우정을 배려의 스펙트럼의 중앙에 위치시킨다. 이 배려라는 스펙트럼의 양끝에는 자기의 극과 타자의 극 중에서 어느 극이 주도권을 행사하는가에 따라 자기와 타자 간에 두 가지 불균형적인 관계가 생긴다. 우선 리쾨르는 레비나스의 명령하는 타자와 명령을 받는 자기 간의 교류 속에 존재하는 배려의 모습을 탐구한다. 레비나스의 윤리는 주체상호간의 관계에서 타자가 쥐고 있는 주도권에 의지하고 있다. 그래서 그의 윤리에시 명령의 주도권은 타자로부디 온다. 그리고 자기는 명령을 받이들

---

21 리쾨르에 따르면 우정은 바로 이러한 상호성의 이념에 기초한 정의에서의 평등과 자기존중의 다리 역할을 한다. 따라서 우정은 좋은 삶의 목표와 정의 사이에서 연결고리의 역할을 한다. P. Ricoeur. 1996. 229 참조.

22 P. Ricoeur. 1996. 229.

이는 수농적 위치에 있다. 여기엔 물론 명령과 교훈을 내리는 타자와 그것을 받는 자기 간의 비대칭성이 존재한다. 그러나 이러한 비대칭성을 보완하는 자기 쪽의 응답은 다름 아닌 그러한 명령을 들을 수 있고 수용할 수 있는 인정의 능력인 것이다. 그러면 명령을 내리는 타자를 자기가 인정할 수 있는 자기 쪽의 능력은 무엇인가? 리쾨르에 따르면, 그것은 "타자의 명령을 들을 수 없을 만큼 그 자신을 혐오하지 않는 존재자로부터 생겨날 수 있는 그 선의(Güte)라는 자원들(Ressourcen)"이다.[23] 이 선의의 자원이 곧 타자에 대해 '호의적인 자발성'인 것이다. 즉, 호의적 자발성이란 바로 정의에 따라 행동할 것을 자기에게 명령하는 권위의 우월성을 인정하는 방식이며, 줌으로써 책임을 진다는 방식과 대등한 위치에 서게 된다. 이것은 곧 좋은 삶을 추구하는 자기를 존중하는 자만이 타자로부터 오는 명령과 교훈을 인정하고 수용할 수 있음을 의미하는 것이다.[24]

이렇듯 배려의 스펙트럼의 한 쪽 끝에는 '정의'를 주관하는 모습으로 명령하는 타자가 있는 배려의 유형이 있는 반면, 또 다른 한쪽 끝에는 고통 받는 타자의 모습을 한 배려의 유형이 있다. 여기서 말하는 고통은 단순한 물리적 통증, 마음의 고통을 의미하는 것이 아니다. 그것은 "자기 존엄성의 파괴로 경험되는 할 수 있다는 행위능력의 감소"이다.[25] 타자와 자기간의 이러한 관계에서는 주도권을 지닌 자기는 타자의 고통을 공유하고자하는 바람에서 타자에게 공감

23 P. Ricoeur. 1996. 230-231.
24 P. Ricoeur. 1996. 231.
25 P. Ricoeur. 1996. 232.

(Sympathie)하고, 동정(Mitleid)을 베풀고, 타자는 단지 이러한 자비를 받기만 하는 상황인가? 여기서도 일종의 평등화가 발생한다. 이 경우 자기가 타자로부터 무엇을 받기에 평등이 발생한다고 할 수 있는가? 평등은 타자보다 행위의 능력이 큰 자기가 고통 받는 타자의 '약함'이 제공하는 모든 것으로부터 영향을 받는 상태에 놓이게 될 때 일어나며, 이 때 진정한 공감의 상태에 이르게 된다. 왜냐하면 고통 받는 타자가 주는 것은 자신의 행위능력과 존재의 힘으로부터가 아니라, 바로 자신의 '약함'에서 나오기 때문이다. 고통 받는 타자로부터 자기가 받는 것은 '연약함(Zerbrechlichkeit)'과 '사멸성(Sterblichkeit)'에 대한 깨달음인 것이다. 그래서 이렇게 줌으로 인해 발생하는 "공감(Sympathie)은 단순한 연민(Erbarmen)과는 구분되는 것이다."[26] 이처럼 주도권이 타자에게 있는 경우와 주도권이 자기에게 있는 경우 모두에서 배려는 동등하지 않은 힘을 동등하게 하는 진정한 상호성을 깨닫게 한다. 배려에 대한 위대한 시험은 바로 자기가 죽음과 싸우는 타자와 함께 할 때라는 것이다.

리쾨르에 따르면 배려의 스펙트럼에서 중간에 위치한 우정에는 평등성이 전제되어 있다. 그리고 타자로부터 오는 명령의 경우에 평등성은 오직 타자의 권위의 우월성을 자기가 인정함으로서 회복된다. 반면에 자기의 능력으로부터 나와서 타자에게 확장되는 공감의 경우에는 타자로부터 받은 인간의 "연약함"과 최종적으로는 "사멸성"을 서로 깨달음으로써 평등성이 회복된다.[27] 따라서 진정한 배려

---

26 P. Ricoeur. 1996. 232.

27 P. Ricoeur. 1996. 234.

란 자기와 타자간의 비평능성 가운데 평능을 주구하는 것이다.

이렇듯 리쾨르는 자기 존중이란 명령하는 타자, 친구로서의 타자, 마지막으로 고통 받는 타자와의 배려를 통해서 온전히 실현됨을 보여준다. 즉 배려는 타자아이 대화저 차원을 전개하면서 자기 존중에 구체적인 의미를 부여하는 과정이라고 말할 수 있다. 그래서 자기 존중이 좋은 삶을 소망하는 자기반성의 계기라면, 이를 통해 각자의 자기는 스스로 '결핍'되어 있다고 의식함으로써 타자와의 상호배려의 차원, 우정의 상호성의 차원으로 나아간다. 이러한 자기 존중이 타자에 대한 배려와 만나는 자의식과정은 "전환성과 "비대체성", 그리고 "유사성"의 계기를 지닌다. 전환성은 대화를 통해 각각의 자기 자신이 나와 너 그리고 그나 그녀로 칭할 수 있는 역할의 교환이 가능하다는 의미이다.[28] "비대체성"이란 나는 누구와도 바꿀 수 없는 인격의 고유성을 의미한다. 각각의 인격은 우리의 애정과 존중 속에서 교환될 수 없는 존재이다. 특히 우리는 타자의 죽음을 경험하면서 타자의 삶이 나의 삶을 대체할 수 없음을 깨닫는다. 따라서 배려란 자기와 타자가 서로 대체할 수 없다는 의미에서 나와 마주하고 있는 타자에게 존중으로 응답하는 것이다. 마지막으로 "자기 자신에 대한 존중과 타자를 위한 배려간의 교환의 열매"로서 유사성이 더해진다. 이 유사성은 이 세상에서 그 무엇을 시작할 수 있는 행위 능력과 동시에 연약한 인간의 취약성과 죽을 수밖에 없는 사멸성에 기반 한다. 자기와 타자간의 이 유사성 때문에 타자를 나 자신으로

---

28 P. Ricoeur. 1996. 235.

존중하는 것과, 자기를 타자로서 존중하는 것이 등가가 되는 것이다. 리쾨르는 다음과 같이 말한다.

> "나 자신처럼 이란 자기로서 당신 역시 이 세상에서 무엇인가를 시작할 수 있으며, 어떤 이유 때문에 행위 할 수 있으며, 당신이 행위의 우선순위를 결정할 수 있으며, 당신 행위의 목표들을 존중, 평가할 수 있으며, 그리고 이것을 한 뒤, 내가 나 자신을 존중 평가하듯 당신도 당신 자신을 존중 평가할 수 있다"[29]

Ⅳ. 리쾨르의 생명윤리에 대한 논의

지금까지 리쾨르의『타자로서의 자기』에서 전개된 이야기 윤리에 기초한 인격의 정체성과 배려에 대해 살펴보았다. 그러면 이러한 리쾨르의 사고가 생명의 시초와 죽어가는 과정에서 일어난 생명의료 윤리에 대한 논의에 어떠한 해석의 실마리를 줄 수 있는지 살펴보기로 하겠다. 우선 여기서는 의사결정능력이 상실된 환자의 '자기정체성'을 확보하기 위한 생명에 대한 유언이나 추정적인 의사, 그리고 죽어가는 환자에 대한 배려와 배아와 태아의 인격의 존엄성에 대한 사안들을 다루어 보기로 하겠다.

---

29 P. Ricoeur. 1996. 235.

1. 생명에 내한 유언과 추정적 의사

오늘날 모든 의료행위를 함에 있어서 환자의 인격을 존중하여 '충분한 설명을 통한 자율적 동의'를 얻는 것은 생명의료윤리의 기본 원칙인 자율성존중의 원칙에 속한다.[30] 그러나 자기 결정을 할 수 없는 소아환자나 정신 장애인 그리고 무의식환자의 경우에는 대리 결정이 불가피하며, 그래서 환자의 의사를 대신할 수 있는 대리인을 어떻게 선정하며 그 대리인은 어떤 기준에 따라 결정을 내리는가가 중요한 사안이 된다. 이러한 대리결정에 대해서 학자들은 대체로 세 가지 입장으로 나누어 설명하고 있다. 그 하나는 대리판단 표준으로서 대리인이 "이 환자가 이 상황에서 무엇을 원하는가"에 초점을 맞추어 결정을 내리며, 두 번째 표준은 환자의 최선의 이익 표준으로서 대리인이 환자의 복지, 즉 삶의 질을 일차적으로 고려하여 환자에게 최선의 이익이 되는 것을 결정하는 것이다. 세 번째는 '순수자율성 표준'으로 환자가 의사결정능력이 있을 때 명시적으로 자신의 의사를 표명하였을 경우에 해당되며, 이것을 사전 의사결정이라고도 칭한다. 사전 의사결정은 세 가지 유형이 있는데, 가장 일반적인 유형으로 생명에 대한 유언이 있다. 그것은 예를 들어 식물인간이나 뇌사상태에 빠질 경우를 대비하여 안락사나 장기기증 등에 관한 유언을 직접 남기거나 사전연명의료의향서를 미리 작성해 남겨 두는

---

30 생명의료윤리에 대한 4 원칙은 T. S. Beauchamp & J. F. Childress. 1994. *Principles of Biomedical Ethics.* New York, Oxford: Oxford University Press. 에서 나온 것이다.

방식이다.[31] 두 번째 유형은 자신의 의사를 구체적으로 명시해 놓은 것이 아니라, 자신의 의사를 대변해 줄 대리인을 사전에 결정하여 그 대리인에게 모든 사항을 위임하는 것을 뜻한다. 그러나 대리인의 의사결정은 범위나, 그 결정의 타당성에 대한 문제가 발생한다. 세 번째 유형은 바로 환자의 신념이나 가치체계를 명료화해 놓은 것이다. 즉, 평소의 삶 가운데 이루어진 행동이나 글, 혹은 말에 드러난 환자 본인의 신념체계나 가치관을 구체화시켜 명료화시킨 다음 거기에 근거하여 환자의 의사를 추정하는 것을 말한다.[32]

그러면 생명윤리에서 인격의 존엄성이 위협받는 환자와 관련하여 거론되는 대리결정이라든가 사전적 의사결정 등을 리쾨르의 윤리에 근거하여 어떻게 접근할 수 있는가? 위에서 살펴본 리쾨르의 이야기적 정체성은 바로 시간성, 즉 삶의 역사 속에서 '누구'라는 자기 정체성에 대한 물음에 답을 주며, 이것은 생명윤리에서 인격의 존중에 대한 논의에 있어 새로운 이해를 가능하게 한다.[33] 여기서는 특히 환자 인격의 자기 존중과 관련된 생명에 대한 유언과 추정적인 의사결정의 문제를 리쾨르의 이야기적 정체성을 통해 고찰해 보기로 하겠다.

만약 갑작스런 사고로 인하여 식물인간이나 뇌사상태에 빠져서 살 가망이 없는 경우이거나, 회복의 가능성이 없는 암 말기 환자를

---

31 '사전연명의료의향서'란 19세 이상인 사람이 자신이 연명의료중단 등 결정 및 호스피스에 관한 의사를 직접문서로 작성한 것을 말한다(<호스피스·완화의료 및 임종과정에 있는 환자의 연명의료결정에 관한 법률> 제2조 9항 참조).

32 한국의료윤리학회. 2001. 『의료윤리학』. 계축출판사. 42-51 참조.

33 M. Schnell. 1999. 120 참조.

사례로 들어보자. 그(그녀)는 의식이 있을 때 자신의 삶을 더 이상 기대할 수 없는 상황을 예견하여 인공호흡기나 인공심폐기를 통해 생명을 연장할 것인가, 아니면 생명연장을 포기할 것인가에 대한 의사를 명시적으로 표현해 놓았다고 생각해 보자. 이 유언은 내가 더 이상 "자기"로서 행위하며 말하지 못할 상태에서의 나를 말하는 것이다. 이러한 경우에 의료인이나 보호자나 친구 등은 그를 타자(3인칭)로서 만나며, 그의 유언은 일종의 '자기 지속'의 약속이며 그의 '자기성'을 보여준다. 즉 미래에 대한 소망과 이를 이행하고자 하는 약속은 타자와의 신뢰 위에 존재하는 일종의 자기 증언인 것이다.[34] 유언을 통한 미래에 대한 약속 준수는 자기존중이 타자와의 대화적 차원인 배려라는 관계 속에서 실현되는 것임을 알 수 있다. 타자는 내가 나 자신을 유지할 것을 기대하고 나는 그 기대에 부응하고자 나 자신을 유지한다. 이렇듯 기대는 자기 유지로서 약속의 이행을 타자와의 상호성의 원리에 연결시킨다. 따라서 타자가 환자의 생명에 대한 유언을 지켜준다는 것은 곧 환자의 '자기존중'을 실현하는 배려의 차원으로 넘어가는 것임을 의미한다. 이러한 생명에 대한 유언을 존중하는 태도는 바로 리쾨르의 약속준수가 자기를 지속시켜준다는 맥락에서 인격의 정체성을 존중해 주는 태도라고 말할 수 있는 것이다.

그러나 만약 그 환자가 생명에 대한 유언으로서 적극적 치료나 혹

---

34 Schnell은 환자들을 의료상황에서 이러한 방식에 익숙해 있지만, 고전적 의미의 자율성이 아닌 환자가 남긴 유언이나 삶의 이야기를 통한 자기 정체성을 이해하는 이론적 차원이 부재해 왔으며, 이러한 이론적 기반을 리쾨르의 윤리가 제공할 수 있다고 말한다. M. Schnell. 1999. 121 참조.

은 존엄사 등 자신의 죽음에 대한 태도를 명시적으로 남겨 놓지 않
았다면 어떻게 할 것인가? 우리는 이 문제를 리쾨르의 이야기적 정
체성을 통해 풀어보기로 하자. 현재 그 환자의 자기성은 그가 자기
스스로에 대해 말할 수 없는 상태이기 때문에 타자와 함께 한 자기
삶의 역사에 대한 이야기를 통해서 그가 '누구' 임이 추정적으로 확
보될 수 있을 것이다. 이것은 타자와 함께 하는 삶의 관계에는 나의
"자기"를 말하는 누군가가 항상 있다는 것을 전제로 한다. 즉 그 환
자에 대한 자기성은 바로 그와 삶을 함께 한 가족이나 친구 등에 의
해 구성된 이야기를 통해서 확보될 수 있는 것이다. 그래서 환자와
삶의 역사를 함께 엮어가고 이야기의 공동의 저자가 될 수 있는 사
람이 환자의 삶의 이야기를 엮을 수 있는 것이다. 즉, "추정적인 환
자의 의사"는 인격적 정체성을 타자와 함께 한 삶의 역사와 관련해
서 이해할 때 비로소 타당성을 지닐 수 있는 것이다.[35] 이러한 이야
기 속에서 인격의 정체성은 사회 속에서 타자와 함께, 타자를 위해
서 어떻게 자신이 훌륭한 삶을 추구해야 하는지, 훌륭한 삶이 무엇
이며, 그 삶이 어떠해야 하며 그것이 성취될지 혹은 그렇지 않을 것
인지에 대한 자기를 보여준다. 그의 성격뿐 아니라 그가 추구한 훌
륭한 삶이 무엇인지, 그리고 가능한 소망과 삶의 마지막 소원들이
표현된다. 이것은 바로 환자의 추정적 의사를 해석해 낼 수 있는 이
야기적 정체성의 차원인 것이다. 친구란 타자로서의 자기이며 그의
삶의 이야기를 엮을 수 있는 공동의 저자이다. 그래서 친구들은 그

---

35 M. Schnell. 1999. 122 참조.

와 함께 경험했던 것, 스스로 들었던 삶의 이야기에 대한 이해로부터 환자 자신의 삶과 죽음에 대한 관계를 이야기로 구성할 수 있으며, 그래서 연명인가 혹은 자연스러운 죽음을 결정하는 근거들을 해석해 볼 수 있는 것이다. 그러나 여기서 삶의 역사를 안다는 것은 삶의 단편적 조각들이 이야기 속으로 구성되어 연합되고 조화를 이루게 된 것을 아는 것이다. 따라서 이야기를 통해 추정한 환자의 의사는 환자 자신의 죽음의 태도에 대한 불충분한 추론일 수밖에 없으며 때로는 모순적일 수 있다. 친구들이 그에 대해 이야기하는 것이 환자 '자기'의 말인지, 친구 자신의 견해인지 그 어느 누구도 확실히 보증할 수 없는 것이다. 환자 스스로 자신을 표현할 수 없는 상황에서 그 환자의 삶의 역사를 누가 이야기 하는가에 따라서 여러 이야기가 구성되고 그에 대한 해석이 달라질 수 있는 것이다. 따라서 그 환자의 삶과 죽음에 대한 태도를 추정할 수 있는 여러 가지 이야기들이 경쟁하는 불충분한 추론일 수밖에 없는 것이다.[36]

그러면 만약 돌보는 사람은 여러 가지 이야기가 경쟁하고 있을 때 어떤 이야기를 더 선호할 수 있는가? 여기엔 더 나은 이야기를 판단하는 일련의 규칙은 없지만, 다음과 같은 점들을 고려할 수 있다. 우선 돌보는 사람과 이야기하는 사람이 서로 이야기 속 인물의 정체성에 대해 합의할 수 있어야 한다. 그래서 무엇보다 이야기가 그(그녀)가 추구하고 기획했던 좋은 삶에 근거하여 인물의 정체성이 얼마나 통일적으로 구성되어 있으며 이해가 가능한가에 따라서 이야기의

---

36 M. Schnell. 1999. 125 참조.

선호도를 알 수 있는 것이다. 이러한 이야기를 통해서 추정할 수 있
는 환자의 죽음에 대한 태도를 존중해 주는 것이 바로 환자의 인격
을 보호하고 존중해 주는 태도인 것이다. 삶의 역사에 대한 이야기
를 통해 환자의 자기 정체성을 이해함으로써 우리는 그(그녀)가 추구
하고 기획했던 좋은 삶이란 무엇이며, 거기에 비추어 치료 중단이나
치료 지속 등의 삶과 죽음에 대한 그의 태도를 추정적으로 해석해
볼 수 있는 것이다.

2. 죽어가는 환자에 대한 실천적 지혜와 배려

여기서 우리는 죽어가고 있는 환자의 인격을 존중하면서, 그 환자
를 어떻게 실천적 지혜를 사용하여 배려할 것인가에 대해 생각해 보
기로 한다. 리쾨르는 생존의 가망이 없는 죽어가는 환자에게 진실을
말해야 하는가라는 도덕적 갈등의 사례를 제시하고 있다. 이 사례에
서는 두 가지 극단의 태도가 있을 수 있다. 첫 번째는 죽어가는 사람
의 죽음을 받아들일 능력이나 기대 혹은 요구를 고려하지 않고 의사
나 보호자가 그에게 순전히 도덕법칙에 대한 어떤 예외도 인정하지
않고 진실을 말하는 경우이다. 두 번째는 죽음에 대항하는 환자의
힘이 약화되어 환자의 고통이 더욱 극심하게 될까 봐 두려워 거짓말
을 하는 경우이다. 첫 번째 경우는 그에게 죽음에 대한 선고를 내리
는 경우가 될 수 있을 것이고, 그에 반해서 거짓말은 다가올 죽음에
대해 무의미한 싸움을 하도록 부추길 수 있다는 것이다. 리쾨르는
이 상황이 개별적인 인격에 대한 존중과 보편적 인간성에 대한 이념

을 담고 있는 칸트의 도덕법칙과의 길등을 일으기는 상황을 의미한다고 말한다.[37] 여기서 인간성의 이념은 바로 칸트의 정언명령의 내용에서 드러난다. 즉

"너는 네 자신의 인격과 다른 모든 사람의 인격에 있어서 그 인간성을 언제나 동시에 목적으로 대하고 결코 단순히 수단으로서만 사용하지 않도록 그렇게 행위하라."[38]

여기서 인격 안에 있는 인간성이란 이성적 본성의 자체목적이며, 이것을 지닌 자가 인격적 존재임을 의미한다. 그러나 이러한 칸트의 추상적인 도덕법칙에서 보편적 인간성에 대한 존경은 인격의 타자성과 복수성을 제외한다. 따라서 각각 개별자의 인격의 존엄성과 타자에 대한 배려는 도덕법칙과 갈등을 일으킨다는 것이다. 리쾨르에 있어서 이 경우 실천적 지혜의 역할은 "보편적인 도덕법칙에 대한 존경보다 그 누구와도 대체할 수 없는 개별성을 지닌 인격들에게 적합한 배려의 이름으로 각각의 인격들에 대한 존경에 우선성을 제공해야 한다"는 것이다.[39] 고유한 각각의 인격체에게 적합한 배려는 타자의 기대를 중심으로 한 상호성의 원리에 근거한다. 규칙의 요구와 타자의 기대가 충돌하는 갈등상황에서 우선시되어야 할 기준은

---

37 P. Ricoeur. 1996. 317.

38 I. Kant. 1963. *Grundlegung zur Metaphysik der Sitten.* Hamburg: Felix Meiner Verlag. 52.

39 P. Ricoeur. 1996. 318.

바로 타자의 기대인 것이다. 타자의 기대에 따라서 어떻게, 어느 정
도 도덕법칙과 조화를 이룰 것인가를 결정하는 것은 실천적 지혜의
역할이다.

그래서 실천적 지혜의 역할은 "그 사례의 고유성에 적합한 행위"
를 발견하는 것이며, 따라서 이 경우 죽어가는 환자의 인격을 존중
하고 이를 배려하기 위해 실천적 지혜가 해야 할 일은 "행복과 고통
의 관계에 대해 숙고"하는 것이다.[40] 거기에 칸트의 도덕철학은 이
상황에 적합하지 않다. 왜냐하면 칸트는 행복을 포함한 모든 형태의
정서를 저차원적인 욕구 능력에 포함시킴으로서 이러한 숙고를 위
한 문을 닫아버렸기 때문이라는 것이다.[41] 여기서 고통은 반드시 행
복을 배제하는 것으로 나타나지는 않는다. 즉 진실을 말하는 대화를
통해서 환자는 자신의 인격과 동등하게 자유로운 인격인 타자와 서
로 정서를 교환함으로써 행복의 기회를 지닐 수 있기 때문이다. 죽
어가는 자와 계속해서 사는 사람 사이의 비대칭적 관계를 통해서 진
실에 대해 잘 숙고하여 전달한다는 것은 그 진실을 공유하는 것이
다. 거기서 주는 것과 받는 것이 받아들인 죽음의 과정 속에서 서로
교환되는 것이다. 물론 이 경우에도 진실을 어떻게 전달할 것인가의
문제는 여전히 남는다. 또한 진실을 말하는 것이 환자를 행복하게
하는 기회가 되지 않는 경우도 있을 것이다. 이러한 경우에 자신의
현실에 대한 진리를 받아들이기에 도덕적으로 혹은 육체적으로 너
무 약해져 있는 사람들에게 필요한 것은 바로 동정심(Mitleid)이다. 따

---

40 P. Ricoeur. 1996. 326.

41 M. Schnell. 1999. 126 참조.

라서 이 모든 상황마다 적합한 실전적 지혜가 요구되는 것이다. 여기서 죽어가는 자와 이를 지켜보는 자는 인간의 유약함과 사멸성에 대한 인식을 서로 주고받음으로써 비대칭적 관계는 평등을 이루며 진정한 공간이 형성되는 것이다. 이것은 죽어가는 환자에 대한 윤리적 태도란 바로 보편적인 인간성에 근거한 도덕법칙을 일방적으로 적용하기보다는 개별적 인격체의 좋은 삶을 향한 자기 존중에 기초한 배려의 윤리가 우선되어야 함을 보여주는 사례이다.

3. 생명의 시초에 대한 배려의 윤리

리쾨르는 배아나 태아에 있어서 인격에 대한 존중과 배려라는 문제를 다루고 있다. 우선 배아나 태아의 경우에서 존재론적 지위라는 문제 때문에 더욱 복잡한 윤리적 논의를 일으킨다. 배아나 태아가 사물도 아니고 인격체도 아니라면 도대체 무엇인가라는 질문에 대한 대답은 더욱 어려워 보인다.[42] 생명윤리에는 일반적으로 인격의 존엄성에 대한 두 가지 관점들이 논의되고 있다. 첫 번째 관점은 수정체가 형성되어 유전자가 결정되는 시기부터 개별적 생명은 시작된다는 생물학적 견해이다. 이것은 그 생명이 인격을 지탱하는 만큼 인격과 생명은 불가분적이며 태아의 생명에 대한 권리는 '살 기회'를 가질 수 있는 권리라는 입장을 지닌다.[43] 두 번째는 도덕적 존경의 대상으로서의 칸트의 인격에 대한 관점으로서 자율적 능력을 구

---

42 P. Ricoeur. 1996. 327.
43 P. Ricoeur. 1996. 328.

비하지 못한 인간은 존경받아야 할 인격적 존재가 아니라 보호받아야 할 존재라는 입장이다.

리쾨르는 생명체의 발달 정도나 단계들을 인정하지 않고 "전부가 아니면 아무것도 아님"의 입장을 채택하고 있는 위의 생물학적 논변과 같은 실체론적 존재론이나 칸트의 도덕적 존재론을 회피한다. 리쾨르는 인격체에로의 발전에 따른 A. Fagot의 진보적 존재론을 선택한다. A. Fagot의 "진보적 존재론(progressive Ontologie)"은 배아나 태아는 잠재적인 인격체이며, 권리와 의무의 발전은 그것의 발전에 상응하는 것이라고 한다.[44] 리쾨르는 이러한 잠재적 인격체에 대한 생명윤리는 특히 생명의 발전단계에 대한 현명한 판단(Klugheiturteil)을 해야 하는 영역을 다룬다고 한다. 생명에 대한 현명한 판단은 칸트의 도덕적 존재론이 간과한 생명의 발달단계들을 기술할 수 있는 과학을 수용할 수 있어야 하며 삶의 단계들에 적합한 생명의 권리와 우리의 의무를 평가할 수 있어야 한다는 것이다. 여기서 권리들은 시작하는 생명체에 귀속되는 것이고, 의무들은 시작하는 생명을 다루는 존재에 귀속되는 것이다. 물론 생명체의 발달단계에 따라 도덕적 권리를 부여하는 것에 대한 분명한 기준은 없다. 이것은 배아적 존재와 5개월 된 태아, 다섯 살 된 아이에 대한 우리의 도덕적 책임들이 같을 수 없다는 단순하고 상식적인 직관과 조화되는 윤리학이다. 오늘날 배아나 태아에 대한 생명윤리는 칸트의 도덕이 간과한 인격체와 사물(생명체)사이의 중간영역을 과학적으로 기술하고 이들

---

44 P. Ricoeur. 1996. 328.

의 발달단계에 따른 권리와 우리의 의무를 평가하는 현명한 판단을 위한 실천적 지혜를 요구한다.[45] 예를 들어 수없이 많은 배아를 조작하는 물음은 생명의 권리를 위해 무조건적으로 싸우는 자들만의 문제가 아니다. 이것은 인격에 대한 존경으로 갈등상황이 야기되는 영역, 즉 인격과 사물 사이의 이분법이 존재하지 않는 영역에서 실천적 지혜가 요구되는 지점인 것이다.[46] 왜냐하면 학문과 기술의 발달은 인간 생명의 시초와 죽음의 과정에서 전통적인 도덕법칙에 적용될 수 없는 많은 예외들을 야기하기 때문에 보편적인 인간성의 이념을 모든 사례에 일방적으로 적용할 수 없다. 리쾨르는 특히 태아의 임신기간에 따라 낙태를 결정하기 위해서는 도덕적 감정, 단지 심리적인 것이 아니라, 엄격하게 도덕적으로 훈육된 실천적 지혜를 보여주는 도덕적 감정이 요구된다고 말한다.[47]

리쾨르는 다양한 생명윤리의 갈등사례에서 실천적 지혜가 보여주는 공통점을 다음과 같이 정리하고 있다.

1. 특히 사물인가 완전히 도덕적 인격체인가에 대해 배아나 태아에 대한 대립된 입장이 있다하더라도 똑같이 인격 존중의 원칙을 적용하여 구분될 수 있다는 것을 확실히 해두는 것이 사려 깊은 것이다.

2. 보편적 법칙이 아닌 올바른 중간, 즉 중용을 추구하는 것은 좋

---

45 P. Ricoeur. 1996. 329.

46 P. Ricoeur. 1996. 331.

47 P. Ricoeur. 1996. 330.

은 충고이다. 가장 심각한 도덕적 결정을 내림에 있어서 중용이 권고되는 이유는 허용되는 것과 금지된 것 사이의 관례적인 이분법에 저항하면서 분리선을 긋지 않기 때문이다.

3. 상황 속에서 이루어지는 도덕 판단은 자의적인 것이 아니며, 그 이유는 의사결정자는 한 사람의 지혜로운 자가 아니라, 공적인 토론을 통해 다수의 "지혜로운 자(phronimos)"의 충고를 받아들여 의사결정을 해야 하기 때문이다.[48]

리쾨르는 생명윤리에서 발생하는 인격의 존경과 관계된 다양한 사례를 분석하면서 다음과 같은 결론을 내린다. "인격에 대한 존경은 '잠재적 인격들'을 포함하여 인격의 타자성에 마음을 쓰며 배려할 것을 지시한다."[49] 그러나 이것은 소박한 배려가 아니라, '비판적 배려'이다. 비판적 배려는 이중의 시험을 통과한 것인데, 인격에 대한 도덕적 존경이라는 규범에 대한 시험과 그 시험에 의해 야기되는 갈등들을 통과한 배려라는 것이다. 이러한 비판적 배려는 바로 인격의 타자성을 포함한 각자의 인격에 대한 존중을 숙고하여 결정하는 실천적 지혜의 모습인 것이다.

---

48 P. Ricoeur. 1996. 330-331. 여기서 지혜로운 자란 선한 일이나 이익이 있는 것에 대해서 부분적으로 생각하지 않고, 전체적으로 어떤 것이 행복에 도움이 되는가에 대해 곰곰이 숙고하는 능력을 소유하는 사람이다.

49 P. Ricoeur. 1996. 331.

V. 인격존중을 위한 생명윤리

　　지금까지 리쾨르의 이야기적 정체성과 배려 윤리에 대한 사유를 통해 인간 생명의 출발과 죽음의 과정에서 야기되는 인격의 정체성과 존엄성을 둘러싼 윤리적 문제에 대해 논의하여 보았다. 리쾨르의 이야기적 정체성에 대한 논의는 특히 인격의 정체성이 위협받는 상황에 처한 환자 자신의 삶과 죽음에 대한 태도를 환자의 생전 유언이나 삶의 이야기를 통해 해석해 볼 수 있는 이론적 근거를 제공해 줄 수 있다. 위에서 살펴보았듯이 갑작스런 사고로 인하여 식물인간이나 뇌사상태에 빠져 있는 환자의 자기정체성을 어떻게 확보할 것인가? 이런 물음에 대한 적절한 응답은 바로 이야기를 매개로 한 '나는 누구인가'라는 '자기'로서의 인격에 대한 해석이다. 환자의 생명에 대한 유언이란 바로 자신의 삶과 죽음에 대한 기대와 소망을 타자 앞에서 미리 약속해 놓은 시간 속에서의 "자기 지속"이라는 자기 정체성을 보여준다. 이 약속은 타자와의 상호 신뢰를 바탕으로 한 일종의 자기 증언인 것이다. 따라서 환자의 생명에 대한 유언이나 연명의료의향서 등의 사전지시에 대한 약속을 지켜주는 것은 리쾨르에게 그의 삶과 죽음에 대한 태도로서의 자기다움이라는 인격을 존중해 주는 윤리적 태도라고 말할 수 있다.

　　그러나 자신의 생명에 대한 유언이나 사전연명의료의향서와 같은 사전지시도 하지 않은 채 무의식 상태에 빠져 있는 환자의 경우는 어떠한가? 그런 경우 그와 삶을 함께 한 타자가 그의 삶의 이야기를 엮으면서 '그가 누구인가'라는 인물의 정체성을 획득할 수 있으며, 이를 통해 그의 삶과 죽음의 태도에 대한 '자기'의사를 추정할 수 있을 것이다. 환자와 공동의 삶의 역사를 지닌 타자의 이야기 속으로 삶의 파편적 조각들이 줄거리가 되어 통일적으로 구성되는 것이다. 이야기 속에서 환자의 기질이나 습관화된 성격뿐만 아니라, 훌륭한 삶에 대한 계획과 소망, 그리고 삶의 마지막 소원들이 표현되며, 그로부터 환자 자신의 삶과 죽음에 대한 태도를 추론해 볼 수 있는 것이다. 즉 우리는 그의 삶에 대한 타자(친구, 부모 등)의 이야기를 통해 그 환자가 추구하고 계획했던 좋은 삶이란 무엇이며, 거기에 비추어 치료중단이나 지속 등에 대한 자신의 의사를 추정적으로 해석해 볼 수 있는 것이다.

또한 리쾨르는 죽어가는 환자에 대한 태도로서의 실천적 지혜와 배려의 윤리를 강조하고 있다. 리쾨르의 배려의 윤리는 타자의 목소리, 즉 인격의 개별성과 타자성을 존중하는 윤리이다. 죽어가는 환자에 대한 윤리적 태도란 보편적인 인간성의 이념을 내용으로 하는 도덕법칙을 모든 개별자에게 일방적으로 적용시키지 않는다. 여기서 발휘되는 실천적 지혜란 우선적으로 타자의 기대를 중심으로 해서 인간성의 이념에 기초한 도덕법칙과 조화를 이룰 수 있는 행위를 결정하는 것이다. 그 지혜의 역할은 바로 그 사례의 고유성에 적합한 것이 무엇인지를 고통과 행복간의 관계를 숙고함으로써 발견하는 것이다. 그래서 죽어가는 환자를 돌보는 사람은 환자에게 베풀고 동정하는 것 뿐 아니라 오히려 환자로부터 인간의 유약함과 사멸성이라는 진실에 대한 인식을 얻게 된다. 이러한 인식을 교환하고 서로 공감하는 과정을 통해 환자는 죽음을 받아들이면서 오히려 행복의 기회를 경험할 수 있는 것이다. 진정한 배려는 비대칭적인 관계가 평등을 이루며 서로 영향을 받는 공감의 과정을 통해 형성된다는 것이다. 이렇듯 죽어가는 환자에 대한 윤리적 태도란 바로 보편적인 도덕법칙을 일방적으로 존중하기보다는 개별적이며 고유한 인격체의 좋은 삶을 지향하는 '자기'를 존중하여 각자의 기대와 요구를 우선하는 배려인 것이다.

특히 리쾨르는 이분법적으로 분리된 전통적인 인격의 존엄성에 대한 입장에 대해 비판적 태도를 지닌다. 인간의 이성적 능력과 자율적 능력에 기초한 인격의 존엄성에 대한 사고는 과학과 기술의 발달로 인하여 발생하는 다양한 윤리적 문제를 접근하는 데 적합하지 않을뿐더러 윤리적 지체 현상을 초래한다. 윤리적 지체현상은 특히 급속히 발전하는 의료기술로 인하여 생명의 시초나 죽음의 과정에서 일어나고 있는 배아연구, 인공수정, 뇌사자와 존엄사 및 안락사 등과 연관된 갈등상황에서 발견할 수 있다. 그러나 리쾨르의 진보적 존재론은 이러한 전통적 도덕이론이 적용될 수 없는 중간 영역에 속한 잠재적 혹은 타자화 된 인격체에 대한 존중과 배려의 윤리를 강조한다. 생명의 발달과정에서 과학적 성과를 간과하지 않으면서 생명체의 살 권리와 우리의 도덕적 의무와 책임을 평가할 수 있는 사려 깊은 실천적 지혜가 발휘되길 원한다. 생명의 시초에 있는 배아나 태아 같은 잠재적 인격체나 혹은 죽어가는 환자(식물인간, 뇌사자, 말기 환자 등)로서 타자화 된 인격체도 존중과 배려의 대상이다. 리쾨르는 이러한 잠재적 인격체나 인격의 타자성에 마음을 쓰는 것은 단순히 소박한 배려가 아니라 비판적 배려임을 강조한다. 이성적 존재자가 지닌 보편적 인간성의 이념을 내용으로 하는 도덕법칙과 이 이념에 포섭되지 않는 개별적 인격체에 대한 존중이 서로 갈등을 일으킬 때, 이 갈등을 해결하기 위해 우선적으로 발휘되는 실천적 지혜는 타자의 삶의 이야기 속에서 보여주는 각자의 기대와 요구에 따른 '비판적 배려'인 것이다. 특히 리쾨르의 윤리는 이성적 존재자로서의 자체목적을 지닌 인간성의 이념이 아직 자신의 인격 속에 체현되지 않았거나 파괴되어가고 있는 사람들을 어떻게 존중할 것인가에 대해 사려 깊은 숙고를 하게 한다. 그는 일인칭인 '나'로 소환되는 도덕적 주체로서의 자기뿐 아니라 바로 모든 인칭으로 불릴 수 있는 타자로서의 '자기', 즉 타자와 함께 타자를 위하여 좋은 삶을 지향하는 타자로서의 인격을 존중하고 배려해야 한다는 윤리적 사고를 보여주고 있다. 리쾨르는 배아나 태아처럼 도덕적 존재론적 규정이 불확실한 생명체나, 정신분열증 환자, 치매환자 등 타자화된 인격체 등에 대한 존중을 비판적 배려를 통해서 제시한다. 비판적 배려란 추상적인 도덕 법칙을 보편적으로 적용하는 것이 아니라 개인의 개별성과 타자성을 간과하지 않는 실천적 지혜를 통한 현명한 판단에 의한 인격존중의 태도인 것이다.

참고문헌

아리스토텔레스. 2003. 『향연, 파이돈 나코마코스 윤리학』, 최명관 옮김. 을유문화사.
한국의료윤리학회. 2001. 『의료윤리학』, 계축출판사.

I. Kant. 1963. *Grundlegung zur Metaphysik der Sitten.* Hamburg: Felix Meiner Verlag.
I. Kant. 1968. *Kritik der reinen Vernunft.* Berlin: Akademie-Ausgabe.
Martin, W. Schnell. 1999. "Narrative Identität und Menschenwürde" in, A. Breitling Stefan Orth Birgit Schaaff(hrsg.) *Das herausgeforderte Selbst, Perspektiven auf Paul Ricoeurs Ethik.* Würzburg.
P. Ricoeur. 1996. *Das Selbst als ein Anderer, Aus dem Franz.* München: von J. Greisch. W. Fink Verlag.
T. S. Beauchamp & J. F. Childress. 1994. *Principles of Biomedical Ethics.* New York, Oxford: Oxford University Press.

<호스피스·완화의료 및 임종과정에 있는 환자의 연명의료결정에 관한 법률> 제2조 9항.

제3장

왕양명과
생명윤리[*]

양선진(충남대학교)

○○○○

Ⅰ. 유전공학적 인간 이해는 정당한가?

한국 사회는 방송, 학계 등 전 영역에 걸쳐 4차 산업혁명이 중심
주제가 되었다. 4차 산업혁명이라는 주제를 우리 사회에 던진 사람
은 바로 클라우스 슈밥(Klaus Schwab: 1938-현재)이라는 독일 경제학자이
다. 슈밥은 자신의 저서에서 4차 산업혁명을 이끄는 요인에 물리학
기술, 디지털 기술 그리고 생물학 기술을 꼽았다. 이러한 과학기술
의 변화가 인간의 본질을 다시금 질문하게 할 뿐만 아니라 호모사피
엔스적 인간이 낳은 과학기술이 인간의 존재 속에 깊이 관계되어 가
는 <인간의 기계화>를 가속화하고 있다. 또한 과학기술의 발전이

---

* 이 글은 생사학연구소 학술대회발표를 위해 본인의 「왕양명의 생명윤리와 전인
적 인간관」, 『철학과 문화』 제38집. 2018년. 논문을 수정 보완하였음.

기계를 가지고 인간을 만들 수 있는 것은 아닌지 하는 질문이 나타나기 시작하면서 <트랜스휴먼>이라는 신조어를 넘어서 <포스트휴먼>이라는 말이 우리 사회의 담론이 되었다.

인간이란 무엇인가? 인간의 본질은 무엇인가? 생명이란 무엇인가? 이러한 본질적이며 근본적인 질문이 발생하는 이유는 바로 과학기술이 인간의 존재를 위협하는 상황에 직면하고 있기 때문이다. 제레미 리프킨(Jeremy Rifkin: 1945-현재)는 『바이오테크 시대(The Biotech Century)』라는 자신의 책에서 향후 25년 동안의 변화가 과거 200여년의 변화를 넘어설 것이라고 예측하였다. 이러한 변화의 주된 요인은 바로 슈밥과 리프킨이 주장하듯이, 생명공학기술을 중심으로 한 과학기술의 융·복합적 경향성에 기인한다고 할 수 있다. 더구나 인간게놈 프로젝트(HGP)는 인간의 본성을 인간의 유전자 안에서 찾으려하는 유물론적 이해 방식을 취하였다. 인간이란 유전자, 즉 육체적 요소와 함께 정신적 요소가 존재한다는 것을 부인하는 입장에서 나온 프로젝트라고 할 수 있다. 이상한 것은 학문의 융·복합적 흐름에도 불구하고, 인간을 이해하기 위해서 인문학 및 사회과학적 기반에 귀기울이지 않는다는 사실이다. 따라서 이런 맥락 속에서 현재의 생명공학자들은 생명을 물리화학적 요소로 파악하려고 하지만 이러한 방식으로 생명을 이해한다는 것은 단순히 생명의 물리화학적 기반에 근거했다는 것이지 진정으로 생명의 온전한 상태를 이해했다는 것은 아니다. 따라서 생명이란 도대체 무엇인지를 이해하기 위해서는 과학자들이 정의하도록 내버려둘 수는 없다.

근대 뉴턴의 물리학 이후 현대 분자생물학에 이르기까지 현대

과학은 생명을 근원적으로 원자적이며 물리적 요소로 이해하려는 유물론적 사고가 지배하고 있다. 유물론적 사고를 통해서 생명을 온전히 이해할 수 있는 것인가? 논자가 보기에 서양의 철학자들을 통해서 이러한 문제에 접근해 볼 수 있겠지만 동양 철학자인 왕양명(王陽明: 1472-1528)의 사상을 통해 생명에 대해 올바르게 이해할 수 있을 뿐만 아니라 인간에 대한 올바른 이해 역시 가능하다고 생각한다.

생명공학기술이 발전한 오늘날의 관점에서 볼 때, 유학 그중에서도 왕양명의 사상은 생명을 어떻게 이해하고 있으며 오늘날 생명공학시대에 무엇을 제시할 수 있는가? 왕양명의 사상은 생명을 무엇이라고 하는지 고찰하고 첨단 과학이 고도로 발전한 오늘날 우리에게 인간을 어떻게 이해하도록 하는지 고찰하며 어떤 의미를 제공하는지 살펴보도록 하겠다.

Ⅱ. 왕양명의 인간과 자연의 관계

위에서 언급한 것처럼 현대유전공학자들은 생명을 낱낱의 궁극적 요소로 분해하고 분해된 요소들의 상호작용에 의하여 생명을 설명하려는 원자론적이며 인과론적 입장이다. 그러나 동양사상은 생명을 하나의 낱낱의 개별적 생명의 관점에서 이해히는 것이 아니라 생명이 생존하기 위해서 외부의 물질과 에너지를 주고받는 환경과의 관계를 중요시하여 환경을 단순한 생명의 터전 정도로 받아들이는 것이 아니라 낱낱의 개별적 생명과 생명이 살아가는 환경의 경계를 허무는 커다란 유기체로 파악하는 전체적(holistic)이며 유기론적(organ) 생명이라고 파악한다는 사실이다.[1] 왜냐하면 인간을 포함한 생명체들은 모두 자연이 일부분이기 때문이다.[2]

뉴턴의 운동법칙을 기본으로 하는 고전 역학은 인과적 법칙과 필연성 그리고 기계론에 지배를 받는다. 모든 현상은 원인이 주어지면, 결과를 예측할 수 있다는 점에서 인과론이며 인과론에서 벗어날 수 없다는 점에서 필연성을 지닌다고 보았다. 기계론은 모든 것을 최소의 단위들의 총합으로 설명한다. 기계론자에 따르면, 몸과 자연 그리고 심리적 현상마저도 원자 또는 분자들의 집합체라고 간주한다. 각각의 부분들은 서로 영향을 주고받지 않는 독립적이고, 전체란 부분들의 단순한 합이다. 따라서 근대물리학의 기계론은 모든 것을 양적 차원에서 설명할 수 있다고 본다.

근대 뉴턴 역학처럼, 데카르트는 인간의 육체란 단순한 단위세포들의 합이라고 간주하였다. 이러한 사고의 확장 속에서 현대 생명공학자들은 '인간이란 유전자 안에 모든 것이 있다'는 유전자 결정론적 시각이 지배적이다. 예를 들면, (누군가가) 몸이 아프다고 할 때, 몸 전체가 통증을 느낀다고 보는 것이 아니라 몸의 어떤 부분이 아픈 지를 찾

---

1 김용운·김용국 공저. 1992. 『東洋의 科學과 思想』. 一志社. 430 참조.
2 인간이 자연의 일부분이라는 시각은 서양의 고대 철학이나 근대의 철학자들(스피노자, 마르크스 등)의 철학 속에서도 등장하지만 자연은 인간의 이용대상으로 바라보는 근대적 시각에서 벗어나지 않으며 인간과 자연의 경계를 명확히 구분하고 있다는 점에서 자연은 인간의 존재론적 기원이라고 보는 관점과는 거리가 멀다고 할 수 있다.

는 국소적이며 원자론적 차원에서 원인을 규명하려는 설명방식이다. 따라서 서양 의학은 원인에 위치한 국소적 부분의 통증을 완화하는 약을 처방하는 방식이며 인간의 정신적 차원보다는 신체적 차원에서 원인을 규명하려는 방식이다. 인간 신체의 한 부분이 다른 부분과 무관한 것이 아니라 다른 부분과 긴밀하게 관계를 맺고 있다는 것을 고려하지 않았다. 이러한 인간 신체에 대한 원자론적이며 유물론적(=신경학적) 이해가 인간에 대한 올바른 이해를 불가능하게 하였다. 이와 마찬가지로 유전공학자들의 인간의 유전자가 모든 것을 설명할 수 있고 유전자 안에서 문제의 원인을 찾을 수 있다는 분석적이며 국소적 인간 이해방식은 문제점을 드러낸다. 현대 의학이 이런 점에 대해 이해하기 시작하면서 질병을 국소적으로 이해하지 않고 유기적이며 종합적으로 이해하려는 의학의 전환이 이루어졌으며, 그로 인해 대체의학 등이 미국을 중심으로 각광받고 있다고 한다. 반면에 한의학은 일찍이 질병의 원인을 국소적 원인에서 찾으려하지 않으며 일반적으로 음양오행론(陰陽五行說), 즉 음양오행의 규칙성을 규정하는 천지, 즉 우주자연과의 관계에 입각해서 인체를 설명한다.[3]

음양론이란 어떤 사물을 인식하는 체계로서 서양처럼 모든 것은 하나로 설명될 수 없는 양면적 또는 다면적 요소를 지니고 있다는 상대적 관계성을 강조하는 관점이다. 따라서 음양의 상대적인 조화가 잘 유지되면 건강을 유지하지만 음양의 조화가 깨지면 병적 현상이 일어난다는 것이다. 한의학에서는 인간의 인체를 소우주(小宇宙)로

3 논자가 보기에 과거의 과학에 근거했지만 자연과학기술이 고도로 발전한 오늘날에도 여전히 유효한 설명 방식인지는 고민해야한다고 생각한다.

91

보기 때문에 대우주인 자연의 운행 원리에 순응하고 조화를 유지해야함을 강조한다. 따라서 소우주인 인간이 대우주인 자연과 유기적 관계는 너무도 중요하다고 할 수 있다. 이처럼 동양의 세계관은 유기체적 세계관이다. 인간의 생명이란 현대 유전공학자들이 주장하듯이 부분으로 환원할 수 없는 전체로서의 유기체적 생명이며 이것은 단순한 부분들의 합이라고 할 수 없다. 더구나, 소우주로서의 인간은 대우주인 자연과 유기적 관계를 맺으며 존재한다는 사실에서 우주자연을 유기체로 파악하는 유기체적 생태주의가 등장하였다.[4]

한의학이 이와 같듯이, 유학의 관점 그중에서 양명학은 선진유학에서 출발하여 도·불의 만물일체론(萬物一體論)적 입장을 계승하지만 자연의 일부인 인간은 자연의 단순한 일부가 아니라 중심적 기능을 수행한다고 보았다.[5] 또한 천지만물 전체는 자연을 구성하는 구성요소들의 단순한 조합으로는 이해할 수 없는 전체로서의 유기적 생명체라는 시각이다.[6]

자연의 우주발생론적 설명을 철학적으로 설명한 최초의 책은 바로 『주역(周易)』이라고 할 수 있다. 동양 철학 중에서 유학에 많은 영

---

4 박이문. 1999. 『문명의 위기와 문화의 전환-생태학적 세계관을 위하여』. 민음사. 70-77.

5 陳榮捷. 1983. 『傳習錄』, 179조목. "夫人者, 天地之心, 天地萬物, 本吾一體者也" 여기에 제시된 『傳習錄』, 각 조목 번호는 '陳榮捷. 1983. 『傳習錄詳註集評』. 學生書局: 臺北.)'에 근거하였다. 『傳習錄』은 『왕양명전집』의 1~3권으로 上·中·下 3권으로 나뉜다. 陳榮捷의 견해에 따르면, 1~129조목까지는 上卷, 130~200조목까지 中卷, 201~342조목까지는 下권이다. 이하에서는 陳榮捷의 견해에 근거하여 『傳習錄』, ○조목'으로 간략하게 기술하고자 한다.

6 陳榮捷. 1983. 『傳習錄』, 202조목. "主其本體也. 戒懼之念是活潑潑地. 此是天機不息處, 所謂'維天之命, 於穆不已', 一息便是死. 非本體之念, 卽是私念."

향을 끼친 『주역(周易)』은 인간의 운명을 점치는 점복(占卜)을 위한 원전(原典)과도 같은 것으로 이해할 수도 있지만 현대 과학이 발전한 오늘날에 점서로서의 역학은 무의미하다고 할 수 있다. 역(易)이라는 말이 의미하는 것처럼, 역(易)이란 변역(變易), 즉 '바뀐다' '변한다'는 뜻으로서 천지만물은 끊임없이 변화하는 자연현상의 원리를 설명하기 때문에 우주의 기원을 설명할 뿐만 아니라 생명의 기원을 설명하는 고전이라고 할 수 있다. 『周易』에서 천지자연은 도의 세계에서 기원하며 도는 음과 양의 관계에서 오행이 나오고 오행은 다시 하늘과 땅을 낳고 그리고 다시 천지자연이라는 우주전체를 낳았다는 입장이다.[7] 우주론적 차원에서 인간은 특별한 위상, 즉 천지의 중심, 즉 천지의 마음(天地之心)이며 생명의 중심이라고 간주한다.[8]

　왕양명의 철학은 송명 이후에 등장한 만물일체 사상에 깊은 영향을 받았다. 인간과 자연은 유기적이며 상보적 관계를 유지하면서 살아갈 수밖에 없다는 점에서 인간과 자연은 근원적으로 동일한 존재 기원을 가지고 있다는 관점이다.[9] 하지만 인간과 자연을 동일한 존재론적 차원에서 이해하려는 노장철학과 달리, 인간과 자연의 유기적 관계를 인정하면서도 인간의 독특한 존엄성을 강조하는 입장이다.[10] 유학은 기본적으로 인간의 독특한 위상을 인정하면서도 자연

7 『周易』. 「繫辭傳」. "一陰一陽謂之道."
8 최영진. 1996. 「주역에서의 자연관」. 『동양사상과 환경문제』. 한국불교환경연구원 엮음. 도서출판 모색. 213.
9 陳榮捷. 1983. 『傳習錄』, 274조목. "蓋天地萬物與人原是一體."
10 陳榮捷. 1983. 『傳習錄』, 274조목. "蓋天地萬物與人原是一體, 其發竅之最精處, 是人心一點靈明."

과의 유기적 관계를 강조한다. 인간과 자연이 상보적이며 공존적 관계에 있다고 할 수 있다. 자연의 구성은 하늘과 땅 사이에 존재하는 모든 존재를 포함하여 그 중간에는 아주 독특한 위상을 지닌 인간이 존재한다.

천(天)이란 자연의 대표성을 지닌 자연계의 최고 존재를 의미한다면, 천은 周나라 이전인 殷나라 시절까지도 종교적이며 초월적인 의미가 강했지만 주희가 하늘(天)을 천리(天理=하늘의 이법)로 규정하면서 종교적 의미가 약화된 측면이 강하다. 왕양명의 사상 속에서도 자연이란 단순한 이법이나 원리를 의미하는 것이 아니라 자발적 운동성을 강조한다. 따라서 논자가 본기에 자연에는 스피노자처럼 단순한 자연, 즉 주어진 자연인 소산적 자연(natura naturata)과 천지인을 가능케 하는 자연인 능동적 자연, 즉 능산적 자연(natura naturans)이라는 두 가지 의미가 섞여서 사용되고 있다는 점에 주목하고 싶다.[11] 논자는 능동적 자연을 인격적 자연이라고 부를 것이다. 논자는 왕양명에게 근원적 자연은 능동성을 넘어서 인격성을 지녔다고 생각한다.[12] 마치 왕양명의 자연 개념은 스피노자의 자연개념과도 유사하다는 말이다.

스피노자(Benedictus de Spinoza: 1632-1677)의 표현을 차용한다면, 종교

---

11 陳榮捷. 1983.『傳習錄』, 265조목. "天命之謂性, 命卽是性. 率性之謂道, 性卽是道. 修道之謂教, 道卽是教."

12 陳榮捷. 1983.『傳習錄』, 157조목. "太極生生之理, 妙用無息, 而常體不易. 太極之生生, 卽陰陽之生生. 就其生生之中, 指其妙用無息者, 而謂之動, 謂之陽之生, 非謂動而後生陽也. 就其生生之中, 指其常體不易者, 而謂之靜, 謂之陰之生, 非謂靜而後生陰也. 若果靜而後生陰, 動而後生陽, 則是陰陽動靜截然各自爲一物矣. 陰陽一氣也, 一氣屈伸而爲陰陽; 動靜一理也, 一理隱顯而爲動靜."

적이며 내재적이지만 능동적인 자연인 능산적 자연(natura naturans)은 별, 바람, 비, 번개, 이슬, 태양, 달, 별, 성좌, 새, 짐승, 풀, 나무, 산, 시내, 흙, 돌 등 자연에 존재하는 모든 존재들인 소산적 자연(natura naturata)을 주관한다고 할 수 있다. 인격적 자연은 끊임없이 활동성(生生不息)을 지닌 존재이다. 자연은 단순한 자연이 아니라 능동성과 활동성을 지녔으며 이러한 인격적 자연이 인간들과 마찬가지로 공통적으로 자연에 속한다는 사실이다. 이런 문맥에서 인간이 자연의 일부라는 것은 인간과 자연이 하나라는 것이다.[13]

하지만 인간은 자연에 존재하는 존재들과 다른 독특한 존재론적 특성인 영명성(靈明)을 지녔다.[14] 자연이 끊임없는 활동성(生生不息)을 원리로 삼는다는 것은 자연이란 역동적이며 활동성을 지닌 존재라는 것을 의미한다.[15] 자연의 역동성과 활동성은 바로 자연의 특성을 의미하며 물질로서의 자연을 넘어선 능동적이며 인격적 자연의 특성을 인정한 입장이라고 할 수 있다. 자연 속에서 존재하는 다양한 존재들에서 인간이 다른 존재들과 동일한 위상을 지닌 것이 아니다. 왜냐하면 인간이란 자연의 활동성을 대표하는 역할을 수행한다는 사실이다.[16]

13 陳榮捷. 1983.『傳習錄』, 274조목. "風雨露雷日月星辰禽獸草木山川上石, 與人原只一體."
14 陳榮捷. 1983.『傳習錄』, 274조목. "蓋天地萬物與人原是一體, 其發竅之最精處, 是人心一點靈."
15 陳榮捷. 1983.『傳習錄』, 93조목. "問: 程子云"仁者以天地萬物爲一體", 何墨氏兼愛, 反不得謂之仁? 先生曰: 此亦甚難言. 須是諸君自體認出來始得. 仁是造化生生不息之理."
16 陳榮捷. 1983.『傳習錄』, 244조목. "良知卽是天植靈根, 自生生不息, 但著了私累, 把此根戕賊蔽塞, 不得發生耳."

왕양명의 생명관은 심층생태주의자(deep ecologist)인 얀 네스(Arne Naess)
가 주장하듯이, 인간과 자연 속에 존재하는 모든 존재들과 차별 없
이 동일하게 평등하다는 평등주의적 시각이 아니며 인간 이외의 다
른 존재들, 특히 지구는 또 다른 인간 및 확대된 지이리는 견해외도
다르다.[17] 왕양명에게 인간이란 자연 속에 존재하는 존재들과 동일
한 존재론적 가치를 지닌다는 입장이 아니다.[18] 인간이 이룩한 과학
기술이 자연을 파괴한 원인을 제공했다는 이유로 인간의 존재론적
위상을 인위적으로 격하시켜서는 안 된다.[19] 왜냐하면 만약 인간이
단순히 자연의 일부에 불과하다면, 천지자연의 문제를 통감하고 책
임적 반응을 보일 존재가 자연계 속에 있을 수 없다는 논리가 전개
되기 때문이다. 하지만 왕양명에게 인간이란 자연계에서 하늘을 대
변하는 위상을 지닌 독특한 존재라고 규정한다.[20] 따라서 인간의 존
재를 자연계의 다른 존재들과 다른 책임성을 지닌 특별한 위상을 지
닌 존재인 자연과 감응(感應)하는 유일한 존재라는 존재론적 위상을
지닌다.[21] 인간과 자연의 관계를 전체론적(holistic)이며 유기론적
(organic)으로 파악하기 때문에 자연과 긴밀한 관계를 가지며 인간의

---

17 Arne Naess. 1989. *Ecology, Community and Lifestyle.* Cambridge: Cambridge
   University Press. 84-85, 196-212 참조.

18 Thomas Berry, 1999. "The Viable Human",' *The Great Work: Our Way into the
   Future,* New york Bell Tower.

19 논자는 과학기술이 자연 생태계를 훼손했다고 과학기술을 무조건적으로 거부하
   자고 주장하려는 입장에도 당연히 반대한다.

20 『王陽明全集』. 권 6. 文錄 3. 「答李明德」. 214. "心者, 天地萬物之主也. 心卽天, 言心則
   天地萬物皆擧之矣."

21 『王陽明全集』. 권 6. 文錄 3. 「答李明德」. 214." 人者, 天地萬物之心也; 心者, 天地萬物
   之主也. 心卽天, 言心則天地萬物皆擧之矣."

몸은 자연과 하나로 연결되며 자연을 자신의 확장된 몸으로 인식한 다는 것이다.[22] 그리고 인간은 자연계에서 독특한 위상을 지니고 있 기 때문에 자연의 자극에 반응하면서 끊임없는 관계를 맺을 수 있는 영명(靈明)한 마음을 지니고 있다는 것이다.[23] 인간과 자연은 분리된 개별적 주체와 객체의 관계가 아니라 자극을 주고받는 관계인 감응 (感應)적 관계라는 사실이다.[24]

Ⅲ. 왕양명의 생명윤리

맹자의 양지양능(良知良能)[25]에서 기원한 왕양명의 양지(良知)[26]는 인 간 생명의 독특한 특성을 의미하며 인간의 양지 실현은 인간 자신의 욕구와 필요에 의해서 판단되는 것이 아니라 인격적 자연과의 관계 속에서 판단되어지기 때문에 단순한 주관적 판단이 아니다. 왕양명 에게 인간의 정신적 차원인 마음(心)이란 단순히 인식론적 차원을 의

---

22 메를로-뽕띠의 살의 존재론(ontologie de la chair)과 유사하다.(김용운·김용국 공 저 1992. 『東洋의 科學과 思想』. 一志社. 430 참조.)

23 陳榮捷. 1983. 『傳習錄』, 274조목. "蓋天地萬物與人原是一體, 其發竅之最精處, 是人 心一點靈明."

24 陳榮捷. 1983. 『傳習錄』, 277조목. "目無體, 以萬物之色爲體; 耳無體, 以萬物之聲爲 體; 鼻無體, 以萬物之臭爲體; 口無體, 以萬物之味爲體; 心無體, 以天地萬物感應之是非 爲體."

25 『孟子』. 「盡心(上)」. "孟子曰人之所不學而能者."

26 陳榮捷. 1983. 『傳習錄』, 179조목. "夫人者, 天地之心. 天地萬物, 本吾一體者也, 生民 之困苦荼毒, 孰非疾痛之切於吾身者乎? 不知吾身之疾痛, 無是非之心者也. 是非之心, 不慮而知, 不學而能, 所謂良知也."

미하는 것이 아니라 도덕적 차원을 의미한다. 즉 인간이 지닌 도덕
성을 의미한다.[27] 하지만 왕양명의 양지의 도덕적 판단은 칸트의 준
칙처럼 객관적 법칙이 되지는 않는다. 왜냐하면 칸트의 준칙이란 인
간 자신의 주관적인 도덕적 판단이 객관성을 확보하기 위해서 다른
사람과 통용될 수 있는 준칙이 돼야한다는 입장이라는 점에서 객관
적 규칙이 되기 때문이며 인간이 내린 도덕적 준칙이 객관성을 확보
하는 과정에서 자연과의 관계를 회피한 상태에서 단순히 다른 사람
과 통용되는 객관적인 규칙일 뿐이기 때문이다.[28]

양지의 도덕적 판단이란 늘 주관적 판단이되 자신 안에서 감응해
야할 인격적 자연의 소리 또는 명령(命)에 부응하는 주관적 판단이
다.[29] 따라서 왕양명의 양지(良知)의 발현으로써의 도덕적 판단은 상
황적 판단이지만 자의적이거나 임의적 해석이 아닌 이유는 인격적
자연과의 내밀한 소통 속에서 내린 판단이라는 사실 때문이다.[30] 따
라서 왕양명에 의하면 인간의 본질이란 인간이 지닌 단순한 생명적
특성인 활동성만을 의미하는 것이 아니라 고도의 생명적 특성인 도

---

27 왕양명의 양지는 일차적으로 선험적 도덕심을 의미하지만 우주론적 생명력을 의
  미하기도 한다. 김세정. 1998.『왕양명의 생명철학에 관한 연구』. 52-56 참조.

28 "너의 의지의 준칙이 항상 동시에 보편적 법칙 수립의 원리로서 타당할 수 있도록
  그렇게 행위하라."(임마누엘 칸트. 2009.『실천이성비판』. A54==V30. 백종현 옮
  김. 서울: 아카넷. 91 참조)

29 『王陽明全集』. 권26. 續編 1.「大學問」. 968. "是其一體之仁也, 雖小人之心亦必有之.
  是乃根於天命之性, 而自然靈昭不昧者也, 是故謂之明德."

30 陳榮捷. 1983.『傳習錄』. 169조목. "良知是天理之昭明靈覺處, 故良知卽是天理. 思是
  良知之發用. 若是良知發用之思, 則所思莫非天理矣. 良知發用之思, 自然明白簡易, 良
  知亦自能知得. 若是私意安排之思, 自是紛紜勞擾, 良知亦是會分別得. 蓋思之是非邪正,
  良知無有不自知者."

덕성인 양지 때문이다.

왕양명의 양지는 단순히 도덕성을 의미할 뿐만 아니라 생명의 고유한 특성을 지닌 개념이기도 하다.[31] 양명이 보기에 우주자연은 서양 과학이 보는 것처럼 정태적인 것이 아니라 늘 변화한다고 보았다. 따라서 우주자연의 일부인 인간도 정태적인 것이 아니라 역동적인 특성을 지니고 있다.[32] 생명체인 자연이나 인간 모두 생명이기 때문에 역동성을 특성으로 한다. 왜냐하면 죽은 사물과 달리 살아있다는 것은 역동성 내지 변화(易)이기 때문이다.[33] 따라서 상황적 맥락에 따라 역동적인 인간의 양지는 인간 생명적 특성을 의미하기도 한다.[34] 왕양명의 만물일체설(萬物一體說)에 따르면, 인간이나 자연 모두 생명체이기 때문에 정태적일 수 없으며 만약 우리가 양지를 지닌 인간이나 자연을 정태적으로 이해한다면, 살아있는 인간과 자연을 죽은 시체로 간주하는 것이다. 왕양명은 우주자연의 일부인 인간과 우주자연은 한 순간 쉼도 없이 끊임없이 활동하는 유기체라고 정의한다.[35] 우주자연은 끊임없이 변화와 운동성을 지녔다는 것이다.[36] 운

---

31 陳榮捷. 1983. 『傳習錄』, 340조목. "良知卽是易, 其爲道也屢遷, 變動不居, 周流六虛, 上下無常, 剛柔相易, 不可爲典要, 惟變所適."

32 陳榮捷. 1983. 『傳習錄』, 330조목. "天地間活潑潑地無非此理, 便是吾良知之流行不息."

33 陳榮捷. 1983. 『傳習錄』, 244조목. "良知卽是天植靈根, 自生生不息."

34 陳榮捷. 1983. 『傳習錄』, 244조목. "良知卽是天植靈根, 自生生不息."

35 陳榮捷. 1983. 『傳習錄』, 202조목. "主其本體也. 戒懼之念是活潑潑地. 此是天機不息處, 所謂'維天之命, 於穆不已', 一息便是死. 非本體之念, 卽是私念."

36 아리스토텔레스의 『전체론』에 대해 아베로에스가 주석을 붙인 라틴어 역판에서 12세기에 최초로 사용된 용어. 능산적 자연(natura naturans)은 만물 창조주로서의 신을 의미하고 소산적 자연(natura naturata)은 피조물의 세계를 가리킨다. 이 말은 토마스 아퀴나스나 에크하르트에서도 보이지만, 스콜라 철학에서는 범신론

동성과 역동성은 바로 생명의 본질적 속성이라고 할 수 있다. 이러한 논리에 따른다면, 왕양명은 인간뿐만 아니라 우주자연에 존재하는 모든 것을 생명으로 이해하고 있다. 『주역』, 『중용』등 고대의 우주관을 계승한 왕양명은 인간과 자연은 유기적 관계를 지니고 있기 때문에 무생물로 파악하는 것이 아니라 넓은 의미의 생명으로 이해한다.[37] 우주자연과 인간은 하나의 얼개로 짜진 관계망이면서 인간은 우주자연의 마음이다.[38]

　인간의 양지는 역동성을 지닌 우주 자연의 변화 속에서 매몰되지 않고 자기동일성 내지 자기 조직화의 기능, 즉 조화(造化)의 능력을 지니고 있다는 것이다.[39] 영명한 능력을 지닌 인간은 열역학 제2법칙처럼 엔트로피 법칙에 따라서 해체와 파괴라는 법칙적 변화 가운데서 이러한 법칙에 저항하려는 인간의 정신적 양지의 속성 때문에 항상성을 유지할 수 있는 자기 조직적 조화(造化)의 능력을 지니고 있다는 것이다. 따라서 왕양명의 양지의 조화적 특성은 바로 인간 마음의 물질적 법칙인 엔트로피 법칙에 저항하는 정신적 저항의 정신과 마음을 의미한다. 왕양명은 인간의 마음이 인간의 몸을 주관한다고 본다.[40] 따라서 양지를 지닌 인간생명은 단순한 물질덩어리처럼 인

적인 의미가 없다. 그 이후에 브루노나 특히 스피노자에 와서 이 말에 중요한 의미를 갖게 되고, 스피노자는 자신의 저서 『에티카』에서 본격적으로 능산적 자연과 소산적 자연이라는 개념을 가지고 자신의 철학적 작업을 수행한다.

37 김세정. 2006. 102-103.
38 『全集』, 권6. 「答李明德」. 214. "人者 天地萬物之心."
39 陳榮捷. 1983. 『傳習錄』, 261조목. "良知是造化的精靈. 這些精靈, 生天生地, 成鬼成帝, 皆從此出, 眞是與物無對."
40 陳榮捷. 1983. 『傳習錄』, 201조목. "耳目口鼻四肢, 身也, 非心安能視聽動? 心欲視

과론과 필연성에서 벗어나서 창조적 능력을 발휘할 수 있는 역동성을 지니고 있다는 것이 바로 인간생명의 특성이다. 물질은 반복성에 근거한다면, 생명은 물질적 특성인 반복성이 아닌 창조성을 지닌다.

왕양명에게 인간의 양지로서의 마음은 역동적이며 생동감이 있기 때문에 주희처럼 무생물의 원리인 외재적이며 정태적인 이치 내지 법칙에 따를 수 없는 것이다. 인간 생명에 적용 가능한 원리는 생명의 원리인 역동적 원리(條理)[41]이며 인간의 생명성과 분리된 무생물적 원리인 독립적 원리(定理)[42]가 아니다. 예를 들면, 자신이 부모를 대할 때는 효의 원리가 작동하고, 임금을 대할 때면 충의 원리가 나타나기 때문에 자신의 마음 밖에서 일어나는 추상적이며 외재적 원리가 아니며 효와 충의 원리는 바로 인간이 처한 상황 속에서 일어날 뿐만 아니라 바로 순간순간에 인간의 마음 안에서 일어나는 원리이지 인간의 마음을 떠나서 외부에 존재하는 원리가 아니다.[43] 왕양명은 남송 이후 원·명을 거쳐 관학으로서의 지배적 지위를 차지한 주자학을 비판하였다. 그는 주자학의 요체인 성즉리(性卽理)를 비판하고 주자가 인간의 '마음'을 파악하는 방법으로 채택한 경전(經傳)을 통한 수양보다는 마음 자체를 수양할 것을 강조하는 철학인 심즉리(心卽理)를 제시하였다.[44] 왜냐하면 인간 생명의 원리는 무생물적 인간 생명

聽言動, 無耳目口鼻四肢亦不能, 故無心則無身, 無身則無心. 但指其充塞處言之謂之身, 指其主宰處言之謂之心."

41 조리(條理)는 법칙적 원리가 아니라 살아 있는 생명의 원리라는 의미이다.

42 정리(定理)는 정해진 원칙이라는 의미이다.

43 陳榮捷. 1983.『傳習錄』, 133조목. "故有孝親之心, 卽有孝之理; 無孝親之心, 卽無孝之理矣. 有忠君之心, 卽有忠之理; 無忠君之心, 卽無忠之理矣. 理豈外於吾心邪?"

마음 밖에서 찾을 수 없으며 활동적이며 역동적인 인간의 마음 안에
서 찾을 수 있기 때문이다. 이러한 관점에서 왕양명은 주희처럼 리
와 기의 단순한 추상적 차원에 머물러 있는 이분법적 도식을 거부한
다.[45] 주희의 철학에서 형이상학적 원리(理)는 물질적 재료인 기(氣)를
주관하는 법칙적 원리(理)이며 정태적인 무생물에 적용가능한 원리
라고 할 수 있다면[46] 왕양명의 철학에서 역동적 생명의 원리(理)란 단
순한 추상적 법칙이 아니라 생성과 변화의 특성을 반영한 생명적 원
리인 역동적인 원리(條理)이다.[47]

왕양명의 생명 개념을 이해하기 위해서 체용론(體用論) 및 리기론(理
氣論)을 살펴보자. 왜냐하면 체용론과 리기론은 인간과 생명 개념을
이해하기 위해서 중요하기 때문이다. 왕양명의 리기(理氣)과 체용(體用)
의 관계는 단순한 일원론도 아니고 이원론도 아니다. 우리가 주목할
수 있는 것은 왕양명이 리와 기, 체와 용을 개념상 구분하고 있지만,
별개의 구별된 실체로 생각하는 것이 아니라 하나의 마음 안에서 일
어나는 두 가지 상태처럼 제시하고 있다. 앞에서 설명했듯이 왕양명
에 따르면, 인간은 기적 존재인 인간의 마음(心) 안에 '양지(良知)'를 갖
추고 있기 때문에 인격적 자연의 심정으로 행동하면 성을 실현할 수

---

44 陳榮捷. 1983. 『傳習錄』, 33조목. "心卽性, 性卽理."

45 陳榮捷. 1983. 『傳習錄』, 153조목. "理者氣之條理, 氣者理之運用; 無條理則不能運用, 無運用則亦無以見其所謂條理者矣."

46 『朱子語類』. 권75. 伊川云. "「形而上者謂之道, 形而下者謂之器」, 須著如此說" 曰: 「這是伊川見得分明, 故云 須著如此說. 形而上者 是理, 形而下者 是物."

47 陳榮捷. 1983. 『傳習錄』, 153조목. "理者氣之條理, 氣者理之運用; 無條理則不能運用, 無運用則亦無以見其所謂條理者矣."

있다는 심즉리(心卽理)를 주장했다.[48] 인간은 우주 자연의 일부이지만 우주 자연의 변화를 객관적으로 바라보는 방관자가 아니라 우주 자연의 창조적 변화의 과정에 동참하는 능동적 참여자, 즉 감응(感應)적 존재라는 것이다.[49]

체와 용의 관점에서 본다면, 성(性)이란 인간의 본래적 상태인 인간의 본래성(體)이라고 할 수 있다면 정(情)이란 인간의 본래성이 발현되어 드러난 상태에서 나타나는 인간 마음의 현상적 측면(用)을 의미한다. 주자 철학에 의하면, 인간의 본래성이 바로 성이고 체라면 인간이 신체를 가지고 살아가는 상태의 인간 마음은 바로 용이고 정이라고 할 수 있다. 왕양명은 마음의 고요함을 본체(體)로 삼고 마음의 움직임을 작용(用)으로 삼는 주희의 이원론적 해석에 대해 반박한다. 왜냐하면 왕양명은 리(理)와 기(氣), 그리고 본체와 작용이라는 이원론으로 생명을 이해할 수 없기 때문이다. 따라서 주희의 리기론은 형이상학적 원리는 무생물을 설명하기 위한 원리(物理)로는 가능하지만 역동적인 생명체를 설명할 수 있는 원리(生理)는 될 수 없다. 이러한 관점에서 양명학은 리기론에서 리와 기가 서로 떨어져 있는 것이 아니라 인간의 마음속에 이미 내재되어 있다는 관점이며 주자적 리-기의 이원론적 시각을 강력히 비판한다.[50]

---

48 陳榮捷. 1983.『傳習錄』, 133조복. "心之體, 性也, 性卽理也."

49 주자의 철학이 법칙적 리(理)가 지배하는 정태적인 철학이라면 왕양명의 철학은 법칙이 아닌 생성과 변화가 지배하는 역동적인 철학이라고 할 수 있다. 서양 철학 중에서 19세기 이후에 생성의 철학자에는 베르그손, 니체 그리고 화이트헤드 등을 언급할 수 있을 것이다.

50 왕양명은 주희의 리기론과 달리, 不相離와 不相雜이라는 논리를 넘어서 리가 구체적 상황 속에서 있다는 것을 강조한다.

인간의 양지는 성해진 원직(定理)이나 법칙에 따라서 발현되는 것이 아니라 상황과 맥락에 따라서 변화(隨時變易)하는 역동적인 생명적 존재의 특성을 지닌다. 인간의 마음이 양지의 발현으로 나타날 때 인간의 마음은 곧 인격적 자연의 소리에 부응하는 판단을 내릴 수 있으며 우주자연의 생명의 원리에 부합될 수 있다.[51] 이러한 상황 속에서는 인간의 양지는 곧 인격적 자연의 원리와 동일하며 인간의 양지가 곧 인격적 자연이라고 할 수 있다.[52]

왕양명은 인간의 중심은 몸(身)이 아니라 마음(心)이라고 본다.[53] 인간의 마음은 개인적 욕망에 벗어나서 항상 인격적 자연의 소리에 귀 기울이기 위해서는 자신의 욕망을 비워야한다.[54] 인간이 자신의 양지가 발현될 수 있도록 양지의 본래성을 되찾는다면, 자신의 생명을 잘 보존할 수 있으며 동시에 우주 자연과 좋은 관계를 회복해서 우주 자연의 생명을 잘 보존할 수도 있다.

하지만 인간은 몸(身)을 지녔기 때문에 몸에서 비롯된 자신의 욕망을 추구하려 한다. 인간이 양지를 실현할 수 없는 이유는 다른 이유 때문이 아니라 바로 자신 안에 있는 지나친 욕망 때문이다.[55] 개인적

---

51 陳榮捷. 1983. 『傳習錄』, 135조목. "吾心之良知, 卽所謂天理也."

52 陳榮捷. 1983. 『傳習錄』, 33조목. "心卽性, 性卽理."

53 陳榮捷. 1983. 『傳習錄』, 137조목. "心者身之主也,"

54 陳榮捷. 1983. 『傳習錄』, 137조목. "心之虛靈明覺, 卽所謂本然之良知也. 其虛靈明覺之良知應感而動者謂之意. 有知而後有意, 無知則無意矣. 知非意之體乎? 意之所用, 必有其物, 物卽事也."

55 陳榮捷. 1983. 『傳習錄』, 222조목. "人心是天淵. 心之本體無所不該, 原始一個天. 只爲私欲障礙, 則天之本體失了. 心之理無窮盡, 原是一個淵. 只爲私欲窒塞, 則淵之本體失了." 「黃修易錄」, 244조목. "人孰無根? 良知卽是天植靈根, 自生生不息, 但著了私累, 把此根戕賊蔽塞, 不得發生耳."

욕망이 강렬하면 인간의 본래적 마음인 양지가 발현될 수 없는 것이
며 이러한 상태는 인간생명의 본래적 모습이 발현되지 못하는 것이
며 인간생명이 우주자연과 올바른 관계를 가질 수 없게 될 것이다.
인간이 자신의 본질에 충실하지 않고 자신의 몸과 외부의 자극에 영
향을 받아 형성된 욕망에 치우치면 인간은 자신의 생명을 파괴하는
결과를 초래할 것이다. 그리고 인간이 자신의 생명적 본질에 반하는
욕망에 치우치면 인간의 생명은 본질에서 벗어나 생명을 파괴하는
결과를 초래할 것이다. 인간이 자신의 몸이 요구하는 기본적 욕망을
넘어서 과도한 욕망에 쏠리면 인간의 생명은 공격적이고 분노의 성
향을 지니게 될 것이다.[56] 이처럼 인간의 과도한 욕망은 인간의 생명
의 본질을 왜곡할 것이다. 양지의 발현을 인간의 본질로 파악하는
왕양명에게 양지가 본래적으로 발현되지 못한다면, 인간의 본래적
생명성은 위축될 것이며 인간과 유기적 관계에 있는 우주 자연의 생
명도 역시 잘 보존될 수 없을 것이다.[57]

Ⅳ. 왕양명의 전인적 인간관

인간을 구성하는 요소는 일반적으로 이성, 감성, 의지 등으로 구
성되었다고 할 수 있다. 서구의 형이상학과 윤리학은 철저히 인간의

---

56 『王陽明全集』. 권 26. 968. "及其動於欲, 蔽於私, 而利害相攻, 忿怒相激, 則將戕物圮
類, 無所不爲, 其甚至有骨肉相殘者, 而一體之仁亡矣."

57 김세정. 2006. 102-103.

정신적 속성인 이성이 인간의 비정신적 속성인 감성을 통제하고 규율하는 방식으로 발전하였다. 이성은 서양철학의 중심적 역할을 구성한다고 할 수 있다. 이성이 감성을 규율하는 이성중심의 철학사라고 할 수 있다. 이성이 감성을 통제하고 규율하는 구조를 비판하고 이성이 감성을 통제할 수 있는 주체가 될 수 있다는 시각에 비판을 하면서 이성에 대한 신뢰를 버리고 이성중심성에서 벗어나려는 포스트모더니즘의 철학사조가 없는 것은 아니지만 철학사의 전면에 등장한 것은 아니라고 할 수 있다.[58]

　　논자가 보기에 유학은 기본적으로 이성보다는 감성에 기초해서 철학 사상을 전개했다고 할 수 있다.[59] 하지만 도덕적 감성이 이성을 배제된 상태에서 작용한다는 의미가 아니다. 중심적인 역할이 이성보다는 감성이라는 의미이다. 이러한 점에서 서양의 철학적 기반과 유학의 철학적 기반은 다르다고 할 수 있다.[60] 유학의 핵심적 가치를 인(仁)이라고 한다면, 인간의 도덕적 본성의 가능 근거인 인이란 근본적으로 인간의 논리적 이성보다는 도덕적 감성에서 기원한다고 할 수 있다.[61]

58　아담 스미스나 흄의 철학은 감성에 기초한 감성 철학이라고 할 수 있지만 이러한 사상이 서양 사상사의 중심이라고 할 수는 없을 것이다.

59　퇴계와 율곡의 사칠논변도 감정을 어떻게 통제할 것인가하는 문제로부터 기원한다. (양선진. 2016. 「퇴계와 고봉: 사단칠정(四端七情)의 현대적 해석－윤리학적·심리학적 해석에서 철학치료의 지평으로－」,『東洋哲學硏究』87집. 동양철학연구회. 7-36.)

60　양선진. 2015. 「21세기 한국 사회를 위한 배려와 공감을 위한 감성의 윤리학 모색－동서비교윤리를 중심으로－」.『양명학』. 한국양명학회. 309-335.

61　『論語』.「爲政篇」. "子曰 道之以政 齊之以刑 民免而無恥 道之以德 齊之以禮 有恥且格."

하지만 인(仁)이란 인간을 사랑하는 것이라는 예시에서 알 수 있듯이,[62] 인간이 인간을 사랑할 수 있는 것은 단순히 도덕적 감성의 작용이라고 할 수 없다. 왜냐하면 인간이 다른 사람에게 사랑과 배려의 마음을 가지려면 자신의 마음에 비추어서 남을 헤아려야한다. 즉 내가 원하지 않는 것은 남들도 원치 않을 것이라는 것을 짐작해서 시키지 말아야 한다.[63] 그리고 내가 하고 싶으면 남들도 하고 싶을 것이라고[64] 짐작할 수 있는 논리적 추론 능력(恕)을 가지고 있어야 한다는 것이다.[65] 그런데 도덕적 행동은 이성적으로 이해한다고 되는 문제가 아니라 인을 실현할 수 있는 도덕적 의지와 함께 감정을 순화시키는 끊임없는 반복을 통해서 인간의 감정이 자연스럽게 표출되는 무의식적 행동의 자연스런 결과들이라는 것이다.

인간이 인간을 사랑하기 위해서는 인간에 대한 이성적 차원의 이해를 부정할 수 없겠지만 단순한 이해의 차원을 넘어서 인간에 대한 사랑의 감정(情)이 자연스럽게 표현되도록 하는 것이 중요하다고 할 수 있다. 이처럼 도덕적 감성인 인이란 타인이나 다른 존재들의 아픔을 나의 아픔으로 느끼는 공감(共感)과 배려(配慮)의 마음이라고 할 수 있다.[66] 선진 유학의 전통을 계승한 왕양명도 인간의 앎은 늘 행동을 동반하기 때문에 참된 앎은 행동과 연결된다는 지행합일(知行合

---

62 『論語』. 「顔淵篇」. "愛人."

63 『論語』. 「衛靈公篇」·「顔淵篇」. "己所不欲勿施於人."

64 『論語』. 「雍也篇」. "夫仁者 己欲立而立(人) 己欲達而達(人)."

65 『論語』. 「衛靈公篇」. "子貢問曰, 有一言而可以終身行之者乎, 子曰, 其恕乎."

66 윤사순. 2006. 「유학에 담긴 '배려철학'의 윤리적 성향 : 유학의 현대적 응용에 대한 시도」. 『오늘의 동양사상』 14집. 예문 동양사상연구원. 223-240.

一)적 시각에 있었기 때문에 인간의 이성적 앎은 도덕적 감성에 근거한 행동으로 연결된다는 믿음을 가지고 있었다.[67]

왕양명의 지성(知)은 구체적 삶과 분리되지 않는 행동(行)과 실제적 삶(실천=Praxis) 속에 등장하는 지성이다. 이런 점에서 볼 때, 왕양명의 지성은 이론적 지성이 아닌 실천적 지성이라고 할 수 있다. 왕양명의 조리(條理) 개념도 이론적이며 추상적 리(理)처럼 현실과 괴리된 것이 아니라 구체적 삶 속에서 등장하는 조리로서 등장한다는 사실이다. 주희의 리기론이 추상적 원리에 기반을 둔다는 점에서 논리적 차원에서 전개되는 주지주의(主知主義)라면, 왕양명의 리기론은 구체적 현실적인 물질적 기반인 기에서 나타나는 상황적이고 맥락 속에서 전개된다는 점에서 구체적 도덕적 판단이 요청되는 맥락인 주정주의(主情主義)라고 할 수 있다. 왕양명은 사물의 원리 내지 이치란 외부 사물이 독립적으로 존재하는 것이 아니라 우리와 관계 속에서 이치가 설정되고 나타난다는 관점에서 우리와 관련된 실천적 지식이며 원리이다. 왕양명에게 참된 지식은 삶의 현장 속에서 등장하는 것이며 삶 속에 있는 것이다. 따라서 왕양명이 보기에 참된 지식이란 우리의 구체적 삶 속에서 찾을 수 있는 것이지 우리의 삶을 떠나서 존재하는 것이 아닌 것이다. 왕양명은 실천적 지식에 관심을 가

---

67 陳榮捷. 1983. 『傳習錄』, 136조목. "是故知(不行之不可以爲學), 則知(不行之不可以爲窮理)矣. 知(不行之不可以爲窮理), 則知(知行之合一並進, 而不可以分爲兩節事)矣. 夫萬事萬物之理不外於吾心, 而必曰'窮天下之理', 是殆以吾心之良知爲未足, 而必外求於天下之廣, 以裨補增益之, 是猶析心與理而爲二也. 夫學·問·思·辨·篤行之功, 雖其困勉至於人一己百, 而擴充之極, 至於盡性·知天, 亦不過致吾心之良知而已. 良知之外, 豈復有加於毫末乎?"

졌지 단순히 도덕적 원리를 추구한 철학자가 아니다.

주희는 맹자에 대한 주석에서 인간의 마음은 신명(神明)하다고 하였다.[68] 그리고 그는 인간이란 지성과 감성을 넘어서 영성적 측면까지 지니고 있다는 입장이다.[69] 왕양명도 마찬가지로 인간의 마음은 영명(靈明)하다고 규정한다.[70] 데카르트에서 시작해서 칸트 그리고 후설에 이르기까지 철저히 인간 지성을 인간의 본질이라고 이해한다면, 왕양명은 인간의 본질을 도덕지인 양지라고 보았으며 양지의 특성은 바로 영명(靈明)하다는 것이다. 영명하다는 것은 바로 현대적 용어로 풀어내면 영적(영성)이라고 할 수 있다. 왕양명에 따르면, 인간의 본질은 서양의 주류 철학과 달리, 지성과 감성을 넘어서 영성이라는 특성을 모두 조화롭게 인정하는 총체적이며 통합적 존재로 파악한다고 할 수 있다.[71] 근대의 대표적 철학자인 칸트는 영성에 속하는 종교마저도 인간의 이성 안에서 이해하려는 시도, 즉 영성의 영역을 지성 안에서 이해하려는 시도를 하였기 때문에 인간의 영성적 측면을 간과하고 말았다.[72] 서구 철학이 지닌 인간에 대한 편협한 인간 이해는 인간을 온전히 이해하지 못하도록 만들었다고 할 수

---

68 『孟子集註』. 「盡心(上)」. 1장. 朱子註, "心者, 心之神明."

69 朱子. 『大學章句』註「明明德」曰, "明德者, 人之所得乎天而以虛靈不昧, 以具衆理而應萬事者也."

70 陳榮捷. 1983. 『傳習錄』, 137조목. "心者身之主也, 而心之虛靈明覺, 卽所謂本然之良知也."

71 양선진. 2017. 「지성중심의 사고를 넘어선 철학상담의 가능성 모색-왕양명과 베르그손 사상의 유사성을 중심으로-」. 『동서철학연구』 85집. 한국동서철학회. 267-290.

72 Immanuel Kant. 2003. 『이성의 한계 안에서의 종교』. 신옥희 역. 이화여자대학교 출판부. 46 이하.

있다.[73]

인간의 양지가 본래성을 회복한다면 인간은 인격적 존재인 우주자연의 원리에 조화를 유지하면서 우주자연(=인격적 자연)과 긴밀한 유대 관계를 유지할 것이다. 만약 인간이 우주자연과 관계를 단절하면, 인간은 불안감(Angst) 또는 인간 소외(Entfremdung)를 경험하게 될 것이다. 이러한 불안은 물질적 결여에서 기인하는 고통과는 다르다. 마치 하이데거적 표현을 빌린다면 이것은 근원적 불안이라고 할 수 있을 것이다. 인간이 우주자연과 분리될 때 느끼는 불안은 다른 불안과 달리 인간 마음의 심층에서 느낄 수 있는 불안, 심층적 불안이며 이러한 불안은 근원으로부터 분리되면서 나타나는 근원적 불안, 또는 라캉의 표현을 빌린다면 근원적 욕망이라고 할 수 있다.

왕양명에 의하면 인간의 생명을 설명하기 위해서는 인간의 본성이 하늘(인격적 자연)에서 기원한다는 사실을 명확히 인식해야하며 인간의 본성에 적합한 이성, 감성 그리고 영성을 회복할 때야 비로소 인간의 본성을 회복할 수 있을 것이며 이러한 상태에서만 인간은 참다운 생명성을 유지하면서 불안감이나 소외 없는 참다운 생명으로 회복된다는 것이다. 왕양명은 인간을 현대 생명공학자들처럼 단순한 DNA로 파악하지 않으며 자연을 단순한 물질 덩어리로 이해하지도 않는다. 왕양명에 따르면, 인간과 자연은 유기적 관계를 지니고 있으며 인간은 단순한 물질로 환원할 수 없는 지적이며 감성적일 뿐만 아니라 영적 본질을 지닌 존재라는 사실이다. 그리고 인간이 자

---

73 K. Fischer. 2007. 「칸트의 '교수 취임 논문」.『감성계와 지성계의 형식과 원리들』. 최소인 역. 이제이 북스. 76-77.

연과 긴밀한 유대 관계를 잘 유지할 때 근원적 불안에서 벗어날 수 있다고 할 수 있다.

V. 생명에 대한 올바른 이해와 전인적 인간관의 요청

우리는 지금까지 왕양명의 사상을 생명윤리적 관점에서 고찰하였다. 그는 우선적으로 현대 생명공학의 철학적 기반인 원자론적인 사고를 통한 생명 이해를 부정한다는 사실이다. 왜냐하면 우주만물은 서로 서로 연결되어 있다는 관점에서 우주와 우주의 구성 요소들은 분리되고 무관한 것이 아니라 서로 상호 의존적이며 상호 영향을 주고받는다는 입장에서 원자론적 사고가 아니며 우주자연을 설명하기 위해서는 우주의 한 요소를 넘어선 최초의 근원적 존재(자)에서 우주만물이 나왔다는 점에서 유물론적 사고와도 다르다. 인간이란 현대 유전공학자들이 말하듯이 단순한 물리-화학적 성질로 설명할 수 없다. 인간의 본질은 물질로는 설명할 수 없는 정신적 속성을 지니고 있기 때문이며 인간의 정신은 서양철학에서 언급하듯이 이성 또는 감성만으로 설명할 수 없다는 사실이다. 왜냐하면 세계보건기구(WHO)에서 인간의 건강을 단순한 정신적, 육체적 차원으로 한정하지 않는 것처럼, 인간이란 지성과 감성 그리고 영성을 지닌 존재라는 인식의 전환이 필요하며 또한 인간은 자연을 떠나서는 살아갈 수 없는 존재이기 때문이다. 따라서 인간을 설명하기 위해서는 인간의 일면적 부분을 인간의 본성으로 간주해서는 안되며 인간의 총체적 특성을 고려함과 동시에 인간의 환경으로서의 자연을 고려해야한다.

인간이란 인간 사회를 구성하는 요소에서 자연을 제외할 수 없을 뿐만 아니라 인간의 살아가는 토대인 자연도 인간과 분리될 수 없으며 동시에 자연이란 단순한 물질 덩어리라고 할 수 없다는 사실이다. 현대 과학이 언급하듯이, 자연은 인간의 기원을 의미하며 자연이란 단순한 물질적 자연을 의미하지 않는다는 사실이다. 이러한 측면을 논자는 인격적 자연이라고 언급하였다. 인격적 자연은 인간을 포함한 모든 존재들을 가능케 하는 기원이며 존재론적 기원이라고 할 수 있다. 따라서 인간이 인격적 요소가 존재하는 자연으로부터 분리되는 순간에 불안감을 느낄 수밖에 없다는 것이다. 이런 이유에서 현재 상담학에서 종교를 통한 상담과 치료의 가능성을 제시하기도 한다.

참고문헌

『周易』,『論語』,『孟子』,『孟子集註』,『大學章句』,『朱子語類』,『傳習錄』,『王陽明全集』,
Arne Naess. 1989. *Ecology, Community and Lifestyle.* Cambridge: Cambridge University Press.
임마누엘 칸트. 2003.『이성의 한계 안에서의 종교』. 신옥희 역. 이화여자대학교출판부.
임마누엘 칸트. 2009.『실천이성비판』. A54==V30. 백종현 옮김. 아카넷.
김세정. 1998.「왕양명의 생명철학에 관한 연구」성균관대학교 대학원 박사학위논문.
김세정. 2006.「동양사상, 환경·생태 담론의 현주소와 미래」,『오늘의 동양사상』제14호. 예문 동양사상연구원.
김세정. 2003.「생태계 위기와 유가생태철학의 발전 방향 - 서구 환경 철학과의 비교를 중심으로-」.『철학연구』85집.
김세정. 2006.『왕양명의 생명철학』. 청계.

김용운·김용국 공저. 1992.『東洋의 科學과 思想』. 一志社.

박이문. 1999.『문명의 위기와 문화의 전환-생태학적 세계관을 위하여』. 민음사.

최영진. 1996.「주역에서의 자연관」.『동양사상과 환경문제』. 한국불교환경연구원 엮음, 도서출판 모색.

K. Fischer. 2007.「칸트의 '교수 취임 논문」.『감성계와 지성계의 형식과 원리들』. 최소인 옮김. 이제이 북스.

윤사순. 2006.「유학에 담긴 '배려철학'의 윤리적 성향 : 유학의 현대적 응용에 대한 시도」.『오늘의 동양사상』14집. 예문 동양사상연구원.

이소희. 2009.「후기 메를로-퐁티의 살의 존재론에서 본 세계」.『철학과 현상학 연구』제40집. 한국현상학회.

양선진. 2016.「양명학을 통해 본 인공지능(AI)시대의 과학기술윤리」.『양명학』45집. 한국양명학회.

양선진. 2016.「왕양명의 생명존재론-왕양명의 자연과 생명에 대한 이해-」.『유학연구』35집. 충남대학교 유학연구소.

양선진. 2016.「퇴계와 고봉: 사단칠정(四端七情)의 현대적 해석 윤리학적·심리학적 해석에서 철학치료의 지평으로」.『東洋哲學硏究』87집. 동양철학연구회.

양선진. 2015.「21세기 한국 사회를 위한 배려와 공감을 위한 감성의 윤리학 모색-동서비교윤리를 중심으로-」.『양명학』. 한국양명학회.

양선진. 2017.「지성중심의 사고를 넘어선 철학상담의 가능성 모색-왕양명과 베르그손 사상의 유사성을 중심으로-」.『동서철학연구』85집. 한국동서설학회.

제4장

경제 우선에서 '생명'의 연대로[*]

동일본대지진 이후의 원전 사고를 계기로

호리에 노리치카堀江宗正(도쿄대학교)

◦◦◦◦

Ⅰ. 경제 우선주의 속에서의 생명의 위협

동아시아 각국에서 경제적 효율이나 이익을 중시하여 사람들의 '생명'이나 건강이 경시되는 사태가 발생하고 있다. 2011년 일본에서 일어난 후쿠시마 제1원자력 발전소 사고는 그 대표적인 예이다. 동일본 대지진과 같은 지진, 쓰나미가 일어날 것이 예상되었음에도 불구하고, 비용을 낮추기 위해 의도적으로 상정을 낮게 추산한 것이 원전사고를 초래했다.

---

[*] 이 글은 도쿄대 사생학·응용윤리센터와 한림대학교생사학연구소가 2016년 3월 12일에 공동으로 주최한 제6회 국제학술대회 <아시아 발전의 모순과 생사학의 모색>에서 발표한 원고이다.

115

한국에서는 2014년 세월호 침몰사고가 발생하여 수많은 생명이 버려진 참혹한 사건이 발생했다. 노후한 선박에 대한 규제가 느슨해지고, 화물 적재 기준을 지키지 않았다는 것 등이 그 주요한 원인으로 지적되고 있다. 이 역시 생명보다 경제효율을 우선시한 탓에 일어난 일이다. 2015년에는 중국 톈진과 산둥성을 시작으로 공장에서 잇단 폭발사고가 일어나, 기업의 도덕적 해이, 정부의 관리 책임이 문제시되었다. 미세먼지를 비롯한 심각한 대기오염은 중국인들의 건강이나 생명을 위협할 뿐 아니라, 국경을 넘어서까지 영향을 끼치고 있다.

2010년 10월 수마트라 지진, 쓰나미 후에는 피해를 최소화한다는 명목으로 어민들의 출입이 제한된 지역에 리조트 호텔이 세워졌다. 이것은 관광업에 의한 경제적 이익을 우선하여 사람들의 생활이 재건되기는커녕 생업이 끊기게 된 사례이다. 나오미 클라인[1]의 『쇼크 독트린』에 그 내용이 소개되어 있다. 어업에 종사하는 대신 호텔 종업원이 되어 보다 안정된 수입을 얻을 수 있게 된 것이 아니냐고 말하는 사람이 있을지도 모른다. 피해나 희생에는 어떠한 경제적 보상이 주어진다. 그러나 한번 잃어버린 것을 원래대로 되돌릴 수는 없다.

Ⅱ. 후쿠시마 제1원자력 발전소 사고를 둘러싼 움직임

나는 일본에서 원전 사고를 둘러싼 움직임을 매우 상세하게 조사

---

1 Naomi Klein. 2011. 『ショック・ドクトリン上・下』. 幾島幸子・村上由見子 訳. 岩波書店. 上 9, 下 565.

했기 때문에 일본에서 일어난 일들을 조금 더 자세히 설명하려고 한다. 경제적 이익을 위해 '생명'의 위험이 어떻게 간과되어 왔는지에 대하여 몇 가지 예를 들어보고자 한다.

(1) 우선, 앞서 언급했듯이 사고 전에도 동일본 대지진과 같은 지진, 쓰나미가 일어날 가능성이 지적되어 왔다. 그럼에도 불구하고 충분한 대책이 세워지지 않았다. 왜냐하면 그런 규모의 지진, 쓰나미에 견딜 수 있게 하려면 막대한 비용이 들기 때문이다.

(2) 사고 후에는 피폭허용치를 둘러싼 밀고 당기기가 이루어지고 있다. 그도 그럴 것이 이 수치를 어느 정도로 설정하느냐에 따라 그 지역에 살 수 있는지 어떤지 정해지고 경제에 끼칠 영향도 달라지기 때문이다. 사고 후, 4월의 개학에 맞추어 문부과학성은 아이들의 피폭허용치를 연간 1밀리 시버트에서 20밀리 시버트로 상향 조정했다. 20밀리 시버트는 전문적으로 원전에서 일하는 성인에 해당하는 피폭기준치이다. 사회적인 비판이 쏟아지자 피폭허용기준치는 다시 1밀리 시버트로 조정되었다[2].

(3) 그러나 이 연간 20밀리 시버트라는 수치는, 마치 좀비처럼, 피난구역 해제의 기준치로 되살아났다. 즉 연간 20밀리 시버트 정도라면 방사성 물질로 오염된 지역에서 생활해도 상관없다는 것이다[3]. 정부로서는 하루라도 빨리 피난 주민들이 돌아옴으로써 재건을 가속화 하겠다는 속셈이었다.

2 文部科学省. 「「福島県内の学校等の校舎·校庭等の利用判断における暫定的考え方」等に関するQ&A」. 2011년 6월 등록 <http://www.mext.go.jp/a_menu/saigaijohou/syousai/1307458.htm >.

3 日本経済新聞. 「福島の避難指示、17年3月までに解除 政府が方針」. 2015. 6. 12.

(4) 애초에 전문가들 사이에서조차 안전한 피폭량과 위험한 피폭량을 나누는 기준치에 대해 정해진 바는 없다. 방사선은 아무리 적은 양이라도 확실하게 세포를 손상시킨다. 따라서 세포분열이 활발하여 영향을 받기 쉬운 아이들은 가능한 한 피폭량을 억제해야만 한다는 의견이 있다. 반면에 낮은 방사선량이면 만약 세포가 손상되더라도 그 영향이 질환으로 나타나기 전에 신체가 저항할 것이라는 의견도 있다. 이는 증상이 발생하는 피폭량의 역치가 있다는 입장으로, 정부나 전력회사에 가까운 입장을 가진 전문가가 선호하는 의견이다[4]. 결국 피폭의 허용량은 원자력발전을 계속하고 싶다는 의견의 전문가일수록 높게 설정한다. 여기서도 경제적 효율 중시 때문에, 일어날지도 모르는 신체적 피해가 낮게 추정되고 있다.

(5) 후쿠시마에서 일어난 원전 사고 후 일본의 원전은 오랫동안 안전 확인을 위해 정지되었다. 그러나 아베 정권은 '안전'하다고 확인된 발전소를 순차 재가동 할 방침이다. 2015년에는 화산 리스크를 안고 있는 큐슈와 센다이의 원전이 실효성 있는 피난 계획이 충분히 세워지지 않은 상태임에도 불구하고 재가동하였다. 게다가 시코쿠의 좁고 긴 반도 위에 위치하여 탈출 경로가 비좁은 도로 하나밖에 없는 이카 원전에서도 재가동 준비가 진행되고 있다. 지진으로 도로가 끊어질 우려가 있기에 배를 이용한 피난이 고려되고 있으나, 쓰나미가 해안을 덮친다면 배를 이용한 피난은 불가능하다. 덧붙여 이 원전은 일본 열도를 크게 종단하는 중앙구조선 위에 세워져 있다. 말할 것도 없이 일본은 지진 다발

---

4 一ノ瀬正樹·伊東乾·影浦峽·児玉龍彦·島薗進·中川恵一. 2012. 『低線量被曝のモラル』. 河出書房新社.

지역인데다 많은 화산이 있는 나라다. 이미 위험한 활성 단층 위에 지어진 것이 확인된 원전만 해도 여러 곳이다. 그 외에도 미지의 재해 리스크가 숨어 있을지도 모른다. 정부나 전력회사의 입장과 가까운 전문가들은 경제우선을 위해 이러한 리스크도 낮게 추정하는 경향이 있다.

(6) 애초에 원자력 발전에서는 방사성 폐기물이 나온다. 이 방사성 폐기물의 최종처분에 관해서도 확실한 안전성이 담보되어 있지 않다. 정부는 유리 고화체로 굳혀서 땅속 깊숙이 매장하는 것이 가능하다고 하나, 1만년이 넘는 시간 동안 큰 지진이 일어나지 않는다고 확언할 수 있는 지역은 일본에 단 한 군데도 없다[5]. 때문에 그 어느 지역도 최종처분장을 떠맡겠다는 의사를 표명하지 않고 있다. 즉, 일본에는 방사성 폐기물을 처리할 장소는 아무 데도 없는데도, 원전을 추후에도 계속 사용하려는 준비가 착착 진행되고 있는 것이다. 이는 현재 세대의 편리한 생활을 위해 미래 세대의 '생명'을 끊임없이 위협한다는 세대 간 윤리의 문제를 내포하고 있다.

원전과는 조금 떨어진 문제이나, 아베 정권과 전력회사는 석탄 화력발전소를 큰 폭으로 증설하는 방침을 굳혔다. 석탄 화력발전소는 잘 알려진 바와 같이 중국 대기오염의 주요 원인이다. 그런데도 석탄 화력발

---

5 エネルギー資源庁.「放射性廃棄物の種類に応じた処分方法」. <http://www.enecho.meti.go.jp/category/electricity_and_gas/nuclear/rw/gaiyo/gaiyo02.html >. 藤村陽·石橋克彦·高木仁三郎 2000「高レベル放射性廃棄物の地層処分はできるか I——変動帯日本の本質」『科学』12月号. 1064-1072. 藤村陽·石橋克彦·高木仁三郎 2001「高レベル放射性廃棄物の地層処分はできるか II——地層処分の安全性は保証されてはいない」『科学』3月号. 264-27.

전을 추진하는 것은 석탄이 석유보다도 비용이 낮기 때문이다. 하지만 당연한 이야기이지만, 한번 건설하여 사용을 시작하면 수십 년은 온실가스를 배출하게 된다. 이것은 CO_2 감소를 추진하는 국제적 추세에 역행하는 것이며, 파리에서 열린 COP21에서도 맹렬한 비판을 받았다.

정부와 전력회사에 의하면, 일본의 석탄 화력발전소는 중국의 발전소와 비교하면 깨끗하다고(clean) 한다. 이 '깨끗한' 석탄 화력발전을 아베 정권은 해외에도 판매하려 하고 있다. 그러나 인도에서는 일본제 석탄 화력발전 설비를 도입한 지역 주변에서 심각한 건강 피해가 일어나고 있다. 이것은 최근 한 방송국의 조사 보도로 명백해졌다(TBS 보도특집). 또한 현재 일본 정부는 원전 기술의 해외 수출에도 적극적이다. 파리 협정 후 CO_2 감소가 개발도상국에도 의무화되는 가운데 일본의 원전을 도입하여 경제 발전을 도모하는 나라가 늘어나는 것은 아닐까. 최근의 변화들은 이러한 고려들을 반영하고 있는 것 같다.

III. 권위주의적인 사회질서와 급격한 경제성장의 함정

일본정부의 문제만 지적하는 글이 되었으나 이는 내가 일본의 상황을 면밀히 주시하고 있기 때문이다. 만약 동아시아 각국에서 같은 종류의 문제가 없는지, 즉 경제 효율을 인간의 생명이나 건강보다도 우선하는 경향이 없는지를 빠짐없이 알아본다면, 아마 많은 나라가 비슷한 문제를 안고 있다는 것이 밝혀질 것이다.

여기서 한 가지 명제를 제시하고자 한다. 그것은 '동아시아와 같은 권위주의적인 사회질서가 잔존한 여러 나라에서 급속한 경제발전이 진행되면, 경제적 이익이나 경제적 효율을 올리기 위해 개개인의 생명과 건강이 경시되기 쉽다'는 하나의 법칙이다. 이와 같은 이상 상황이 일상화될 경우, 전체의 발전을 위해 개인이 다소 피해를 입는 것은 어쩔 수 없는 일이고, 그것을 참고 받아들이는 것이 자기희생의 미덕이라는 의견까지 나온다. 일본에서는 100여 년 전부터 공해로 인한 심각한 희생자가 나오고 있으나 피해를 호소하여 가해기업의 책임을 묻는 것은 국가의 공해인정을 둘러싼 투쟁으로 발전하기 때문에[6], 반정부적인 사상과 연결된다고 여겨지기도 한다.

하지만 후쿠시마 제1원자력 발전소 사고는 이러한 상황을 일변시키고 있다(고 믿고 싶다). 국민의 과반수가 탈 원자력 발전을 지지하게 된 것이 그 증거이다. 앞서 언급했던 원전 정책에 얽힌 문제는 모두 미디어 매체에 보도되어 잘 알려져 있는 것들이다. 일본 국민들은 원전추진정책이 상식을 벗어난 것이며 정부의 말은 신용할 수 없는 것으로 생각하고 있다고 봐도 될 것이다.

그렇다면 어째서 원전을 멈추지 않는 자민당이 선거에서 승리했는가. 여러분은 이를 의아하게 생각할 것이다. 이 역시 경제제일이라는 사고 때문이다. 자민당은 선거철이 되면 원전이나 안전보장 등, 국민에게 비판받기 쉬운 정책은 슬그머니 감추고, 오로지 경제성장을 강조한다. 원전정책에 관해서는 원전 의존도를 낮춘다는 공약을 내세웠으므로 이는 명백한 공약 위반이기도 하다. 한편, 탈원전을 내건 정당

---

6 政野淳子. 2013. 『四大公害病——水俣病、新潟水俣病、イタイイタイ病、四日市公害』. 中央公論新社.

은 가시적인 경기회복책보나도 격차를 바로 잡는 데에 중점을 두기 때문에, 즉효성 있는 경제정책으로서는 설득력이 없었던 것이다.

IV. 생명사상 - 생명주의

'생명'보다 경제가 우선되는 상황에 이의를 제기하는 사람은 확실히 늘어나고 있다. 여기서부터는 경제보다도 '생명'을 중시하는 사상에 대해 소개하려고 한다.

최근 일본의 원전에 반대하는 사람들 사이에서는 생명을 표기할 때 한자의 「命(명)」 대신 히라가나로 '이노치(いのち)'로 표기하는 경우가 많아졌다. 반원전 운동에서 가장 자주 쓰이는 슬로건은 '생명(inochi)을 지켜라!'이다. 이 '생명'이라는 말은 생사학, 종교학, 의료, 간호 등의 분야에서 3.11 동일본 대지진 이전부터 쓰이던 키워드였다. 한자 '命'이 아닌 히라가나 '이노치'를 사용함으로써, 생물학적 개체로서의 생명을 넘어선 '거대한 것'을 가리키는 것이 암시되어있다[7].

그 의미를 나름대로 정리해 본다면 (1) 생식에 의한 생명체끼리의 연결이나 그것을 포괄하는 생태계와 대자연, (2) 또 생명 활동의 양태나 그것을 관통하는 원리, 나아가 자연까지도 통괄하는 원리로서

---

7 이하의 기술은 필자의 논문 堀江宗正. 2013. 「脱／反原発運動のスピリチュアリティ: アンケートとインタビューから浮かび上がる生命主義」.『現代宗教二〇一三』. 秋山書店. 그리고 불교교단의 '생명' 개념에 대해서는 필자의 논문 堀江宗正. 2015. 「霊といのち: 現代日本仏教における霊魂観と生命主義」,『死生学・応用倫理研究』20号. 195-235.에 기반하고 있다.

의 신들을 가리키고 (3) 그것이 어떠한 개별 생명체에 있어서도 작동하고 있다는 것, 혹은 작동하여야 한다는 것을 시사한다. 이러한 의미에서의 '생명'은 기독교가 신약성서에서 빈번하게 사용하고 있는 '생명'도 포함한다. 또 대자연의 작용으로서의 '생명'에 대한 사상은 불교의 법화경사상이나 불성사상, 또한 최근 신도(神道)의 애니미즘을 재평가하는 움직임과도 연결된다. 이와 같이 '생명(이노치)'이라는 말은 일본의 종교인들에게 종파를 뛰어넘어 널리 쓰이고 있다.

이 사상에 의하면, 우리들은 '생명'에 의해 살고 서로 연결되어 연대하면서 '생명'을 구성하고 있다. '생명'은 그 자체가 존재하는 것에 가치가 있는 것이므로 도구적으로 그 틀이나 조건을 바꾸거나 선별하는 것은 허용될 수 없다. 이것이 생명윤리나 환경윤리를 둘러싼 문제들에 답할 때의 근거가 되고 있다.

예를 들어, 일본 가톨릭 사제단은 이미 2001년에 '생명'을 위험에 빠뜨리는 원전을 대체할 에너지로 전환할 것을 촉구하였다[8]. 원전 사고 후 2011년 11월에는 원전 폐지를 호소하는 성명을 냈다. 전일본불교회도 '생명'이라는 말을 빈번히 사용하면서 '원자력 발전에 의존하지 않는 삶의 방식'을 요구하고 있다. 여기서 이 두 단체가 발표한 성명, 가톨릭 사제단과 전일본불교회의 성명을 부연하여 나름대로 정리한다면 다음과 같다.

"원전의 방사성물질이나 방사성 폐기물은 장기간에 걸쳐 '생명'에 해

---

8 カトリック司敎団. 2001. 『いのちへのまなざし: 二十一世紀への司敎団メッセージ』. カトリック中央協議会. 104-105.

를 입힐 가능성이 있다. 경제적 이익을 위해 '생명'을 위험에 빠뜨리게 할
수 없다. 원전은 '생명'의 조건인 다음 세대의 환경까지노 위협한다. 일본
인에게 신성하다고까지 할 수 있는 자연을 더럽힌다. '생명'의 평등에 반
하여, 일부 노동자들이나 발전소 주변의 주민에게 희생을 강요한다."

  이렇듯 경제보다 '생명', 다음 세대에 대한 책임, 일본의 자연에 대
한 애착, 희생을 수반하는 이익구조에 대한 분노 등을 호소하는 것이
'생명'을 중시하는 입장에서 제시하는 반원전 운동의 근거가 된다[9].
  이러한 <생명> 사상은 새로운 것이 아니다. 일본의 신흥종교연구
의 많은 교단—그중 어떤 것은 에도시대 후기까지 거슬러 올라간다
—이 '생명주의적 구제관'을 공유하고 있다. 그것은 우주를 하나의
생명으로 보고 그 근원적 생명이 인간의 본성에도 작용하고 있으며,
인간은 신과 협동하면서 생명력 넘치는 사회를 만들 수 있고, 그렇
게 해야만 한다는 것이다.
  사상사 연구가 스즈키 사다미(鈴木貞美)에 의하면, 다이쇼 시대에는
'다이쇼 생명주의'가 성립했다. 그것은 독일의 생의 철학이나 베르그
송의 생기론, 낭만주의, 진화론이나 기독교, 스피리츄얼리즘의 영향
을 받은 것이지만 동양철학이나 종교와도 많은 공통점을 지닌다[10].
  또 모리오카 마사히로(森岡正博)에 의하면, 1980년대 이후 서양

9 対馬路人·西山茂·島薗進·白水寛子. 1979. 「新宗教における生命主義的救済観」. 『思想』
   665号. 92-115.
10 鈴木貞美. 1995. 「大正生命主義とは何か」. 鈴木貞美(編著). 『大正生命主義と現代』.
   河出書房新社. 2-15.

의 대항문화나 뉴에이지(인간이나 자연에 대해 지배적인 태도를 취하는 종교나 근대과학을 뛰어넘어, 통합 가능한 의식으로 전환이 일어날 새 시대가 올 것이라고 주장하는 사상)가 유입됨과 함께 '80년대 생명주의' 환경사상 분야에서 일어났다. 그것은 자연의 모든 것에 '생명(生命)'이 깃들어 있음을 인정하는 일본의 애니미즘이야말로 지구환경문제를 푸는 열쇠가 된다고 생각하는 것이다[11]. 이처럼 일본 사상가들에게 있어서 '생명(生命)'은 서양의 비합리주의 계보-낭만주의에서 뉴에이지에 이르기까지-의 주요개념이면서, 이를 통해 동양의 전통적인 우주론을 재평가할 수 있는 기반이었다.

체르노빌 원전사고 후 일본에서도 반원전운동이 활발하게 일어났고, 이는 모리오카가 언급한 '80년대 생명주의'를 기반으로 했다. 그것은 종래의 반원전운동의 중심이었던 좌파정당에서 독립하여 주부를 중심으로 하는 민중시민들에 의해 전개되었고, 가장행렬이나 음악을 통해 축제적인 분위기를 자아내는 새로운 스타일의 사회운동이었다. 이는 일본 매스컴으로부터 '반원전 운동 뉴웨이브'라고 불렸다. 이러한 현상이 정점에 달한 것은 1988년 8월 1일부터 9일간에 걸친 야외 페스티벌인 '이노치 축제 88'이었다. 거기서는, 자급자족하는 생활양식, 원주민들의 생활양식, 무농약, 유기농법을 사용한 식재료, 영적인 감동을 주는 강연이나 워크숍, 민족음악 콘서트 같은 다양한 행사가 펼쳐졌다. 이 축제는 뉴에이지 운동과 매우 밀접한 관계가 있으며, '경제 우선에서 생명을 우선하는 새로운 문

---

11 森岡正博. 1994. 『生命観を問いなおす──エコロジーから脳死まで』. 筑摩書房. 第四章.

명권으로의 전환'을 뚜렷하게 주장한 것이다.

이노치 축제는 2000년에 이어서 후쿠시마 원전사고 후인 2012년 에도 개최되어 그 의미와 그 주장을 이어가고 있다. 3.11 대지진 후 처음으로 일어난 2011년 4월 10일의 대규모 반원전 데모는 '일본의 인도'라고 불리는, 아시아계 점포가 많고 뉴에이지에 관심을 가진 사람이 많이 살고 있는 고엔지(高円寺)에서 열려 히피라 불리는 뉴에이 지 경향을 가진 사람들이 다수 참가했다는 애기들이 들리고 있다[12].

V. 반원전 운동에 대한 조사와 결과

이상의 내용으로부터, 일본의 반원전운동의 사상적 근거는 '생명' 에 있다는 것을 알 수 있었다. 지금부터는 내가 탈 원전, 반원전 운동 에 참가한 사람들에 대해 행한 조사 결과를 소개하고자 한다.

후쿠시마 제1원자력 발전소 사고가 일어난 당시에 일본 수상이었던 간 나오토는 자신도 탈원전 운동에 관련했던 경력을 가진 인물이었다. 그는 거의 독단적이었다고도 할 수 있는 형태로 일본의 원전을 멈춘 인 물로 후대에 재평가될지도 모르지만, 당시는 원전사고 후의 대응을 비 판받고 퇴진했다. 그 후에는 원전추진에 가까운 노다 정권이 성립되고, 2012년에는 오오이 원전 재가동에의 움직임이 명백해졌다. 이 6월경에 서 8월에 걸쳐 대규모 반원전운동이 대대적으로 일어났다.

---

12 堀江宗正. 2013. 83-86.

일본에서는 '탈원전'과 '반원전'과의 사이에는 미묘한 뉘앙스 차이가 있다. 탈 원전은 서서히 원전을 폐지해가자는 것임에 대해, 반원전은 즉시 폐지를 요구하는 것이다. 그러나 노다 정권은 '탈 원전 의존'이라는 이름으로 당분간은 원전에 의존할 수밖에 없으나, 서서히 벗어나자는 방침을 내세워 실제로는 질질 끌며 원전을 부활시키려고 했다. 그로 인해 현재의 반대운동에서는 '반원전'이라는 표현이 점차 늘어나고 있다. 이 글에서는 원전사용에 명확하게 반대하는 입장을 '반원전'이라는 용어로 다루겠다.

나는 7월경부터 조사를 개시하여 자민당이 중의원 선거에서 승리한 12월까지 앙케트 조사를 계속했다. 이 기간이 운동의 피크였다고 보아도 좋다. 주로 가두에서 데모나 항의활동에 참가한 사람 100명의 데이터를 모았다. 남녀의 편중이 보이지 않았기 때문에, 남녀가 같은 수가 되도록 말을 걸었다(남성 50명, 여성 50명). 질문은 기존의 무작위추출 여론조사의 문장을 사용했다. 이는 기존 조사와 수치를 비교하여 데모 참가자의 특징을 파악하기 위해서였다.

의미있는 차이를 보인 결과만을 정리해보면, 탈/반원전 데모 참가자는 다음과 같은 특징을 갖고 있었다. 연령적으로는 30대(26%), 40대(25%)가 가장 많았고, 60대(23%)도 많았다. 고학력에 지식인, 전문직을 포함하는 도시형 직업에 종사하는 사람이 많았다. 부동층이 가장 많으며, 그 다음이 좌파정당지지였다. 그리고 '무종교'의 경향이 강해 특정 대상을 '믿는다'는 생각은 들지 않는 불가지론직이지만, 개인적인 종교행동은 일반보다 자주 행하고 있으며, 성서나 경전 등을 읽는 사람도 일반보다 많았다.

　또한 데모 참가자들의 성향은 대체로 '자연지향의 생명주의'로 특징지어진다. '충실한 생활을 위한 수단'에 관한 질문에서는 '경제력'보다 '건강한 신체', '보람 있는 일이나 활동' 등, 몸과 마음 모두 충실한 활동을 중시하고 있었다. 동시에 88%가 '자연 속에서 인간의 힘을 넘어선 무언가를 느낀 적이 있다'고 응답했다. 기존의 조사에서는 56.3%로, 매우 큰 차이를 보였다. 또 88%가 '자연현상에 대해 두려움을 느낀다.'고 답했다(기존조사에서도 85%이기에 유의미한 차는 아니다). 이렇듯 9할 가까이가 자연에 대한 경외심을 갖고 있다는 것은 반원전운동이 단순한 정권 타도 등의 정치적 동기에 기반을 둔 것이 아님을 시사하고 있다.

　사생관을 보면, 영혼의 존재를 믿지 않는 사람이 15%로, 기존 조사의 9%보다 많다. 그런데 다시 태어난다고 대답한 사람이 25%나 되었고, 이는 기존 조사와 큰 차이가 없다. 하지만 '무덤에 간다.', '다른 세계로 간다.', '다시 태어난다.'를 합산한 숫자를 보면, 기존 조사에서 63.5%였던 것에 비해, 데모 참가자에서는 39%로 매우 낮다. 즉, 일반적인 일본인은 6대 4의 비율로 사후 영혼의 존속을 믿고 있으나, 데모 참가자들은 6대 4의 비율로 믿고 있지 않다는 것이다. 그러나 앞서 보았듯이 9할이 자연 속에 인간의 힘을 초월한 무언가를 느낀다고 하였다. 해석이 쉽지 않지만, 영혼이 사후에 개성을 잃고, 대자연에 녹아들어가고 나서 다시 환생한다는 생명주의적인 사생관이라면 많은 데모 참가자는 공감하기 쉬울 것이라 할 수 있다.

　이러한 견해는 애니미즘적 환경주의와 조화되기 쉽다. 일본에서는 1980년대부터 문화인류학자나 민속학자, 종교학자들 사이에서 일본인은 자연 속에 신적인 것이 깃들어 있다고 생각하기 때문에 환경보호활동에 쉽게 다가간다는 주장이 있어왔다. 이러한 생각은 일본의 애니미즘이 지구환경문제를 풀 것이라는 문화적 내셔널리즘에 통해있었다. 일본의 가혹한 공해의 역사를 생각해보면 이것은 유감스럽게도 몽상적이라고 말하지 않을 수 없다. 또한, 이번 조사 대상자는 자연에 대해 강한 외경심을 가진 것이 틀림없으나, 애니미즘이라고까지 단정할 수 없다. 왜냐하면 영적인 것에 대한 생각은 복잡하며 다양하기 때문이다.

애국심에 관한 질문 항목을 보면, 본 조사에서는 과거 일본에 대한 애착과 앞으로의 일본에 대한 봉사의 감정은 강하긴 하지만, 일본의 현재 상황에 대해서는 일반적인 일본인보다도 불만을 느끼고 있음이 드러났다. 예를 들면, '일본의 오래된 사찰이나 민가를 보면 매우 친근감을 느낀다.'는 사람이 92%이고, '자신만의 방식으로 일본을 위해 기여하고 싶다'고 응답한 사람은 83%였으나 '일본은 일류 국가다'라고 응답한 사람은 23%밖에 되지 않았고, '지금도 일본은 외국에서 본받아야 할 점이 많다'라는 의견에 반대하는 사람, 즉 외국으로부터 배워야 할 점은 없다고 응답한 사람은 6%밖에 없었다. 이는 현재 상황에 대해 긍정하지 않는 타입의 애국심이라고 부를 수 있을 것이다.

이상으로, (1) 자연 지향적인 생명주의와 (2) 향수를 불러일으키면서도 미래지향적인, 현실에 대해 부정적인 애국심, 그리고 (3) 경제제일주의 정권을 향한 비판이 복합된 삼각형의 가치관 구조를 상정할 수 있다. 생명주의는 경제제일주의를 비판한다. 이는 징권 비판과 관계되지만, 그 비판은 일본에 대한 애국심에서 비롯된 것이라고 할 수 있겠다.

나는 설문조사와는 별개로 반원전 데모에 침여한 경험이 어러 차
례 있으며, 스피리츄얼리티에 관심이 있다는 것을 스스로 인정하는
사람에 대한 별도의 인터뷰 조사를 했다. 이하, 그중 한 사람인 이쿠
타 씨(가명, 남성 40세)의 이야기를 정리한 것이다(2013년 1월 22일).

경제보다 '생명'을 우선하는 정치가가 더욱 더 활약할 수 있기를 바란
다. 그들을 통해서 '생명'을 소중히 여기는 가치관에 모두가 눈을 떴으면
한다. 원전 때문에 가족이 뿔뿔이 흩어진 사람의 고통은 나도 자식이 있
어서 잘 알고 있다. 지금은 설이라 당분간 아내와 자식은 홋카이도에서
지내고 있다. 다만, 나는 최종적으로는 영혼의 존재를 믿고 있기 때문에,
죽는 것이 무섭다고는 생각하지 않는다. 지금이 힘든 시기라고는 생각하
지만, 일상은 평온한 마음으로 지낼 수 있도록 하고 있다. 다만 자식은 가
능하면 부정적인 유산은 짊어지지 않고 사회로 나가게 해주고 싶다.
　나의 인생관은 기본적으로 스피리츄얼리즘이다. 말하자면, 사람에게
는 각각 태어난 사명이 있고, 자신의 인생을 이 우주를 위해 도움이 되
도록 하고, 그것을 통해 영혼을 성장시켜야한다. 따라서 자신이 살아있
는 동안만 좋으면 그만이라고 생각하는 인간은 진정한 의미에서 '영혼
으로서' 행복해질 수 없다. 사명을 다한 인간은 죽은 후에 무엇인가를
남긴다. 그렇게 살아온 옛날 사람들의 노력 위에 지금 우리들의 생활이
있다. 그것을 지키고, 더욱 살기 좋은 사회로 만들어 가는 것이 현재를
살고 있는 우리들의 책임이다. 현재 세대는 과거 세대에게도, 미래 세대
에게도 책임이 있다. 자연과 공생하는 게 인간 본래의 삶의 방식이기에
자연을 지키고 보존하지 않으면 안 된다. 자연과 마주하는 것을 통해 인

간의 능력이 드러난다. 현대사회는 필요 이상의 편리함을 만들어 냈고
그것 없이 살아갈 수 없는 상태로 인간을 몰아붙여버린다.

위의 내용으로부터, 경제 성장을 최고로 두는 사고에 대한 강한
반발과 '생명'을 중시하는 가치관, 영성의 중시, 자연과의 공생 중
시, 세대 간 윤리 등을 확인할 수 있다.

VI. '생명'의 운동가 다나카 쇼조(田中正造)에 대한 재평가

이 발표의 전반부에서는 경제 중시에 의한 '생명' 경시라는 문제를
동아시아 각국의 공통적인 문제로 인식할 것을 주장했다. 그러면서 나
는 그에 대항하여 '생명'을 중시하는 사상이 고통받는 사람, 희생된 사
람들 사이에서 잠재적으로 자라나고 있는 것이 아닌가 생각한다.

일본에서는 후쿠시마에서의 사고를 계기로 그러한 사상의 끈이
회고적으로 재발견되고 있다. 그 중에서도 중요하다고 생각되는 것
은, 19세기 후반에 일본에서 최초로 공해문제가 되었던 아시오 광독
사건에서, 저항 운동의 지도자로서 정부에 비참한 상황과 개선을 호
소한 다나카 쇼조에 대한 것이다. 이 공해사건에서는 먼저 유황가스
에 의한 산림 고갈이 일어났다. 이것은 노동자를 포함한 주변 사람
들에게도 건강 피해를 가져왔다. 게다가 폐수가 방류된 와타라세 강
은 복합 금속 오염으로 심각한 피해를 입었다. 용수력을 잃은 산림
을 원류로 하는 하천은 홍수가 빈발했고, 그 탓에 오염은 하천 주변

의 논밭 등으로 광범위하게 번졌다. 오염된 쌀이나 생선을 먹은 사람들 사이에서 많은 수의 유산, 사산, 혹은 직접적으로 목숨을 잃는 아이, 어른이 나왔다[13]. 다나카 쇼조는 광독에 의한 사망자 수를 1064명이라고 산출하여[14], 정부에 동 광산의 조업 정지를 호소했나[15].

비명사망문제(천명이 아닌 형태로 사망하게 된다는 문제)는 나라 전체의 문제입니다. (중략) 모든 것에 있어서 사람의 생명은 무겁다는 것을 모르면 안 됩니다[16].....애초에 사람으로서 생명에 관한 문제, 생사에 관한 문제를 생각하지 않는다면 개나 말과 다를 바가 없을 겁니다[17].

다나카 쇼조의 말에는 100년도 더 지난 후의 원전 사고에도 들어맞을 법한 것도 있다. '조금만이라도 사람의 생명에 해가 되는 것이라면 조금이니까 괜찮다고 하지 말라.' 이 말은 조금 방사선에 피폭되어도 괜찮다고 하는 지금의 정부에 해야 할 말이다.

'전기가 보급되고 인간사회는 어두컴컴한 밤이 되어버렸다'는 말은 문명의 상징인 전기가 보급되었는데, 아니 전기가 보급되었기에 물질적으로는 풍요로워진 것처럼 보일지라도 도리어 사람의 생명이 가벼이 여겨져 어두컴컴한 밤과 같은 사회가 돼버리고 말았다는 탄식이다.

---

13 東海林吉郎·菅井益郎. 1984.『通史 足尾鉱毒事件: 1877-1984』. 新曜社.

14 小松裕. 2013.『田中正造: 未来を紡ぐ思想人』. 岩波書店. 57-58.

15 이하의 기술은 田中正造全集纂会. 1977-1980.『田中正造全集』. 岩波書店. 을 참고하였다.

16 田中正造全集纂会. 1977-1989. 19권 427.

17 田中正造全集纂会. 1977-1989. 15권 39.

하지만 당시 정부는 일본 제일의 산출량을 자랑하던 아시오 동 광산의 조업을 중지시키지 않는다. 광독 피해가 심각해진 것은 청일전쟁, 러일전쟁 등이 일어난 시기와 겹쳐진다. 병기제조를 위해 필요한 구리 생산을 정지하는 것을 당시의 정부는 원하지 않았던 것이다.

정부는 피해가 가장 컸던 야나카 마을 주변에 댐을 만들며 주민들의 퇴거를 재촉했다. 금전을 제시하며 퇴거를 종용하던 정부에 대해, 다나카 쇼조는 이는 인권문제이며 금전문제가 아니라고 하면서 조업 정지를 주장했다. 마을 사람들 중에는 퇴거하는 사람들도 생겼지만, 홍수가 일어나 물에 잠기면서도 머무르며 저항을 이어가는 사람들을 보며, 쇼조는 피해민들과 함께 야나카 마을에 계속 머물기로 결의한다. 국회의원을 그만두고 주민들과 함께 저항을 이어갔던 쇼조였으나, 곧 병으로 쓰러져 사망한다. 마지막에는 일체의 재산을 갖지 않았으며, 지참하고 있던 것은 돌멩이와 성서뿐이었다고 한다. 필자가 태어나 자란, 지금도 살고 있는 지역은 야나카 마을 옆이고, 당시 피난민의 자손들이 살고 있다. 그들은 지금도 야간출입이 금지되어 있는 야나카 마을 터에 있는 조상들의 묘에 성묘를 하러 간다.

쇼조는 젊었을 적에는 인간의 평등을 가르치는 후지코(富士講)[18]의 영향을 받았고, 이어 똑같이 인간의 평등을 설파하는 기독교 신자인 아라이 오스이(新井奥邃)와 깊이 교류했다. 저항운동 집회의 대부분은 불교 사원에서 이루어져 그의 유골은 여러 종파의 사원에 나누어 묻혔고, 신사에도 모셔져 있다. 즉 그의 저항 운동은 종교의 벽을 넘어

---

18 (역자 주) 에도시대 중기에 주로 상인계급에 확산된, 후지산에 대한 신앙을 중심으로 하는 교단.

선, 초종파적인 운동이었던 것이다.

오염의 배후에 전쟁이 있다는 것을 간파한 쇼조는 사람들의 희생 위에 이루어진 문명은 참된 문명이라고는 할 수 없다고 주장했다. 다음은 다나카 쇼조가 남긴 가장 유명한 말이다. '참된 문명은 강을 망치지 않고 산을 망치지 않고 마을을 부수지 않고 사람을 죽이지 않아야 하리라.'

일본이 문명을 지향한다면, 산을 유황가스로 고갈시켜서는 안 되고, 와타라세 강을 광독으로 오염시켜서는 안 되며, 야나카 마을을 강제 파괴해서도 안 되고, 애초에 사람들의 생명을 빼앗아서는 안 되었다.

이 공해는 단순한 환경오염을 넘어선, 일본이 타국의 사람들을 학살 하는 쓸모없는 전쟁에 돌진하던 와중에 일어난 일이라는 것을 다나카 쇼조는 간파하고 있었다. 그러한 문명은 참된 문명이라고는 말할 수 없 다. 그는 모든 나라의 군비 철폐를 호소했고, 일본인이 전쟁의 승리에 도취해있을 때 '조선을 취하지 말라'고 주장했다. 원광대학교 박맹수에 의하면 다나카 쇼조는 동학당을 '문명적'이라고 평가했다고 한다[19].

VII. 국가를 초월한 '생명'의 연대로

나는 첫 부분에서 권위주의적 사회질서 아래에서 급격한 경제성 장이 일어날 경우 '생명'보다도 경제를 우선하는 도착이 일어난다고

---

19 田中正造全集纂会 2권 283. 『読売新聞』 2013.12.10 「「朝鮮人への偏見　正造は別」没 後100年記念でシンポ」.

지적했다. 일본의 근대초기부터 후쿠시마 원전사고에 이르기까지 의 역사가 이를 여실히 드러내고 있다. 이 불행한 역사가 멈춘다면 좋겠지만 좀처럼 그렇게 되지는 않는다.

현대는 산업사회를 넘어 울리히 벡이[20] 말한 위험사회로 돌입하고 있다. 산업사회에서는 보다 큰 경제적 이익을 약속함으로써 작은 리스크를 은폐하는 것도 가능했다. 그러나 위험사회에서는 경제적 이익과 위험 모두가 거대해졌고, 일단 한 번 파국(=해저드)에 이르게 된다면 이를 컨트롤할 수가 없으며, 정부도 기업도 처음부터 전혀 예상을 벗어난 사태라고 해버리고 손해배상 준비 따위는 하지 않는다는 것이다. 벡은 또한 후쿠시마 원전사고 후의 상황을 예언했다고 할 수 있다. 이러한 위험사회에서는 정부와 기업과 거기에 관계된 전문가는 리스크를 계산해 사람들에게 얼마간의 위험이라면 감수하라고 강요한다.

동시에 울리히 벡은 거대한 해저드가 글로벌화 된다면 피해에 취약한 사람들의 코즈모폴리턴 연대가 나타날 것이라고 분석했다. 이른바 선거에 의한 민주주의 정치에서는 항상 다수파가 승리한다. 하지만 소수라 할지라도 경제적 이익을 위해서 '생명'이 희생될 때에는 그것을 떠받치는 시민과학자나 NGO의 네트워크가 행동을 일으킨다. 그리하여 그들의 목소리를 대변하는 하위정치가 기능하기 시작한다. 그것은 민주주의 정치를 보완하는 '생명'의 연대이다. 경제적 이익 아래에서 '생명'이 위협을 당한다는 공통 경험을 가진 시민이, 국가를 넘어서 연대하여 서로의 경험을 이야기하고, 문제 해결을 위한 지혜를 함께 모은다.

---

20 Ulrich Beck. 2014. 『世界リスク社会(World Risk Society)』. 山本啓訳. 法政大学出版局. 90-91, 158.

이 심포지엄이 그러한 연대의 장을 위한 실마리가 된다면 기쁠 것이다.

참고문헌

カトリック司教団. 2001. 『いのちへのまなざし: 二十一世紀への司教団メッセージ』. カトリック中央協議会.
堀江宗正. 2013. 「脱／反原発運動のスピリチュアリティ: アンケートとインタビューから浮かび上がる生命主義」. 『現代宗教二〇一三』. 秋山書店.
堀江宗正. 2015. 「霊といのち: 現代日本仏教における霊魂観と生命主義」. 『死生学・応用倫理研究』 20号.
藤村陽・石橋克彦・高木仁三郎 2000 「高レベル放射性廃棄物の地層処分はできるか I——変動帯日本の本質」 『科学』 12月号.
藤村陽・石橋克彦・高木仁三郎 2001 「高レベル放射性廃棄物の地層処分はできるか II——地層処分の安全性は保証されてはいない」 『科学』 3月号.
一ノ瀬正樹・伊東乾・影浦峡・児玉龍彦・島薗進・中川恵一. 2012. 『低線量被曝のモラル』. 河出書房新社.
小松裕. 2013. 『田中正造: 未来を紡ぐ思想人』. 岩波書店.
政野淳子. 2013. 『四大公害病——水俣病、新潟水俣病、イタイイタイ病、四日市公害』. 中央公論新社.
森岡正博. 1994. 『生命観を問いなおす——エコロジーから脳死まで』. 筑摩書房.
東海林吉郎・菅井益郎. 1984. 『通史 足尾鉱毒事件: 1877-1984』. 新曜社.
鈴木貞美. 1995. 「大正生命主義とは何か」. 鈴木貞美(編著). 『大正生命主義と現代』. 河出書房新社.
田中正造全集纂会. 1977-1980. 『田中正造全集』. 岩波書店.
対馬路人・西山茂・島薗進・白水寛子. 1979. 「新宗教における生命主義的救済観」. 『思想』 665号.
Naomi Klein. 2011. 『ショック・ドクトリン 上・下』. 幾島幸子・村上由見子訳. 岩波書店.
Ulrich Beck. 2014. 『世界リスク社会(World Risk Society)』. 山本啓訳. 法政大学出版局.
『読売新聞』 2013.12.10 「『朝鮮人への偏見 正造は別』 没後100年記念でシンポ」.
エネルギー資源庁. 「放射性廃棄物の種類に応じた処分方法」. < http://www.enecho.meti.go.jp/category/electricity_and_gas/nuclear/rw/gaiyo/gaiyo02.html >.
文部科学省. 「『福島県内の学校等の校舎・校庭等の利用判断における暫定的考え方』等に関するQ&A」. 2011년 6월 등록 <http://www.mext.go.jp/a_menu/saigaijohou/syousai/1307458.htm >.
日本経済新聞. 「福島の避難指示、17年3月までに解除 政府が方針」. 2015. 6. 12.

제2부

죽음에서
삶 다시 보기

생명과 인간존엄에 대한 숙고

제5장

오늘 우리는
어디서 어떻게 죽는가?*
집에서 묘지로, 병원장례식장에서 납골당으로

천선영(경북대학교)

Ⅰ. 죽음 – 의식 – 공간 – 변화

의식과 행위가 늘 똑같은 속도로, 똑같은 방향으로 변하는 것은 아니겠지만, 일정 상관관계에 있다는 것을 부정하기는 어렵다. 의식의 변화는 행위의 변화를 낳고, 그 반대도 성립한다.[1] 이런 관점

---

* 이 글의 일부는 글쓴이의 병원장례식장(천선영. 2014. 「병원장례식장, 그 기이하고도 편안한 동거」.『사회사상과문화』제30집. 291-325)과 매장/화장(천선영. 2003a. 「매장과 화장 문제를 둘러싼 사회적 담론 분석」.『역사민속학』제16호. 129-152)에 대한 글을 기초로 작성되었고, 다른 일부는 2017년 2월 한림대 생사학연구소 학술대회 발표내용을 토대로 한다.

1 의식의 변화 방향과 다른 행위를 하는 경우도 있겠지만, 의식을 넘어 행위할 수 있지는 않다 할 것이다. 또한 행위의 변화를 통해 의식 변화를 추구하는 경우의 예도 많이 들 수 있는데, 예컨대 우리는 특정한 언어의 사용/비사용, 규칙/제도의 마련 등을 통해 특정한 의식 변화를 기대한다.

에서 죽음의 공간 문제를 살펴보자면 근대사회에서 죽음에 대한 우리의 의식에도, 행위에도 상당히 큰 변화가 있었음을 짐작하게 된다.

한국사회에서 이런 변화는 '집에서 묘지로, 병원장례식장에서 납골당으로'라는 말로 요약될 수 있겠다. 50년 전만 해도 한반도에 살던 대다수의 사람들은 집에서 죽었고(적어도 집에서 죽기를 원했고), 묘지에 묻혔다. 오늘날 우리 대다수는 병원에서 죽고, 병원장례식장과 화장장을 거쳐 납골당으로 향한다. 이러한 변화에 대해 성급한 가치적 판단을 내리고자 하는 것은 아니다. 다만 이런 변화의 의미에 대한 사회학적 성찰은 충분한 가치가 있다고 생각한다. 죽음의 공간 변화는 죽음에 대한 의식의 변화를 의미하고, 나아가 우리 삶에 대한 의식 변화가 연동되는 것으로 볼 수 있기 때문이다.

하여 오늘날 우리가 어디서 어떻게 죽는지에 대한 분석과 성찰은 우리 죽음의 현주소를 넘어, 우리 사회 현주소의 일단을 짐작하게 해줄 것이라는 기대를 한다.

이런 문제의식을 바탕으로 하는 이 논문은 크게 두 부분으로 이루어져있다. 죽음의 장소로서의 병원장례식장과 화장(장)과 납골당에 대한 분석과 성찰이 그것이다. 먼저 어떻게 병원장례식장이 보편적인 죽음의 장소가 되었는지, 그 의미를 어떤 방식으로 이해할 수 있을 것인지를 살피고, 그 다음으로 화장(장)과 납골당의 급속한 증가와 그 사회공간적 의미를 검토하고자 한다.

II. 죽음의 장소로서 병원장례식장

죽음의 장소로서 '병원장례식장'은 우리에게 이미 익숙하다.[2] 열 통의 부고를 받는다면 십중팔구 장례장소가 병원일 터이다.[3] 그런데 곰곰 생각해보면 좀 이상하다. 병원이란 어떤 곳인가? 아주 단순하게 이야기하자면 사람을 살리는 것을 목적으로 하는 곳이 아닌가? 그런데 이런 장소로 문상을 가는 것의 일반화가 왜 이상하지 않은가? 이상하지 않은 것이 이상하다. 병원장례식장이라고 하는 것이 전 세계적으로 극히 예외적인 '한국적' 현상이라는 것에 생각이 미치면 궁금증은 더욱 커진다.

이런 질문을 주위 사람들에게 던졌을 때 대부분은 그것을 이상하게 생각하는 글쓴이를 이상하게 생각했으며, 그런 의문을 가져본 적이 없다고 했다. (그런데, 그 중 상당수는 생각해보니 좀 이상한 것 같기도 하다는 반응을 보였다는 것도 재미있다.) 현재 우리사회에서 병원과 장례식장의 결합이 아주 익숙하니, 새삼스레 그것에 대해 질문하는 것이 의아할 수도 있겠지만, 이를 통해 병원장례식장이라고 하는, 우리사회의 '독특한' 공간의 의미를 재해석할 수 있는 또 하나의 길이 열리지 않을까

---

2 장례식은 죽음에 대한 관념과 죽음 처리에 관련된 사람들, 그리고 죽음을 처리하는 공간 및 장소를 포함한다(Morgan, John. D., 2001. 「Death, Dying and Bereavement of Canadian Elders」, 『한국노년학』 21권 1호. 195-210).

3 2017년 현재 한국에는 약 1,000개의 장례식장이 있다고 한다. 이 가운데 약 65% 성노가 병원 내에 소재하고 있다. 이 수치는 1998년 전국 362개 장례식장 중 354개가 병원 장례식장이었던 것과는 차이가 있으나(장석만. 2009. 「병원의 장례식 장화와 그 사회적 맥락 및 효과」, 『종교문화비평』 19권. 123-145), 규모를 반영한다면 병원장례식장의 비율은 더 높아지리라 생각한다.

하는 기대가 있다.

이런 질문을 배경으로 병원과 장례식장이라는 공간을 인문사회학적, 기호학적으로 들여다보자. 우선 대상체로서의 병원이라는 물리적 공간이 있다면 해석체로서의 병원의 이미지와 표상체로서의 병원이라는 이름이 있다. (물론 장례식장도 동일한 방식으로 이해될 수 있겠다.) 병원이란 언어기호는 거의 동시에 병원이라는 물리적 공간과 그 이미지를 상기하게 한다. 나아가 그 이미지는 다시 병원이라는 언어기호가 가진 상징적 의미를 읽어내는 중요한 단초가 된다. 그리고 병원이라는 공간에 형성된 상징기호가 이 공간에서의 공간적 실천과 체험, 그리고 인지 과정과 영향을 주고받을 것이라는 것은 쉽게 상상할 수 있다.

이런 관점에서 살펴보면 병원은 '삶의 아이콘'이라 할 수 있다. '아픈 사람들의 신음소리'로 가득한 공간임에도 불구하고 말이다. 우리는 병원을 질병, 상해와 그 외 육체적 고통의 원인을 진단하고 전문 의료진의 도움을 받아 환자들을 이전의 건강한 상태로 되돌려놓는 것을 그 목적으로 하는 공간으로 이해한다. 즉 병원은 환자를 이전의 '정상적인 상태로 되돌려놓는 것'을 목적으로 하는 공간이다.[4]

여기에서 주목해야 할 것은 병원이라는 공간의 해석과 표상이 기본적으로 건강의 회복 내지는 건강한 삶을 가리키고 있다는 것이다. 아무리 많은 사람들이 병원에서 사망하고 있다 해도 죽음은 병원에

---

4 천선영. 2003b. 「근대적 죽음 이해와 소통방식에 대한 연구 – 의료인의 경우」. 『한국사회학』 제37집 1호. 171-199.

서 결코 달가운 존재일 수 없으며 병원이라는 공간의 해석과 표상은 죽음을 향해 있을 수 없다. 그것은 사람을 살리는 것을 기본적 목적으로 하는 장소로서의 자기 자신을 부정하는 일이 될 것이다.

병원은 불가피하게 발생하는 치료 불가, 치료 실패라는 현상들을 긍정적으로 이해하기가 구조적으로 어려운 공간이다. 그리고 그 극단에 죽음이라는 현상이 있다. 죽음은 병원의 존재 목적에 정면으로 도전하는 사건이다. 죽음을 인간의 존재론적인 사건으로 '선포'하지 못하고 '(take) off'로 불러야 하는 것이 병원의 일상이다.[5] 죽음은 변호사의 재판 패소에 비교되기도 한다.

이렇게 병원이 '삶의 보루'라는 상징적 의미를 강하게 표출하는 공간이라면, 장례식장은 묘지와 더불어 '죽음의 아이콘'이라 할 수 있다. 그곳은 이미 죽은 자와 아직 살아있는 자의 이별이 이루어지는 곳이며, 죽음을 수용하고 그 죽음을 일상으로부터 잘 떼어냄으로서 아직 살아있는 자의 일상으로의 성공적 복귀를 시도하는 의례적 절차가 진행되는 곳이다.

우리가 여기서 주목할 것은 두 공간의 사회적 해석과 상징이 본질적으로 상이하다는 것이다. 치료를 위해 기능적으로 특화된 공간인 병원과 이미 사망한 사람을 기능적으로 그리고 의미적으로 '처리'하는 사회적 메커니즘을 실행하는 장소로서의 장례식장은 서로 화해하기 어려운 관계에 있다. 병원과 장례식장이라는 두 공간은 정교하

---

5 지금까지의 주장이 병원을 도덕적으로 비난하기 위함이 아님은 분명히 하자. 병원의 이러한 일상은 기능적으로 분화된 사회에서 전문적 역할을 수행하는 기관에서 '당연한' 일이다(천선영. 2003b. 188).

게 분화되어 있는 서로 다른 기능적 역할을 수행하는 공간일 뿐 아니라, 단적으로 말하자면 그 공간기호가 극적으로 상충하는, 모순되는 공간들이다. 도저히 함께 할 수 없는 그런 사이인 것이다.

때문에 병원장례식장은 공간기호학적으로 모순되는 속성을 가진 공간들이 기형적으로 접합되어 있는 형태라 할 수 있다. 사람 살리는 곳, 바로 옆에서 죽은 자 장례를 지내고 있는 것이다. 병원은 현재 많은 사람들의 '탄생지'이기도 하니, 지극히 특정한 역할수행을 위해 전문화된 기관인 병원이 삶의 가장 존재론적 부분인 탄생과 죽음을 '기능적으로' 끌어안고 있는 형국이 되었다. 대학, 관공서 등에서도 아직 채 정착되지 않은 '원스톱 서비스'가 엉뚱한 곳에서 오래전에 시작된 셈인가?

예전에는 집이라는 공간이 사람이 태어나는 공간이자 죽는 공간이었다. 그것은 자연스러운 일이었고, 사람이 나고 죽는 일을 통해 비로소 집이라는 공간은 '완성'되어갔다.[6] 사람이 태어나지도 죽지도 않는 아파트는 그런 의미에서 집이 아닌 것이다. 이제 사람들은 병원에서 태어나 병원장례식장에서 죽는다. 나고 또 죽는 곳이니 병원이 새로운 '집'이 된 셈인가? 하여 병원에서 태어난 사람들이 병원장례식장에서 죽음의 의례를 치른다는 것은 그리 이상한 일이 아닌가? 병원은 알랭 드 보통이 말하는 집이라는 공간이 갖는 모종의 '전망'[7]을 우리에게 가져다 줄 수 있는 공간이 된 것인가?

---

6 김진애. 2000. 『이 집은 누구인가』. 한길사. 101; 김열규. 2001. 『메멘토 모리, 죽음을 기억하라』. 서울: 궁리. 190.

7 보통, 알랭 드. 2007. 『행복의 건축』. 이레. 111.

그러기를 기대하기는 어려울 것 같다. 전통적 의미에서 집은 기본적으로 '복합공간'이고 '생애사적 전체공간'으로서의 의미를 부여받고 있는 곳이었다. 사람으로 따지자면 '전인격성'을 부여받고 있는 공간인 셈이다. 그래서 김진애가 자신의 책에서 '이 집은 무엇인가'가 아니라 '이 집은 누구인가'를 물었던 것이다.[8] 집은 인간적 삶의 총체적인 전망을 집약해서 보여주는 곳이다. 그런 곳을 우리는 집이라는 상징으로 호명한다. 이것이 기능적으로 분화된 사회에서, 기능적으로 분절된 공간 안에서 대부분의 시간을 보내며 살고 있는 우리에게 집이 하나의 '신화'가 되어가고 있는 이유이기도 하다.

집과 달리 병원과 장례식장은 특정한 기능 수행을 위해 고안된 '분절적 공간'들의 전형적 예들이다.[9] 그리고 다시 강조하건데 병원은 기본적으로 강력한 삶의 지향성을 가지는 공간-아이콘이고 장례식장은 그 반대의 극단에 있다. 그러니 병원이라는 공간 내에서 장례식장이 성행하고, 죽음의 의례가 '원스톱'으로 이루어지고 있다는 것은 이 두 곳이 공간기호적으로 서로 화해할 수 없는 관계에 있다는 사실에 주목해서, 조금만 깊이 생각해보면 참 '기이한' 일이 아닐 수 없다.

그런데 우리나라 대형병원은 거의 예외 없이 죽음의 아이콘인 장례식장을 보유하고 있고 이곳에서 상당한 수익을 올리고 있는 것으

---

8 김진애. 2000. 101.

9 병원을 출생지로 하는 누군가는 병원에서 고향의 냄새를 맡을 수도 있겠으나, 그것이 병원이 본래적으로 특정한 목적을 위해 만들어진 공간임을 부정하게 하는 것은 아니다.

로 알려져 있다.[10] 파악할 수 있는 한 이런 현상은 전 세계적으로도 전무후무하다. 더 기이한 것은 이 기이한 일이 기이하게 여겨지지 않고 있다는 사실이다. 지금까지 이 문제가 우리 사회의 공론장에서 의제회된 적은 없다.

물론 사회사적으로 보면 어떻게 병원장례식장이 우리의 일상이 되었는지 이해가 되는 측면이 있다. 이곳에서 자세한 논의를 하기는 어렵지만[11] 병원의 보편화와 대형화와 함께 병원장례식장이 함께 비대해져온 부분만을 살펴보는 것만으로도 도움이 될 것이다. 병원에서 사망하는 사람들의 숫자가 증가하면서 이에 대한 체계적 관리의 필요성이 생겼고, 1982년 정부는 100인 병상 이상의 종합병원에 시체실 설치를 법으로 규정하게 된다. 시간과 함께 점점 시체실의 기능이 확대되었고, 더 이상 집에서 장례를 치르기 용이하지 않은 현실적 문제까지 겹쳐 병원영안실이 장례식장으로 확대 개편되기에 이른다.

이 과정에서 위생과 편리성이라는 정책적, 행정적 입장이 죽음의 의례성을 뒷전으로 밀어낸 것으로 보인다. 병원장례식장에 대한 일련의 정책적 결정들이 여하한 의미론적 배경 없이 위생보건행정이라는 차원에서 집행되어 왔다는 의혹은 강력한 근거들을 가지고 있다. 장례식장, 묘지, 화장장 등 죽음과 관련한 시설들이 공중변소, 분

10 「병원수익은 장례식장서 나온다」(『매일노동뉴스』 2007.03.08). 병원에서 직접 장례식장을 운영하지 않는 경우에도 도시에서 상대적으로 희소한 시설인 장례식장을 배타적으로 소유한 병원이 임대료를 과다 책정한다는 지적이 있다(이현송, 이필도. 1995. 「장의제도의 현황과 발전방향: 장례식장을 중심으로」, 『한국보건사회연구원 연구보고서』 95-4. 85-98).

11 이 부분의 자세한 설명은 천선영. 2014. 「병원장례식장, 그 기이하고도 편안한 동거」, 『사회사상과문화』 제30집. III장.

뇨처리시설, 폐기물처리시설 등과 동격 범주로 다루어지고 있는 상황[12], 사체가 쓰레기나 폐기물에 준하는 취급을 받는 상황에서 무엇을 어떻게 달리 해석할 것인가.[13]

게다가 도심에 별도의 장례식장을 건설하는 것이 계속 벽에 부딪히는 상황은 병원장례식장의 확대를 뒷받침하는 토대가 된다. 명시적 결탁까지는 아니더라도 국가가 시행한 정책이 현재의 장례식장 분포에 큰 영향을 미쳤으며 그 정책이라는 것들이 한편으로는 기능성과 효율성, 그리고 위생학적 차원에서, 다른 한편에서는 기존 이익집단의 이해관계를 수용하는 수준에서 이루어져 왔다는 것은 의심의 여지가 없어 보인다.

그 결과로 현재 병원장례식장은 편리성이라는 측면에서 압도적인 우위를 점하면서[14] 대한민국 대표 장례식장으로 자리매김하고 있으며, 병원 입장에서는 포기할 수 없는 고소득원으로 확고한 입지를 다졌다. 한국의 병원장례식장은 자본주의 사회에서의 공간이 "자본의 높은 수익을 보장하기 위한 장이며, 저항과 전복의 가능성을 배제하기 위해 위계적으로 재편되는 곳"이라는 앙리 르페브르의 말이 거짓이 아님을 보여주는 전형적 공간일지도 모르겠다.

그러니 병원장례식장이라는 공간이 보통 병원에서 가장 후미진

12 한경구, 박경립. 1998. 「한국인의 죽음의 공간에 대한 건축인류학적 고찰」. 『한국 인류학의 성과와 전망』. 서울대학교 인류학연구회 편. 784-785.

13 화상상, 봉안당 등 시신처리와 관련된 시설 업무 담당이 보건복지부 노인지원과라고 하는데 이도 적절치는 않아 보인다(김시덕. 2010. 「현대 한국사회 전통 상례의 현황과 과제」. 『국학연구』 제17집. 452).

14 장석만. 2009. 126, 137.

곳에 자리 잡고 있다는 것은 아이러니가 아닐 수 없다. '용인(容認)'은 하지만, 드러내 보이고 싶지는 않은, '서얼' 취급 비슷하다고나 할까?[15] 최근 병원장례식장의 고급화와 맞물려 약간의 변화를 보이지만, 이 서얼이 '효도하는 자식'이라는 것이 병원이 딜레마 중 하나이기도 하다.

지금까지의 논의를 정리해보자면 한국사회에서 병원장례식장이 일반화된 것은, 한편으로는 사회사적으로(병원에서의 임종이 보편화된 것 등), 다른 한편으로는 실질적인 이해관계(병원의 경제적인 이익 등)나 정치적 논리(정부의 정책적 개입 등)로 설명될 수 있을 것이다. 그리고 이런 과정에서 '죽음의 공간'에 대한 인문사회과학적 고민은 애당초 끼어들 자리가 없었던 것 아닌가 싶기도 하다.

그래서인지 우리 사회는 특정 공간이 가지고 있는 근본적 상징 기호의 충돌을 거의 아무 반응 없이(긍정적이든 부정적이든 간에) 수용했다. 병원관계자는 물론, 언론을 포함한 그 누구도 사회구성원 다수의 장례가 병원이라는 장소에서 치러지게 된 현재까지 별다른 '인식론적 반응'을 보이지 않았다.[16]

글쓴이는 두 공간의 결합과정이 짧게 봐도 10여 년에 걸쳐 진행되었음에도 불구하고 별다른 사회적 성찰 과정을 거치지 않고 우리 사회에 안착된 것은 일종의 자기성찰성 결핍 징후로 읽을 수 있다고

---

15 이 부분에 대해서는 이후 다른 논문에서 본격적으로 다룰 기회가 있을 것이다.

16 이에 대해 문제 제기를 한 유일한 '주체'는 전문장례식장 운영자들이다. 그나마 그들의 문제 제기는 짐작할 수 있듯이 병원장례식장 특혜의 부당성을 주장하기 위한 것이다.

생각한다.

물론 '비균질적 공간' 자체가 문제가 되는 것은 아니라 생각한다. 다양한 공간의 조합과 변형이야 지금까지 있어왔고 앞으로도 있을 것이다. 오히려 그것이 창조의 중요한 근원일 수도 있다. 그러나 병원장례식장의 경우 편리와 위생 외에 어떠한 '고상한' 인식론적 배경과 성찰을 찾아보기 어렵다고 생각한다. 하여 현재의 상황은 인간의 죽음을 우리 사회가 어떻게 받아들이고 있는 것인가에 대한 진정한 반성과 성찰이 필요함을 웅변하는 것이 아닐까 하는 것이다.

III. 죽음의 장소로서 화장(장)과 납골당

1. 매장에서 화장으로

'묘지강산을 금수강산으로'. 매장과 화장(火葬)을 둘러싼 -1990년 대 중반을 넘어서면서 본격적으로 시작된 것으로 보이는- 사회적 논쟁의 핵심을 이 표어만큼 단적으로 보여주는 말도 아마 없을 것이며, 논쟁의 지향점도 자명했다. 묘지강산이 되어버린 국토를 금수강산으로 되살리기 위해서는 전통적인 매장 관습으로부터 탈피해 화장을 해야 한다는 것이다. 인구의 급격한 증가, 도시화와 산업화, 그리고 그에 따른 국토의 자원화(資源化), 국토개발에 대한 재인식, 나아가 죽음 인식의 변화 등 여러 가지 사회적 변화의 결과로 전통적인 매장제도가 해결되어야 하는 당면과제로 떠오르면서 매장에서 화장으로의 전환이 핵심관건이 되었다.

당시 이 문제에 대한 매체 보도들 또한 그런 흐름에 충실하게 따르고 있었을 뿐만 아니라 자신들의 성격을 계몽언론으로 확실하게 규정하고, 앞장서 계도하는 입장에 서기까지 했다. 당연히 보도의 중심은 매장의 문제점을 지적하고, 화장의 당위성을 역설하는데 모아지고 있었다(조선일보 1998.10.30. 등).

여기에서 주목할 만한 사실 하나는 매장에 대한 문제점 지적과 그에 대한 반대가 곧바로 화장 찬성의 논리로 넘어갔다는 것이다. 매장의 문제점을 해결하고자 한다면, 매장제도의 운용에 있어서 여러 가지 대안적 방법을 모색하는 방법도 가능할 텐데, 이에 대한 관심은 상대적으로 매우 적다. 일부 보도에서 합장률을 높이는 방법(경향신문 1994.10.10)등이 제안되고, 외국 장묘제도(매장 위주의 장묘문화를 가지고 있지만 묘지관리의 철저화로 비교적 문제를 잘 해결해 나가고 있는 것으로 보이는 프랑스의 예 등)가 간혹 언급되기는 하지만, 우리의 경우 화장과 납골당 조성과 장려가 이 문제의 유일하고도 궁극적인 해결책이라는 논조가 대세인 것이 분명하다(조선일보 1996.06.07., 조선일보 1999.05.18. 등).

그런데 사실 화장에 대한 집중적 계도가 시작되기 훨씬 이전부터 화장은 꾸준하고 계속적으로 증가하는 경향이 있었다. 1971년에 7%에 불과하던 전국의 화장률은 1980년 13.9%, 1990년 17.5%, 1994년 20%를 넘어섰고, 1996년 23%, 1999년 30.7%, 이렇게 지속적으로 증가했다(경향신문 1996.07.03., 조선일보 2001.04.24.).[17] 그리고 '화장

---

17 서울시의 경우 화장률: 1996년 29.0%, 1997년 30.8%, 1998년 36.5%, 1999년 41.9%, 2000년 49.5%, 2001년 53%(『경향신문』 2001.08.20, 『조선일보』

장려운동'이 없었더라도 이 추세는 쉽게 누그러지지 않았을 것이다. 이는 화장이 정책적 필요에 의해 불이 확 붙었을 뿐이지, 뭔가 다른 요인들의 복합적 작용으로 인해 이미 장묘관습의 변화가 상당한 정도로 일어나고 있었음을 암시한다.

이 추세는 계속되어서 2015년에는 드디어 80%를 돌파했고(80.8%), 2016년 현재의 전국 화장률은 82.7%에 달한다. 1994년도 화장률 20.5%에 비하면 약 4배가 된 것이다.[18] 정책적으로 보면 대단한 성공이 아닐 수 없다. '압축적 성장'으로 이야기되는 대한민국의 근대화는 매장/화장 관련 사항에서도 어김없이 적용되었다.

그런데 글쓴이가 관심을 가지고 문제를 제기하는 부분은 매장 자체, 화장 자체가 아니다. 글쓴이의 문제의식은 병원장례식장에서와 유사하게 사회가 매장과 화장을 대해온 태도, 그리고 '매장을 나쁜 것, 화장을 좋은 것'으로 정당화해온 이유와 방식에 대한 것에 닿아 있다.

우리가 화장을 해야 한다고 주장해 온 가장 큰 이유는 뭐니뭐니해도 국토의 효율적인 활용이었다. 환경보호, 명당 찾기에 따른 폐해, 호화분묘 조성 등의 다른 이유들은 사실 부차적이라 해도 과언이 아니다. 그러나 좁은 땅이 진정 이 문제의 핵심인가?[19] 땅이 문제라고

2001.04.24).

18 2017년 10월 현재 전국에서 운영되고 있는 화장시설은 3월 개원한 함안하늘공원을 포함하여 총 59개소이고, 화장로는 총 346개이다(보건복지부 2017.12.07. 보도자료).

19 "문제의 핵심은 사람들은 누구나 사랑하는 가족의 묘지를 가까이 둘 권리가 있다"는데 있다. "단지 땅이 부족하다는 식의 대응은 문제해결에 아무런 도움이 되지 않는다. 보다 좋은 방법을 모색해야 한다"(영국 노동당 탐 달렐 의원,『경향신문』

한다면, -실제적인 차원에서 보더라도- 매상 반대가 필연적으로 화장이 되어야 하는 것은 아니라고 생각된다. '한국장묘문화개혁범국민협의회' 사무총장이던 박복순도 지적하고 있듯이 매장 자체가 원흉이리기보다는 그외 운용이 많은 문제를 낳고 있었기 때문이다. 난립되고 관리되지 않는 개인묘지, 축적된 무연고 묘지 그리고 일부 계층의 호화분묘 등이 해결되어야 했다. (불법) 개인 묘지와 무연고 묘지만 정리될 수 있다면, 그리고 묘지 시한부 사용제 등의 효과적 시행을 통해 묘지면적의 증가를 막을 수 있다면 상당정도의 문제는 해결될 수 있을 것으로 보였기 때문이다.[20]

이를 정부, 시민단체, 언론도 모를 리 없었다. 그렇다면 그럼에도 불구하고, 왜 화장이 유일한 해결책이라고 주장되었던가? 필자가 생각하기에 그 중요한 이유 중 하나는 불법 묘지와 무연고 묘지의 정리라는 것이 묘지 자체에 대한 인식의 변화가 선행되기 전에는 해결하기 어려운 문제라는 데 있었던 것 같다. 묘지에 대한 우리의 전통적 인식은, 예를 들어 건설공사 중 건설공사 중 묘자리가 발견되면 모든 공사를 중지하고, 후손을 찾아내서 이장(移葬)을 하도록 하고, 고사를 지내는 정도였으니, 쉽게 접근할 수 있는 성격의 문제는 아니다. 즉 한번 설치한 분묘는 손대기를 금기시(조선일보 1994.11.14.)하여, 국가에서조차 마음대로 할 수 없다는 데[21] 그 심각성이 있었던 것이

1994.09.30.)는 말을 상기해보자.

20 1990년대 화장률이 8%에 불과했던(『한겨레』 1998.09.25.) 매장 중심의 나라인 프랑스의 묘지 총 면적도 - 우리가 1%에 달하는 반면 - 그 당시 0.06%에 불과했다(『조선일보』 1999.11.08).

21 이필도, 고덕기. 1999. 「시, 군 단위 묘지실태조사 모형개발」. 『한국보건사회연구

다. 그리고 화장 장려 운동이 가져온 중요한 파생적 결과 중 하나는 바로 이 불법 묘지와 무연고 묘지에 대한 처리가 상당히 용이해진 것일 것이다.

어쨌든 이제 우리는 정말 '환경보전과 국토의 효율적 이용'(71.8%)[22] 을 위해 화장을 선호하게 되었는가? 그도 아니면 우리는 조상들을 보다 자주 찾아뵙고, 잘 섬기기 위해 화장을 선호하게 되었는가? 물론 "매장을 한다고 해서 자손들이 더 돌보고 납골을 한다고 해서 소홀히 하는 것은 결코"(중앙일보 1996.07.01. 사설) 아닐 것이다. 그러나 동시에 "매장할 때보다 ... 아무래도 더 자주 찾아뵐 수 있을 것"(한 시민의 인터뷰, 중앙일보 2001.08.04.)같다는 말도 수긍하기 어렵다.[23] '환경보존과 국토의 효율적 이용'이라는 대의명분을 넘어 "후손들이 묘지 관리를 제대로 할 것인지에 대한 우려가 확산되고"(박복순, 한겨레 2002. 09.19.) 있고, 나아가 편리하고, 간단하고, 관리도 쉽고, 돈도 덜 들기 때문에 화장을 한다면 말이다.

이 지점에서 우리는 의식(儀式)이나 의례 같은 것들이 기본적으로 '상징의 덩어리'라는 것을 다시 한 번 상기할 필요가 있다. 그리고

원 정책연구자료』99-04. 13;『경향신문』1997.08.30,『조선일보』1999.11.08 등.

22 '한국장묘문화개혁범국민협의회'가 현대리서치연구소에 의뢰해 조사한 서울시민의식조사 결과에 따르면 그 외에도 위생적이고 사후관리가 용이하나(13.6%), 비용이 절감된다(7.6%) 성묘가 편리하다(6.3%)등이 지적되었다고 한다(『한겨레』2001.03.23).

23 한 미국 관리가 화장 증가 이유에 대해 "도시화의 영향으로 이사를 자주 하고 옛날처럼 성묘를 자주 하지 않는 현상이 일반적인데다, 교회가 화장에 대한 반대 태도를 누그러뜨렸기 때문"(『한겨레』1999.09.30)이라고 대답했다 한다. 땅 문제는 비교할 수 없으니 제외하더라도, 사회변화의 양상과 그 결과에 대한 생각을 상당히 솔직하게 보여주고 있다 하겠다.

의식/의례적 의사소통 또는 행위양식들의 가장 중요한 특징 중의 하나는 그들이 기본적으로 도구목적 합리성을 지니지 않으며, 일상적 소통의 규칙들에 매여 있지도 않다는 것도 기억해야 한다. 때문에 어떤 의식/의례가 되었건 간에 그것은 보통의 경우 사회적 행위의 효율성, 기능성과 편리성 등과는 상극(相剋)이다.[24] 효율성과 기능성이라는 측면에서만 본다면 그동안 인류가 매장과 무덤에 쏟아 부은 그 시간과 돈, 노력은 지극히 부질없는 것이다.

호화장례와 호화묘지를 옹호할 생각은 전혀 없다. 그러나 우리 사회의 장묘문화 관련 담론은 의례의 상징적 성격과 그 사회적, 역사적, 문화적 측면에 대한 논의는 아주 간단하게 생략한 채 모든 의식과 의례는 허례인 것으로 치부하는 듯한 인상을 받는다. 게다가 산 자도 차지할 땅이 없는데 죽은 자가 차지하는 땅이 너무 넓다는 식의 단순한 주장은 삶과 죽음을 이분법적으로 생각하는 사고의 전형이라 하겠다.

죽은 자에 대해 예의를 갖추는 것은 본디 산 자를 위한 것이다. '나'와 '우리'를 위한 것이다. 유한한 인간의 존재적 한계에 '의미'를 부여하는 것은 우리의 남은 삶에 의미를 부여하고자 하는 몸부림인

---

24 이것이 한겨레신문에 실렸던 종이관(棺)에 대한 기사에 실소를 금할 수 없었던 이유이다: "서울시시설관리공단 장묘사업소가 최근 종이관과 나무관을 화장로에 넣고 소각 실험을 한 결과 종이관은 타는 시간이 10분인 반면 나무관은 30분 걸렸다. 연소상태는 종이관의 경우 잿빛 연기가 2분 정도 나고 완전연소된 반면, 나무관은 검은 연기가 10분 이상 나는 등 불완전 연소되는 것으로 밝혀졌다. 전체 화장시간도 20~40분 이상 단축된다. 값도 종이관이 훨씬 싸다. 나무관은 보통 30만~300만원인데 종이관은 15만~50만원 정도다..."(『한겨레』 2001.02.08). 그런데 도대체 관이란 무엇인가? 왜 우리는 죽은 자를 관에 넣는가? 돈과 시간만이 문제라고 한다면 종이관조차 쓸 이유가 있을까?

것이다. 죽음에 대한 의미 부여가 물론 장묘를 통해서만 이루어지는 것도, 그 방법이 꼭 매장이거나 화장이어야 하는 것도 아닐 것이다. 그것은 특정한 방법의 문제라기보다는 죽음을 바라보는 우리들의 시선과 보다 더 밀접하게 관련되어 있다. 우리 사회를 관통해온 화장 논의는 과연 얼마나 이런 문제의식과 관련되어 이루어지고 있었는지 자문해 볼 일이다.

『죽음의 역사』의 저자 필립 아리에스가 죽음에 대한 인식과 그것과 관련된 사회적 행위들은 아주 천천히 변화하기 때문에 유의미한 변화양상을 추적하기 위해서는 적어도 천 년의 역사를 살펴볼 필요가 있다는 주장을 했다는 사실을 되살려 본다면[25], 뭔가 -우리가 충분히 민감하게 반응하고 있지 못하고 있는- 커다란 변화가 일어났다는 것을 인식할 필요가 있다. 물론 이러한 큰 변화는 화장장려운동만의 결과는 아니다. 그것이 오래된 장묘관습에 대한 비판적 논의를 공개적으로 드러나도록 하고, 불을 지피는 역할은 했겠지만 말이다. 아주 오랫동안 변하지 않았던 또는 지극히 느린 속도로 변화해오던 우리의 죽음 인식이 급격하게 변하고 있다. 그런데 도대체 인간의 인식이라는 것이, 더구나 죽음에 대한 인식이라는 것이 이렇게 빨리 변화될 수 있는 것인가?[26] 그리고 이 중차대한 문제를 행정 차원의

---

25 아리에스, 필립. 1998.『죽음의 역사』. 동문선. 12-13.

26 물론 어느 정도 실질적 내용의 변화가 일어나고 있는가 하는 것은 별도로 다루어야 할 문제이다. 상당정도의 '거품'이 있는 것으로 생각되기 때문이다. 예를 들어 '천하의 명당'임을 강조하고 웅장한 석조물을 앞다투어 자랑하는 납골당 분양 광고들을 보고 있노라면, 화장장려운동을 통해 정작 변하길 바랬던 것은 변하지 않고, 산 자들의 이기주의와 결합한 상업주의만이 판을 치고 있는 것은 아닌가 의심스러우며, 그들 업주들만이 화장운동의 실질적 수혜자인 것처럼 보이기도 한다.

규제 문제로만 환원시키는 것은 조심스러운 일이다. 더구나 우리가 이 문제를 화장을 '도덕적 우위'로 포장하면서 계몽과 미몽(迷夢), 선과 악 내지는 합리성과 비합리성의 구도로 끌고 온 것은 위험해 보이기까지 한다.[27]

　전통사회에도 화장이 있었다는 것을 말하는 사람들이 있다. 그러나 그 당시의 화장과 오늘 우리가 주장하는 화장이 동일한 논리를 가지고 있는 것은 아니다. 우리가 조금만 솔직해진다면, 오늘의 화장이 죽은 자에 대한 또 다른 예의를 갖추는 방식이며, 죽은 자가 이 사회에 남길 수 있는 마지막 기여라는 식의 주장을 강하게 할 수는 없을 것이다. 우리는 사체를 신속하고 깨끗하게 처리할 수 있는 -그나마 부족한- 화장시설을 갖고 있을 뿐, 떠나는 자와 남는 자가 서로 화해하고, 순화된 마음으로 이별할 수 있는 화장의례의 장은 안타깝게도 아직 갖고 있지 못한 것 같다.[28]

　오늘의 화장은 불교의 다비식 등과 다르게 기본적으로 의례의 성격을 가지고 있지 않다.[29] 그보다 그것은 무의미함의 단순하고도 완

27　이에 대해서는 천규석도 "언론들은 해마다 여의도의 1.2배인 9km²의 국토가 묘지로 잠식되고 있고, 죽은 사람이 산 사람보다 이미 4.5배의 땅을 차지했다며 '매장은 악, 화장과 납골묘는 선'이라는 낯익은 흑백논리로 여론을 몰아가고 있다"고 지적한다(천규석. 2002. 「납골묘, 또 하나의 꼴불견」, 『한국장묘정보저널』). 화장장려운동 이후 아주 자주 납골묘 분양에 대한 전면광고들을 신문에서 접하게 되었다. 그런데 썩지도 않는 커다란 돌무덤들은 진정 하나의 '합리적' 해결책이 될 수 있을 것인가? 환경 논리로만 보더라도 말이다.

28　김열규는 단호하게 다음과 같이 말한다: "화장(火葬)의 필요성이 산 자들의 '복덕방 근성'과 짝지어져서 여론을 타고 있거니와, 만일 영혼이 부정된 것과 화장이 결탁을 하면 그것은 쓸모없는 것의 소각(消却)과 구별하기 어려워진다"(김열규. 2001. 14).

29　김기덕은 불교의 화장이 심오한 교리적 논의의 결과임을 지적하고 있다(김기덕.

벽한 사라짐을 웅변하며, 집착과 존속, 그리고 순례에 대한 거부를 암시하는 것으로 보인다.

"... 재의 흩어짐과 함께 화장이 주도적인 위치를 차지하게 되었을 때, 그 원인은 단지 그리스도교적인 전통과 단절하려는 의지였을 뿐만 아니라, <문명>과 현대성에 대한 표현이었다. 화장이 육체에 남아 있을 수 있는 모든 것을 없애버리고 잊을 수 있으며, 그것을 <완전히> 무(無)로 만들어 버리는 가장 근본적인 방식으로 해석된다는 것이 바로 그 심오한 동기였다. ... 묘지의 관리에 대한 당국의 노력에도 불구하고, 오늘날 사람들은 유골단지를 거의 찾지 않는다. 반면에 사람들은 여전히 매장된 무덤을 방문하고 있다. ... 화장은 순례를 배제한다."[30]

"영국과 죽음에 대한 배척이 전면적으로 받아들여지던 국가들에서는 화장이 대단히 널리 보급되어 있었는데, 이는 위생학이나 철학, 무신론의 여러 가지 이유 때문이 아니라, 화장(火葬)이란 단지 완전한 파괴를 가져오고, 잔재에 대해 집착을 덜하게 되며, 그것을 방문하고자 하는 기분을 덜 느끼게 된다고 사람들은 생각하고 있었기 때문이다."[31]

2002. 「매장문화와 화장문화」. 한국인의 죽음 인식과 장사개혁 토론회 발표논문).
30 아리에스, 필립. 1998. 74.
31 아리에스, 필립. 1998. 192.

> 화장은 그리스도교에 대한 도전이나 단순한 편리함 등을 넘어 "현
> 대성에 대한 관심과 합리성에 대한 확신, 사후 존속에 대한 거절을 전
> 제로 하고 있었다."[32]

우리가 위에 길게 인용한 필립 아리에스의 논의에 전적으로 동의
하지 않는다 하더라도, 그의 언명은 오늘날 우리 사회의 화장 논의
와 관련하여 분명 곱씹어볼 필요가 있다. 장묘의식은 모든 인간이
겪어내야만 하는 실존적 과제를 해결하기 위한 일종의 사회적 안정
망이라고 할 수 있다. 그런데 장묘마저도 "죽음을 의미 있게 다루고
자 하는 공동체적 노력이라기보다는 '죽음으로부터 잽싸게 벗어나
고자' 하는 집단행위"[33]로 여겨지고, 산 자와의 관련성을 상실한다
면 그것은 -장기적인 안목에서- 땅보다 중요하고도 심각한 문제가
아닐 수 없는 것이다.

물론 우리 사회가 화장을 굉장히 빠른 속도로 받아들이게 된 변화
의 근저에는 지극히 현세적인 사고와 그에 따른 죽음에의 의미부여
감소라는 현상이 있다고 생각한다. 살아서, 건강해서 내 몸이 중요
한 것이지, 죽은 몸은 아무 쓸모없는 몸이라고 한다면, 남은 과제는
보다 깨끗이 사라지는 일뿐인 것이다. 이런 근본적인 삶의 의미구성
의 과제까지 성찰한다면 장묘문제에 대한 보다 나은 사회적 대응이
근대적 죽음 인식의 큰 물줄기를 바꿀 수 있으리라 기대하는 것은
순진한 일일 터이다.

---

32 아리에스, 필립. 1998. 218.

33 쉴링, 크리스. 1999. 『몸의 사회학』. 나남. 286.

그렇다고 국가, 시민단체 그리고 언론이 발 벗고 나서서 죽음의 공간 문제를 지나치게 일면적으로 단순화시키고 행정정책 차원과 시민운동의 도덕적 차원으로만 환원시켜온 것에 대해 문제를 제기하지 않을 수는 없다. 지금과는 다른 시선에서 이 문제를 바라볼 수 있게 된다면, 그 과정 자체가 오늘 우리에게 죽음이란 과연 무엇인가를 '사회적'으로 성찰하는 계기를 마련해주리라 믿는다.

2. 죽음의 장소로서의 납골당

장묘방식이 매장에서 화장으로 변화해온 것과 궤를 같이 하며 추모공간의 변화도 나타났다. 간단히 말하면 납골당[34]이 급속히 늘어났다. 시신 화장 후 봉안하는 방식이 납골만인 것은 아니겠으나[35], 우리나라에서는 화장 후 납골이 일반적인 형태로 자리 잡았다. 그것도 얼핏 보면 아파트의 미니어쳐[36]처럼 보이는 좁은 의미에서의 납

---

34 납골(納骨)은 '유골 또는 유해를 받아들인다'라는 뜻이다. 이때 유골(遺骨)은 죽은 사람을 화장하고 남은 뼈나 무덤에서 나온 뼈를 말하며, 유해(遺骸)는 죽은 사람의 몸을 말한다. 단, 우리나라에서는 '유골을 납골시설에 안치하는 것'만을 납골의 의미로 한정하고 있다. 납골시설의 형태로는 납골당, 납골탑, 납골묘, 벽식납골(납골담) 등이 있으나 현재 우리나라에서는 납골당의 형태가 가장 일반적이며, 납골당이라는 말이 납골의 모든 형태를 포괄하는 대표단어로 사용되고 있다. / 2017년 현재 보건복지부 장사정보시스템에 등록되어 있는 국내 납골당의 수는 370개(공설 납골당 141개, 시설 납골당 229개)이다.

35 화장 후 다양한 봉안방식에 대해서는 최승호. 2017. 「포스트 근대 사회의 장법(葬法)문화 고찰: 독일 사례를 중심으로」, 『한독사회과학논총』 제27권 제3호. 1-32.

36 대한민국은 가히 '아파트공화국'이다. 전 국민의 절반 이상이 아파트에 살고, 그보다 더 많은 사람들이 아파트에 살고 싶어한다(전상인. 2009. 『아파트에 미치다. 현대한국의 주거사회학』. 이숲). 아파트 없는 주거를 상상하기 쉽지 않다. 죽어서도 아파트에 살고 싶었을까. 화장이 보편화되면서 늘어난 커다란 돌무덤(납골당)

159

골당(건물 내부에 사방 30센티미터 내외의 납골함을 여러 단으로 배치해 화장된 유골을 집단안치하는 방식)[37]이 전형적인 형태이다. 납골의 여러 형태 중에서도 가장 공간절약형 방식으로 보이는 그런 형태 말이다.

앞서 여러 번 언급했듯이 이 글의 목적은 특정한 장묘의 방식이나 형태를 옹호하려거나 거부하려는 직접적 의도를 갖고 있지 않다. 그럼에도 불구하고 우리 사회에서 나타나고 있는 죽음의 처리방식과 죽음의 공간 등을 살펴보면 비판적 의식을 갖지 않기가 대단히 어렵다. 여러 차례 지적되었지만, 죽음과 관련된 문제를 다루는 데 있어 기능적, 도구적 합리성 외에 다른 요소들이 고려되고 있는지 매우 의문시되기 때문이다.

납골당의 경우도 마찬가지이다. 가장 중요한 문제로 지적하고자 하는 것은 과연 이 공간이 추모의 공간으로 적합하고 충분한가 하는 것이다. 그 공간은 일단 물리적으로도 너무나 협소해 두 사람만 함께 서더라도 다른 사람의 납골함 앞에 설 수밖에 없다. 게다가 한 공간 안에 수많은 납골함들이 쌓여있고, 기본적으로 서 있을 수밖에 없는 이 공간에서 과연 몇 분이나 머무를 수 있을까? 추모를 위해 꼭 대단히 넓은 공간이 필요하고, 꼭 앉아야 하는 공간이 있어야 하는 것은 아닐 것이다. 그러나 우리가 경험하는 납골당 대부분은 추모를 위한 최소한의 공간과 형식도 갖추기 어려운 그런 공간이 아닌가 하

들은 대부분 아파트의 축소판 같다. 자조적으로 말해보자면 살아서는 큰 닭장, 죽어서는 작은 닭장에 있는 형국이라고나 해야 할까.

37 납골당, 납골탑, 납골묘, 벽식납골(납골담)등 형태에 대한 자세한 것은 민병욱. 2001. 「화장문화 정착을 위한 장례문화시설 계획기준 연구」. 상명대학교 대학원 박사학위 논문.

는 의문이 남는다.[38]

어떤 형태이던지 간에 장법이 지닌 의례로서의 기본적 의미는 같다고 할 수 있다. 죽은 사람에 대한 애도와 회고, 영혼의 안식과 산자의 위안이 그것이다.[39] 그런데 현재 우리사회가 가지고 있는 다수의 납골당은 그 어느 것도 충분히 담보해내지 못하면서 '축소된 닭장아파트'의 모습을 하고 있어 안타깝다.

머무를 수 없는 협소한 공간에 더해 추모객의 입장은 고려되지 않은 봉안 위치[40] 등으로 그 공간은 추모의 공간이라기보다는 유골 안치의 공간으로만 기능하고 있는 것으로 보인다. 게다가 적잖은 납골시설이 어마어마한 돌무덤과 같이 보인다는 것도 큰 문제이다. 매장축출의 요인 하나가 환경보호였는데, 그 결과가 과연 그러한지는 대단히 의심스럽다. 더구나 화장, 납골의 방식이 일본식을 따른 측면이 없지 않아 국적(國籍) 없는 장묘문화가 만들어졌다는 비판[41]까지 제기되고 있는 실정이다.

---

38 화장 및 납골을 장법으로 택한 경우 직접참배에 대한 선호가 의외로 낮은 것으로 조사되었는데(김도형. 2002. 「화장장과 납골당의 건축계획에 관한 기초적 연구」. 아주대학교 대학원 석사학위논문. 49), 그 중요한 이유 중 하나는 공간의 협소 때문일 수도 있다. 어찌 보면 현재는 '진정한 의미에서의' 직접참배가 거의 불가능한 상황이라고 할 수 있겠다.

39 박태호. 2005. 『세계묘지문화기행』. 서해문집. 352.

40 드라마에서 가끔 납골당이 등장하는데, 그때마다 이상한 것이 하나 있있다. 드라마 납골함의 주인공은 거의 항상 방문객의 눈높이에 모셔져있다. 그 많고 많은 단 중에서 말이다. 화면의 구성을 위해 어쩔 수 없이 선택된 일이겠지만, 이는 우리에게 시사하는 바가 없지 않다. 추모를 위한 최소한의 양식과 공간이 필요하다. 게다가 위치에 따라 봉안가격이 다르다는데, 그것 또한 아파트와 다를 바 없어 쓸쓸하다.

41 김시덕. 2006. 「현대 한국 장묘문화에 있어 일본식 화장·납골의 영향과 그 문제점.」 『한국민속학』 43. 115-148.

화장을 했다 해도 유골을 안치하는 방식이 꼭 납골당이어야 하는 것은 아니고, 그 납골당의 모습이 꼭 '축소된 닭장아파트'여야 하는 것은 아닐 것이다. 거의 안치의 기능만을 소화하고 있는 것으로 보이는 현재 납골당의 모습에 대한 비판과 더불어 보다 바람직한 모습에 대한 논의들도 시작되었다.

천편일률적인 공간의 변화 등도 필요하지만 무엇보다 납골당이 추모의 공간으로서의 역할을 할 수 있도록 만드는 것이 중요할 것이다.[42] 충분한 참배공간의 마련, 그리고 참배객들이 마음의 위안을 얻을 수 있는 공간적 장치를 마련해야 할 것이다.[43] 나아가 산 자와 죽은 자의 만남과 화해가 이루어지는 공간,[44] 삶에 대한 성찰이 이루어질 수 있는 공간이 된다면 얼마나 좋겠는가.

최근에는 자연장(自然葬)에 대한 관심으로 수목장이 늘어나고 있고[45], 사람들의 호감도도 높은 것으로 보고되고 있다. 수목장은 비

---

42 박명근. 2003. 「사설 납골당 시설의 개선방향에 관한 연구」. 동국대학교 불교대학원 석사학위논문.

43 그리고 모든 장례공간에는 (종교공간과 유사하게) 성과 속을 연결시키는 장치(전이공간)가 필요한데, 이런 부분에 대한 배려도 아쉽다. 진입공간과 통로공간이 전이공간으로서의 역할을 성공적으로 수행해야 중심적 추모공간으로의 연계와 통합이 잘 이루어질 수 있다(전영선·박언곤. 2001. 「납골당의 전이공간 구성에 관한 연구」.『대한건축학회』21(2). 351-354). 종묘의 박석 월대는 훌륭한 예가 될 것이다.

44 유경돈·동정근. 2000. 「납골시설의 계획 기준에 관한 연구」.『대한건축학회』16(11). 35-44.

45 자연장에는 수목장뿐 아니라 해양장, 목초장, 암석장 등 다양한 장법이 포함(최승호. 2017.「포스트 근대 사회의 장법(葬法)문화 고찰: 독일 사례를 중심으로」.『한독사회과학논총』제27권 제3호. 13)되지만, 우리나라에서는 아직 수목장과 동의어로 사용하는 경향이 있다. 다른 나라에서 폭넓게 인정되고 있는 산골(散骨)을 우리나라는 공식 인정하고 있지 않다(박태호.「자연장」. 을지대 최고위과정 강의자료 2017.10.26)

용, 편리성, 위생 측면을 넘어 한 국민의 정서에도 맞고, 환경친화적으로 인식되고 있다.[46] 수목장이든 어떤 방식이든 고인이 산 자들에게 기억되고, 산 자가 고인을 기리고 추도할 수 있는 적절한 방식과 공간의 마련이 절실해 보인다.

다시 강조하거니와 장묘 문제는 죽은 자를 처리하는 방식에 관한 문제만으로 치부될 수 없다. 그것은 산 자가 죽은 자를 기억하는 방식이며, 산 자와 죽은 자가 새롭게 관계를 맺어 가는 방식이며, 따라서 우리가 삶을 바라보고, 살아가는 '근본'과 맞닿아 있는 까닭이다. 삶과 죽음의 문제에 대한 사회적 성찰이 결여된 장묘정책을 비판하지 않을 수 없는 이유가 여기에 있다. 이는 죽은 자를 위한 일이 아니라 아직 산 자들의 사회를 위한 일이다.

IV. '우리 삶과 죽음에 대한 고백'으로서의 죽음의 공간

2012년 4월 호림박물관 30주년 특별전 '토기'에서는 저승으로 가는 강을 건너는 배 모양 토기가 눈길을 끌었다.[47] 그랬다. 예전엔 그랬다. 삶과 죽음의 거리는 멀었고, 죽음을 제의적으로 다루어야 할 이유가 있었고, 죽음으로의 무사한 길 안내가 필요했다. 지금 우리

---

46 김금동. 2006. 「친환경적 봉안제도에 관한 시민의식 연구」. 서울시립대학교 대학원 석사학위논문.

47 "호림박물관 30주년 특별전 '토기': 만 년이 흘러도 모던한 아름다움 우리 옛그릇". 『중앙선데이매거진』. 2014. 4. 8/9. 6-11.

시대에는 삶과 죽음 간 '거리'가 너무 짧고 안전(?)한 것 아닌가. 그리고 그 거리의 축소는 두말할 것도 없이 편리하고 위생적인 것의 대단한 힘이 이루어낸 성과물 아닌가. 오늘 우리가 보고, 듣고, 경험하는 죽음의 공간의 형태와 내용이라는 것은 그것이 경제적, 보건위생적 차원에서만 재단되어 온 결과 아닌가.

이 글에서는 이런 문제의식을 배경으로 우리 사회 죽음의 공간 변화를 '집에서 묘지로, 병원장례식장에서 납골당으로'라는 키워드로 살펴보았다. 병원장례식장이 어떻게 보편화되었고, 화장의 급격한 증가가 어떤 과정을 거쳤는지와 그 사회적 의미가 무엇인지, 그 과정에서 더불어 늘어난 납골당이라는 공간을 어떤 시각으로 볼 수 있을지 고민했다.

그 과정에서 확인할 수 있었던 것 중 하나는 현재 한국사회에서 죽음이라는 사건이 일어나는 장소에서부터, 주검이 처리되는 방법과 장소, 그리고 죽음의 흔적이 안치되는 장소까지 그 어느 곳에서도 기능과 효율, 편리와 위생이라는 '도구적 합리성'을 넘어서는 사회적 성찰 흔적을 찾기 어렵다는 것이다.

죽은 자와 이별하고, 삶과 죽음에 대한 의미를 드러내는 상장례의 형식과 내용은 시대에 따라 변화할 수밖에 없다. 그리고 근대사회 자체가 도구적 합리성에 기초하고 있다는 점을 부인할 수 없다면, 이런 방향으로의 변화는 차라리 자연스러운 것일지도 모른다. 그러나 죽음이라는 현상이 도구적 합리성으로 이해되고 설명되기 어려운 한계적 상황의 전형이자 극한(極限)이라는 점을 생각한다면, 상징적, 의미적 해석을 거의 필연적으로 요청하는 사건이라는 점을 생각

한다면, 그리고 죽음의 삶으로의 긍정적 포섭이 우리 삶의 유지를
위한 필수적 조건이라는 점을 생각한다면 이 문제를 그리 치부하고
넘어가기에는 뭔가 개운치가 않다.

한발 더 나아가 죽음의 공간이 한 사회의 기본적 믿음과 근본적
가치를 표현하고 산 자와 죽은 자의 관계를 표상한다고 본다면,[48] 죽
음의 공간이 종교적 의미, 교육적 의미, 문화적 의미를 복합적으로
가져야 한다는 것에 동의한다면, 이 문제에 대한 집단적 성찰의 계
기가 필요하다고 생각된다. 성찰 없는 사람/사회만큼 위험한 것도
흔치 않을 것이다. 이 부분에 대한 사회적 성찰의 단서가 될 수 있다
면 그것으로 이 글은 어느 정도 자신의 역할을 했다고 생각한다. 깊
이 생각되지 않았던 공간적 상징의 힘과 작용에 대한 비판적 성찰을
통해 문제를 일으키는 것 그리고 이제 미래로의 고민이 남았다.

마지막으로 앙리 르페브르와 함께 "각각의 사회는 저마다의 공간
을 생산한다"[49]는 것을, 그리고 새로운 사회로의 변혁은 기존의 공
간 질서에 대한 전복과 새로운 공간 관계의 생산 없이는 이루어질
수 없다는 것을 기억해야겠다. "공간은 반드시 우리를 바꾼다"는 건
축가 승효상의 말도 마음에 담자.

그리고 나서 그가 『건축, 사유의 기호』라는 자신의 책에서 '성서
적 풍경'이라는 제목 아래 스웨덴의 우드랜드 공동묘지[50]에 대해 남

48 Warner, W. Lloyd. 1959. *The Living and the Dead: A Study of the Symbolic Life of Americans*. 280-281, 한경구·박경립. 1998. 788에서 재인용.

49 르페브르, 앙리. 2011. 『공간의 생산』. 서울: 에코리브르. 77.

50 이곳은 스웨덴 건축가 시구르트 레베렌츠의 작품으로 세계에서 가장 아름다운 묘지라고 알려진 곳이다. 인간의 삶과 죽음에 대한 장대한 서사적 풍경, 나아가 '성

긴 글을 읽어보자. "... 이 공동묘지는 단순한 묘역이 아니었다. 죽은
자와 산 자가 끊임없이 대화하고 교류하는 도시이며 스스로의 삶에
대해 자문하는 사유의 공간이자 인간에 대한 신의 축복과 그 징표로
태어난 아름다운 자연이었다... / 이것은 ... 바로 인간의 삶과 죽음에
대한 레베렌츠(이 공간을 설계한 건축가의 이름)의 고백이며 그의 건축적 본
질인 것이다."[51]

그런데 과연 어떤 죽음의 공간을 우리 사회는 '우리 삶과 죽음에
대한 고백'이라 말할 수 있을까.

> "죽음의 행로를 마주하며 스스로의 삶을 성찰하게 하는 이곳에 서
> 게 되면, 사는 일이란 얼마나 아름다운가를 느끼게 된다. 여기서는 삶
> 의 행로가 죽음으로 끝이 나는 게 아니라, 남은 자의 가슴에 그대로 살
> 아 진행되는 것이었다."[52]

나는 우리 사회가 삶을 성찰하게 되고, 주어진 삶에 감사하게 되
며, 죽은 자와 깊은 공감을 할 수 있는 그런 죽음의 공간을 갖게 되는
날을 꿈꾼다.[53]

서적 풍경'(biblical landscape)을 보여준다 한다(승효상. 2010.『노무현의 무덤.
스스로 추방된 자들을 위한 풍경』. 눌와).

51 승효상. 2004.『건축, 사유의 기호』. 눌와. 282, 285.
52 승효상. 2010. 우드랜드 공동묘지에 대한 언급.
53 노무현 전 대통령의 무덤은 그런 의미에서 참 '고맙고 반가운' 공간이다.

참고문헌

김금동. 2006. 「친환경적 봉안제도에 관한 시민의식 연구」. 서울시립대학교 대학원 석사학위논문.

김기덕. 2002. 「매장문화와 화장문화」. 한국인의 죽음 인식과 장사개혁 토론회 발표논문.

김도형. 2002. 「화장장과 납골당의 건축계획에 관한 기초적 연구」. 아주대학교 대학원 석사학위논문.

김시덕. 2006. 「현대 한국 장묘문화에 있어 일본식 화장·납골의 영향과 그 문제점」. 『한국민속학』 43.

김시덕. 2010. 「현대 한국사회 전통 상례의 현황과 과제」. 『국학연구』 제17집.

김열규. 2001. 『메멘토 모리, 죽음을 기억하라』. 궁리.

김진애. 2000. 『이 집은 누구인가』. 한길사.

르페브르, 앙리. 2011. 『공간의 생산』. 에코리브르.

박명근. 2003. 「사설 납골당 시설의 개선방향에 관한 연구」. 동국대학교 불교대학원 석사학위논문.

박태호. 2005. 『세계묘지문화기행』. 서해문집.

민병욱. 2001. 「화장문화 정착을 위한 장례문화시설 계획기준 연구」. 상명대학교 대학원 박사학위 논문.

보통, 알랭 드. 2007. 『행복의 건축』. 이레.

쉴링, 크리스. 1999. 『몸의 사회학』. 나남.

승효상. 2004. 『건축, 사유의 기호』. 눌와.

승효상. 2010. 『노무현의 무덤. 스스로 추방된 자들을 위한 풍경』. 눌와.

유경돈·동정근. 2000. 「납골시설의 계획 기준에 관한 연구」. 『대한건축학회』 16(11).

아리에스, 필립. 1998. 『죽음의 역사』. 동문선.

이필도. 1999. 「화장장 및 납골시설의 운영실태와 개선방안」. 『한국보건사회연구원』 34.

이필도·고덕기. 1999. 『시, 군 단위 묘지실태조사 모형개발』. 한국보건사회연구원 정책연구자료. 99-04.

이현송·이필도. 1995. 「장의제도의 현황과 발전방향: 장례식장을 중심으로」. 『한국보건사회연구원 연구보고서』 95-4.

장석만. 2009. 「병원의 장례식장화와 그 사회적 맥락 및 효과」. 『종교문화비평』 19권.

전상인. 2009. 『아파트에 미치다. 현대한국의 주거사회학』. 이숲.

전영선·박언곤. 2001. 「납골당의 전이공간 구성에 관한 연구」. 『대한건축학회』 21(2).

최승호. 2017. 「포스트 근대 사회의 장법(葬法)문화 고찰: 독일 사례를 중심으로」. 『한독사회과학논총』 제27권 제3호.

천규석. 2002. 「납골묘, 또 하나의 꼴불견」. 『한국장묘정보저널』.

천선영. 2003a. 「매장과 화장 문제를 둘러싼 사회적 담론 분석」. 『역사민속학』 제16호.
천선영. 2003b. 「근대적 죽음 이해와 소통방식에 대한 연구 - 의료인의 경우」. 『한국사
　　회학』 제37집 1호.
천선영. 2014. 「병원장례식장, 그 기이하고도 편안한 동거」. 『사회사상과문화』 제30집.
한경구·박경립. 1998. 「한국인의 죽음의 공간에 대한 건축인류학적 고찰」. 『한국 인류
　　학의 성과와 전망』. 서울대학교 인류학연구회 편. 집문당.
Morgan, John. D., 2001. 「Death, Dying and Bereavement of Canadian Elders」. 『한국
　　노년학』 21권 1호.

제6장

근대시기 여성 지식인의 삶·죽음에 대한 인식과 불교관[*]

김일엽의 신여성론과 불교관을 중심으로

양정연(한림대학교)

◌◌◌◌

Ⅰ. 신여성의 등장

근대시기 여성 지식인의 선구자적 역할을 담당했던 인물로 흔히 문학가인 김명순(1900-?)과 여성화가 나혜석(1896-1948), 그리고 『신여자』를 창간하며 여성해방론을 펼쳤던 김일엽(김원주, 1896-1971)을 말한다. 이들은 일본유학을 경험하였고 여성문제를 사회적으로 공론화시켰다는 점에서 사회적인 주목을 받았다. 전통과 근대라는 과도기 상황에서 지식인들은 계몽의 선구자적 역할을 부여받거나 담당하

---

[*] 이 글은 서강대학교 철학연구소. 『철학논집』33 (2013)에 실린 논문 「근대시기 여성 지식인의 삶·죽음에 대한 인식과 불교관: 김일엽의 신여성론과 불교관을 중심으로」을 수정 보완한 것입니다.

면서 근대화의 책무를 감당해야만 했다. 김명순과 나혜석이 불행한 죽음을 맞이했던 것과 달리 일엽[1]은 불교에 귀의하여 수행자로서의 삶을 살아간다.

필자는 자유연애를 주장하던 일엽이 출가 뒤에 자신의 활동을 일시적이고 구급책인 것에 불과하였다고 고백하는 과정에서 그녀의 활동과 종교관에 주목하였다.[2] 일엽의 삶을 살펴보면 여성운동과 불교 귀의, 그리고 수행의 과정에서 인간 의미의 논리는 지속적으로 연결되어 나타난다.

본 글은 이러한 점을 그녀의 삶과 죽음에 대한 인식의 변화를 통하여 살펴보고 그 논리적 근거를 고찰하고자 한다. 글에서『신여자』의 내용은 유진월의『김일엽의 <신여자> 연구』에 수록된 원본 내용을 중심으로 검토하였으며, 일엽의 글은『김일엽 선집』과『미래세가 다하고 남도록』등 김일엽의 작품을 모아 편찬한 도서들을 중심으로 살펴보았다.

신여성이 사회적인 현상으로 등장하게 된 것은 19세기 말 영국의 'New Woman' 활동에서 찾을 수 있다. 사회구조가 산업화로 변하면서 여성의 관심은 가정 중심에서 점차 사회 활동 영역으로 옮겨지게

---

1 일엽(一葉)의 본명은 김원주(金元周)로 이광수가 한국의 히구치 이치요(樋口一葉, 1872-1896)이 되라는 의미로 붙여준 것이다. 히구치는 일본의 여류소설가로 가부장제의 부당함을 고발하고 전통적인 여성성을 직접적으로 탈피하려는 경향을 보여주었다. 노미림. 2002.「樋口一葉와 김일엽의 여성성 대조」.『일어일문학연구』제40집. 한국일어일문학회. 146.

2 이태숙은 김일엽의 출가를 자신의 여성론이 다다른 한계를 극복하기 위해 입문한 것으로 하고 불교가 내포한 여성론적 의미를 보여주었다고 평가한다. 이태숙. 2002.「'여성해방론'의 낭만적 지평」.『여성문학연구』제4호. 한국여성문학학회.

되었고, 이러한 변화를 통해 여성 스스로 공적인 활동을 요구하는 하나의 운동으로 전개되었다. 근대시기 한국에서 신여성에 대한 평가가 긍정과 부정으로 완전히 구분되었던 것처럼, 이들을 표현하는 내용들도 결코 우호적인 것만은 아니었다. 자전거를 타고, 짧은 머리에 치마바지를 입은 모습으로 인식되던 '새로운 여성들'은 지적이면서도 경제적으로 독립되고 적극적 성향을 지닌 이미지를 지니고 있었다.[3] 이러한 새로운 여성상이 문학작품 속에서는 진취성과 긍정성을 결집한 이상화된 모습으로 그려졌지만, 대중잡지와 신문 등에서는 위험스럽고 병적인 것으로 묘사되기도 하였다.[4] 기존의 여성상에 대한 일탈의 모습으로 비춰졌던 'New Woman'현상은 사회경제적 지위의 변화, 여성 교육체계의 수립과 함께 법적인 개혁조치와 참정권 운동으로 전개되었다. 'New Woman'과 여성 권리를 위한 페미니즘(feminism) 사상 사이에 간극이 있기도 하였지만[5] 이러한 점은 여성활동이 다양하게 전개되었다는 측면으로 이해될 수 있을 것이다.

'New Woman'의 활동은 동양에서도 20세기가 되면서 본격적으로 소개되었다. 사회 환경과 문화적 배경이 다르다는 점에서 새로운 여성상의 모습은 국가마다 다르게 나타날 수밖에 없었지만, 여성의 주체성을 주장하고 공적 활동에 대한 참여를 요구하는 것은 공통된 현상이었다.

3 김수진. 2009. 『신여성, 근대의 과잉』. 소명출판. 401-402.
4 김수진. 2009. 403-408.
5 김수진. 2009. 410-413.

일본에서 신여성의 담론은 히라즈카 라이초우(平塚らいちょう, 1886-1971)
와 1911년 문예지로 창간되었던 여성 잡지『세이토(靑鞜)』⁶를 통해서
살펴볼 수 있다.『세이토』에서 말하고자 하는 여성은 정치적, 사회
적인 해방을 주장하기보다 인간으로서의 여성이 자아를 자각하고
그것의 전적인 해방을 지향하는 마음의 혁명에서 출발한다.⁷ 잡지
발간 초기에 여성해방을 위한 사회 비판적 논조가 보이지 않고 가정
과 여성의 덕목을 옹호하는 집필진이 참여⁸하고 있었던 점은 이러한
인식과 관련지을 수 있다.『세이토』의 논조가 사회적 논쟁으로 확대
된 것은 '신여성'의 논란이 본격화되면서 시작된다. 여성해방과 '자
신'을 찾으려는 여성의 논의가 가정은 물론 사회제도 타파로 이어지
고 정부의 교육 이념인 '현모양처론'을 직접적으로 비판하면서 정부
의 단속을 받게 되었다. 그리고 이후 게재되는 글들도 질서를 해치
고 풍기를 문란시킨다는 이유로 제재를 받으면서 1916년 폐간되었
다.⁹ '신여성은 남성의 편의를 위해 만들어진 낡은 도덕, 법률을 파
괴하기를' 바란다는 라이초우의 선언¹⁰은 여성의 참정권을 주장하

6 18세기 중엽, 런던의 Motagu부인의 Salon에 모인 새로운 여성들을 'Blue
  stocking'이라고 불렀는데, '靑鞜'은 이에 대한 번역어이다. 田中壽美子. 1968.『近
  代日本の女性像』. 社會思想社. 110; 윤혜원. 1975.「한·일 개화기 여성의 비교연구:
  자아의식의 근대화 과정을 중심으로」.『아시아여성연구』Vol.14. 숙명여자대학
  교 아시아여성연구소. 106에서 재인용.
7 山下悅子. 1988.『日本女性解放思想の起源』. 海鳴社. 90; 이상복. 2007.「『靑鞜』創刊
  号の小說における女の新しさ」.『일본근대학연구』Vol.18. 한국일본근대학회. 97
  에서 재인용.
8 김수진. 2009. 416-417.
9 김수진. 2009. 418.
10「新しい女」란 제목으로 1913년『中央公論』신년호에 실린 글이다. 白頭巾. 1913.
  『新らしき女の裏面』. 二書房. 7; 박유미. 2009.「『세이토(靑鞜)』의 여성담론 연구」.

는 이와노 기요(岩野清), 자유민권 활동과 함께 절대적 여성해방을 주장하던 후쿠다 히데코(福田英子) 등 세이토 회원들의 활동 목표를 구체적으로 설명해준다.

근대시기 일본유학을 경험하였던 조선의 여성 지식인들 역시 라이초우와 『세이토』의 활동에 주목하고 있었다. 신여성의 대표격인 나혜석은 정조관과 성(sexuality)의 자기결정권, 현모양처론의 부정 등에 있어서 라이초우와 매우 유사한 견해를 갖고 있었고[11] 우리나라 최초의 여성잡지인 『신여자』의 편집인 김일엽 또한 이들의 활동에 영향을 받아 잡지를 발간한 것으로 보인다. 일엽은 "잡지를 창간하면서 '청탑회(青塔會)'를 구성하여 매주 새로운 사상이나 문학을 토론하였다"[12]고 회상하고 있는데, '青塔'이 '青鞜'와 같은 일본어 발음인 '세이토'라는 점과 이 모임에 나혜석을 비롯해 일본 유학을 경험하였던 방정환, 유광열, 박인덕 등이 참여하고 있었다는 점[13]에서도 이들의 관련성은 충분히 고려할 수 있다. 『신여자』에는 '청탑(青鞜)'과 관련되어서 다음과 같은 내용이 게재되어 있다.

일, 청탑

우리는 청탑이외다. 저 혁혁흔 남인(男人) 작가와 마조 선 청탑 여사

충남대학교 박사학위논문. 26에서 재인용.

11 문옥표. 2003. 「조선과 일본의 신여성」. 문옥표 외. 『신여성』. 청년사. 246.

12 일엽선사문집간행위원회 편. 1974. 『(김일엽문집 상) 미래세가 다하고 남도록』. 인물연구소. 298.

13 노영희. 2000. 「김일엽의 작품세계」. 『한림일본학연구』 제5집. 한림과학원 일본학연구소. 56.

들이외다. 청탑이라 홈은 아시는 바와 ᄀᆞᆺ치 푸른 버선 곳 쑬누 스타킹
이외다. 1750년 영경(英京) 런던에서 개최흔 문예가 회합에 엇던 여류
문학자에 일인이 푸른 버선을 신고 왓다고 히서 그 후로브터 청탑청탑
이라고 우리 여류 자가를 별명을 주엇다 흡 니다.[14]

「당면의 문제」란 제목의 이 글에서는 먼저 'blue stocking'과 관련
된 유래를 소개하고 이어서 '웰니옷 여사, 뿌몬데와 오스틴의 두 여
사, 스토우 부인, 메례지고프스키 부인, 브라우닝 부인, 스타엘 부인'
을 '청탑여사'의 예로 들고 있다. 일본의 '사이토'에 관한 내용이나
일본 여류작가들에 대한 언급이 없다는 점이 의문이기는 하지만[15]
'청탑들의 작품이라고 자랑훌 만흔 것과 동시에 파뭇친 천재들을 출
현식이랴고 나왓습니다.'[16]라는 선언은 '청탑사 개칙 제1조에 훗날
여성의 천재를 낳는 것을 목적으로 한다'[17]는 내용과 매우 유사하다

---

14 심사. 1920. 「당면의 문제」. 『신여자』 제2호. 신여자사. 이 글은 유진월. 2006. 『김
   일엽의 <신여자> 연구-3부 원본<신여자> 제2호』. 푸른사상사. 581에 수록된 내
   용임, 이하 잡지 『신여자』로만 표기함.

15 박용옥은 『신여자』에서 직접적으로 일본 세이토의 영향을 받았다는 내용이 없고
   구미 여성활동가들의 내용을 소개하고 있다는 점에서 일본 신여성운동의 영향보
   다 서구의 모델을 더 수용하고 있다고 말한다. 그러나 『신여자』의 집필진 구성과
   김일엽 자신이 짧은 기간이지만 일본 유학생활을 경험하였다는 점, 라이초의 영
   향을 받은 나혜석과도 깊은 교류관계를 맺고 있었다는 점에서 좀 더 검토해볼 문
   제이다. 박용옥. 2001. 「1920년대 新女性 硏究」. 『여성연구논총』. 성신여자대학교
   한국여성연구소. 14 참조.

16 유진월. 2006. 582.

17 平塚らいてう(らいちょう). 1913. 「元始, 女性は太陽であった」. 『局ある窓にて』. 東
   京: 東雲堂書店. 9. 이 글은 '靑鞜發刊に際して'란 부제를 달고 있다. 신남주는 이러
   한 구체적인 내용뿐만 아니라 창간배경과 집필, 편집 등 다양한 관점에서 이들의
   유사성을 검토하였다. 신남주. 2011. 「조선 신여성의 『세이토』 수용의 영향과 성

는 점을 알 수 있다.

한국에서 신여성에 대한 담론은 『신여자』(1920년 발간), 『신여성』(1923년 발간)이 발간되면서 본격적으로 형성되었지만, 그 이전에 이미 사회적으로 회자되었던 것으로 보인다. '신여성'을 '구여성'과 비교하여 논쟁을 벌였던 잡지 내용을 보면 '구한국시대에 규중처녀들이 장옷쓰고 학교에 다니든 째에 생긴 말인지 모르지만...'[18]이라는 내용이 나오고 『신여자』에 수록된 글에 신여성에 대해 비판하는 시각이 소개되어 있다는 점에서 이미 사회적으로 이들을 특정 대상으로 구분지어 인식하고 있었음을 알 수 있다.

당시 신여성에 대해 구체적으로 정의한 잡지내용을 보면 다음과 같다.

> 일, 교육. 적어도 중학 정도의 여학교를 졸업흔 여자
>
> 이, 건강. 신체는 비만ᄒ지 안케 건강ᄒ여야 홀 것
>
> 삼, 용모. 면추(免醜)ᄒ고 단아ᄒ고 애교 잇는 女子
>
> 사, 의지. 의지가 박약흔 女子는 남의 안히 될 자격이 없다
>
> 오, 애정. 무한흔 애정을 남편에게 주흔 여자
>
> 육, 치가(治家). 가내의 제반 일을 안히가 적의ᄒ게 처리ᄒ는듸 임기응변에 민활흔 여자
>
> 칠, 취미성. 독서, 회화, 음악, 원예 등...취미성의 만족을 엇어 가정을 의의잇게 ᄒ는 여자[19]

격」.『한국여성교양학회지』제20집. 한국여성교양학회. 131-133.

18 나일부. 1938. 「신여성과 구여성」.『비판』제6권 11호. 60.

19 양백화. 1920. 「현대의 남자는 엇더흔 여자를 요구ᄒ는가?-내가 요구하난 7개조」.

'시대의 변천을 좇차 자각흔 여자의 절실흔 내조를 바라는 현대'[20] 남성이 요구하는 자각한 '현대여자'의 조건을 보면, 언한문(諺漢文) 섞인 원고를 받아쓸 줄 알고 실패한 남편에게 용기를 줄 수 있어야 하며 가정을 적절하고 의익있게 돌볼 수 있는 여자를 말한다. 근대화가 이뤄지면서 가족제도에서도 전통적인 대가족 중심에서 부부중심의 소규모 가정으로 점차 변화가 이뤄지고 있었다. 현대여자의 조건내용은 이러한 변화에 따라 이뤄진 것이지만, 가정이라는 활동 범위와 남자를 내조하기 위한 자질 중심의 전통적 사고에서는 벗어나지 못하고 있었다.

Ⅱ. 일엽의 신여성론

세계대전을 경험하면서 여성해방의 문제는 노동문제, 인종문제와 함께 세계 보편적인 문제[21]로 인식되었다. 당시 신여성의 논의가 주로 사회와 가정의 근대화와 관련되어 언급되었던 것도 이러한 세계 보편적인 흐름 속에서 인식되었던 것과 관련지을 수 있다.

    개조!
    ......

『신여자』창간1호. 488-489.
20 양백화. 1920. 487.
21 「세계 3대 문제의 파급과 조선인의 각오여하, 사설」.『개벽』제2호. 1920. 3 참조.

아ㅡ새로운 시대는 왓슴니다 모-든 헌 것을 걱구러치고 온-갓 새 것을 셰울 ㅆ려가 왓슴니다 모든 비(非) 모든 악의 사라질 ㅆ려가 왓슴니다 가진 것을 모다 개조ㅎ여야 될 ㅆ려가 왓슴니다.[22]

『신여자』는 위의 글처럼 창간사를 통하여 "개조"를 외치고 전통사회와 단절하고 새로운 사회를 맞이하는 여성해방을 선언하였다. 서구의 개조는 명화론의 시각에서 일어난 자기비판적 논의였지만 조선의 개조는 근대화와 문화 달성[23]의 논리였다. 일엽은 이러한 개조를 자기의 생의 요구가 만족함에 이르기까지 자기 또는 자기 환경을 타파하는 것[24]으로 인식하였다. 『개척』이 『신여자』의 창간을 축하하며 보낸 글에서도 이러한 기대감은 잘 나타난다.

「무(無)」에서 「유(有)」를 만들녀 ㅎ는 <신여자>여!
「구(舊)」에서 「신(新)」을 지으려 ㅎ는 <신여자>여!
......

우리 사회예는 여자 사회 압혜 싸혀 잇는, 완전흔, 해결을 고대ㅎ고 잇는 난문제가 수업시 잇슴니다. 아아 시로 나신 <신여자>여-, 그듸의 압혜는 무한히 넓은 갈지 안은 드을이 벌녀 잇슴니다. 이것을 개척하여 나가는 것이 그듸의 사명인 줄 암니다. 그듸는 압박 중에서 고통을 밧고 잇는 여자를 해방하도록 수고를 앗기지 마시오.[25]

---

22 「창간사」. 『신여자』 창간1호. 1920. 472.
23 김수진. 2009. 220-221 참조.
24 「먼저 현상을 타파하라」. 『신여자』 제4호. 1920. 737.

근대시기 여성해방은 여성지식인들의 주도직인 활동을 요구하고 있었다. 신교육을 받은 여성지식인들은 사회적 계몽을 선도해야 하는 입장이었다. 중등교육을 받은 여성들이 증가하고 참정권요구와 경제적 독립을 이룰 수 있었던 서구와 일본의 사회적 현상[26]과는 달리 조선의 여성해방은 이들의 계몽활동을 통해 점차 사회적으로 확산되는 형태를 띠고 있었다.

『신여자』에서 가정의 주인될 여자를 해방함으로써 가정을 개조하고 더 나아가 사회를 개조할 수 있다[27]고 본 것은 여성의 역할을 새롭게 인식시킴으로써 궁극적으로 여성해방을 이룰 수 있다고 생각하였기 때문이다. 일엽은 여자의 사회개조에 대한 책임을 '지위문제로부터 가정문제, 아동양육, 남녀 동등권과 그 대우, 과부의 처분과 보호와 정조문제, 독신여자와 그 대우, 결혼문제 등' 가정을 포함하여 사회 전반에 걸쳐 있다고 보고, 가장 선결해야 하는 것으로 여자계의 품위 향상과 교육 보급에 두었다.[28]

일엽은 『신여자』를 통하여 "우리를 냉혹하게도 압박하고 우리를 극심하게도 구속하던 인습적 구각(舊殼)을 깨뜨리고 벗어나서 우리 여자가 인격적으로 각성하여 완전한 자기발전을 수행코자 함이외다."라고 선언한다. 그리고 "신여성으로서 모든 전설적, 인습적, 보수적, 반동적인 일체의 구사상에서 벗어나"는 것이 바로 "『신여자』

25 잡지<개척>사로붓터. 2009. 「<신여자>를 위하야」, 『신여자』 창간1호. 483-485.
26 김수진. 2009. 446.
27 「창간사」. 1920. 473.
28 「신여자의 사회에 대한 책임을 논홈」, 『신여자』 창간1호. 1920. 476.

의 임무요 사명"[29]임을 밝힌다. 『신여자』에서는 사회와 가정의 구조적인 변혁을 통한 여성해방을 주장하면서도 여성 자신의 변화라는 개인적인 실천방향을 제시한다. 이러한 점은 『신여자』의 잡지 성격과 당시 사회적 분위기, 일엽의 여성해방에 대한 인식을 함께 검토할 때 올바로 이해될 수 있을 것이다.

『신여자』는 여성들의 통분한 눈물과 억울한 설움을 발표할 수 있는 자리를 마련하기 위한 것이며 조선여자 전체의 것[30]임을 분명히 밝혔다. 당시 신여성에 대한 평가는 건방지고 같이 생활할 수 없는 존재이거나 매력적이면서도 도도한 존재로서[31] 긍정적이든 부정적이든 불편한 존재로 여겨지고 있었다. 신여성은 가정과 사회에서의 행동으로 이미 논란이 있었기 때문에 잡지에서도 그 책임을 논하면서 각성을 촉구하기도 하였다.

> 부허사치 말 일. 사치가 우리 신여자부에 침임하여 여자 교육반대론자에게 하나의 구실을 이룰 것이니 각성하여 이 폐해를 일소할 일.
> 자존치 말 일. 일부 신교육을 받은 여자 중 과대하게 자존이 높아 남자에게 비웃음을 받으니 이후의 무리는 더욱 주의하여 온양창검으로 우리의 표방을 삼을 일.

---

29 「우리 신여자의 요구와 주장」, 『신여자』 제2호. 1920. 566.

30 「투고환영」, 『신여자』 창간1호. 1920. 540.

31 「어느 청년의 큰 걱정」, 『신여자』 제2호. 1920. 614. "져거시 무어신고 시속 양금이라든가 앗다 그 기집이 건방지다 져거를 누가 데려가나(두 양반의 평)/ 고것 참 입부다 장가나 안 드럿다면...... 밉시가 동々 썻난구나 쳐다나 보아야 인사나 좀 히 보지"

근검할 일. 가정에서 남자를 내조하여 가사에 근면하고 의복 음식을 걸검하여 일가의 경제를 유지하여 일반사회에서 신여자의 가치를 높게 할 일.

품행이 단정할 일. 만약 신여자 중 만인의 한 사람이라도 품행이 부정한 사람이 있으면 사회에서는 이 죄를 신여자 전체에 가하여 여자교육 반대론자의 좋은 구실이 되니 주의에 주의를 더하여 후진의 범례가 될 일.

남자에게 승순할 일.

배운 바를 실시에 응용할 일.[32]

신여성의 행동강령이라고도 볼 수 있는 위의 내용은 신여성들이 반대할 수도 있는 내용임을 전제하면서도 먼저 작은 일로부터 개선하여 사회 전반을 개혁하기 위한 것이며 시세변동과 인문발달에 근거해서 당분간은 남자에게 승순하여 그의 동정 하에 점진적 태도를 취할 필요성이 있음을 말한다.[33] 이러한 점은 남성의 의식과 사회분위기가 성숙하지 못한 데 대한 방편적인 것임을 분명히 하는 것으로서 신여성이 계몽을 선도하는 입장이라는 태도를 보여준다.

『신여자』는 제4호 「편집실에서」란에 "예고와 갓치 내호(來號)에는 조곰 생각함이 잇서 특집호를 늬히기로 하얏습니다. 기대려 쥬십시오."[34]라는 당부의 말까지 남기고 있어서 다음 발간을 예고하고 있

---

32 「신여자의 사회에 대흔 책임을 논함」, 『신여자』 창간1호. 1920. 475.

33 「신여자의 사회에 대흔 책임을 논함」, 1920. 478.

34 「편집실에서」, 『신여자』 제4호. 1920. 813.

지만 이후 발간은 이뤄지지 못한다. 잡지의 재정적 지원을 담당하던 남편과의 이혼으로 종간되었다[35]고 보는 견해도 있지만, 제4호가 풍속괴란 혐의로 발매반포의 처분[36]을 받은 점이 직접적으로 영향을 미쳤다. 일본에서도 '신여자' 논란이 확산되자 『세이토』의 단속을 결정하고 풍기문란으로 『여자문단』 4월호와 『문학세계』 5월호를 발매금지시켰는데,[37] 『신여자』도 이러한 점 때문에 종간된 것으로 보인다.

　『신여자』 종간 이후에 보이는 일엽의 글들은 이전의 원만한 타협의 자세와 점진적 변화의 주장과 달리 급진적 성향을 띤다. 애정론에 관해서도 그녀는 남자가 이미 결혼했다고 하더라도 다른 여자와의 연애가 그르다고 할 수는 없다[38]고 하였다. "모든 허영을 다 버리고 진실한 성적 대상자를 구하려면 그래도 기혼 남자 외에는 드문 줄 압니다."라고 하고 성적 신도덕을 건설하기 위해 구도덕에 대한 파괴적 사상을 가지게 되는 것이 당연하다[39]고 하였다. 이러한 인식은 『신여자』의 종간 이후에 새롭게 형성되었다기보다 잡지를 발간하고 있을 때 이미 지니고 있었던 것으로 보인다. 왜냐하면 입센의 『인형의 집』에 등장하는 '노라'를 무대에 올리려는 계획을 이미 20년에 하고 있었다[40]고 밝히고 있기 때문이다.

---

35 유진월. 2002. 「김일엽의 <신여자> 출간과 그 의의」. 『비교문화연구』 Vol.5. 비교문화연구소. 82.

36 『동아일보』. 1920.7.22. 3면.

37 김수진. 2009. 417-418.

38 「근래의 연애문제」. 『동아일보』. 1921.2.24. 3면.

39 김일엽. 2012. 「우리의 이상」. 김우영 엮음. 『김일엽 선집』. 현대문학. 287.

근대시기 자유연애에 대한 논란에서 자유로울 수 없는 논쟁이 성
조개념이다. 전통사회에서는 성을 도덕관념으로 수용하였기 때문
에 신여성의 자유연애는 전통적 가치관을 타파하는 것으로 인식되
었다. 일엽은 정조관념을 '성'이라는 육체적 관계 속에서 판단하려
는 기존의 성도덕에 반대하였다.

> ...정조란 결코 그러한 고정체가 아닙니다.
> 사랑이 있는 동안에만 정조가 있습니다. 만일 애인에게 대한 사랑이
> 소멸된다고 가정하면 정조에 대한 의무도 소멸될 것입니다...정조는
> 이상 말한 바와 같이 어디까지든지 사랑과 합치되는 동시에 인간의 열
> 정이 무한하다고 할진대 정조 관념도 무한히 새로울 것입니다...정조
> 는 결코 도덕이라고 할 수 없고 단지 사랑을 백열화시키는 연애 의식
> 의 최고 절정이라 하겠습니다.[41]

일엽은 1927년에 발표한 「나의 정조관」에서 정조를 육체와 도덕
적 판단으로 인식하는 것에 대해 반대하였다. 그녀는 사랑을 강조하
고 정조라는 것을 연애 감정과 같은 유동적인 것이라고 보았고, 불
순한 생각이 있어서는 안 되며 충실해야 한다는 점을 전제조건으로
제시하였다.[42]

일엽의 자유연애론에 영향을 준 것은 엘렌 케이(Ellen Karolina Sofia

---

40 김일엽. 2012. 「노라」. 286.
41 김일엽. 2012. 「나의 정조관」. 306-308.
42 김일엽. 2012. 「나의 정조관」. 307.

Key, 1849-1926)의 연애관이었다. 독립된 인격을 갖춘 존재로서 정신적·육체적 사랑의 일치를 의미하는 엘렌 케이의 연애관은 일본을 거쳐 조선과 중국의 근대화 시기 여성해방에 큰 영향을 미쳤다.[43] 일엽은 엘렌 케이의 연애관을 수용하면서 '인격'과 '개성'을 본위로 하는 성적 신도덕의 건설을 주장하였다.[44] 그녀는 자유연애를 새로운 시대를 여는 통로로 삼고자 하였다. 정신 우위의 관념에서 여성에게 희생을 강요하던 전통사회의 틀을 정신과 육체의 일치를 주장함으로써 단절시키고자 하였다. 그러나 그녀의 영육일치 연애관은 소설 「희생」[45]에서 보이듯이 사회적인 제약 때문에 완성될 수 없다는 한계성을 스스로 노출하고 있었다.

여성지식인들은 자유연애론을 해방론의 한 방향으로 설정하고 있었지만 근대교육을 통하여 의식의 개혁에 동조했던 남성 지식인들은 근대적 가부장제의 창출이라는 형태로 수용하고 있었다.[46] 신여성들의 인식이 사회적으로 제약받고 남성들과도 갈등과 긴장 관계를 형성하게 되면서 그들의 삶과 활동은 현실 속에서 지속적으로 좌절을 경험할 수밖에 없었다. 일엽은 여성해방을 위하여 먼저 '여자계의 품위'와 '인격적인 각성'을 주장하고 여자가 생의 요구의 만

---

43 이에 대한 문제의식은 유연실. 2012. 「근대 한·중 연애 담론의 형성-엘렌 케이(Ellen Key) 연애관의 수용을 중심으로」. 『중국사연구』 제79집. 중국사학회. 145-146.

44 김일엽. 2012. 「우리의 이상」. 287.

45 주인공 영숙은 사랑하는 성일과의 결혼을 포기하고 임신한 아기를 위해서 다른 남자와 결혼하고 자신이 임신한 사실도 속이겠다고 말한다.

46 유연실. 2012. 188-189.

족을 구하기 위하여 현재의 환경을 타파하기 위한 가장 합리적인 것으로 남자에 대한 '동등의 인격자'⁴⁷로 되는 것임을 주장한다. 그러나 그녀의 소설 「어느 소녀의 死」, 「순애의 죽음」, 「단장」 등에서 나다니듯이 여성지식인들은 당시 여성을 이해한다는 남성들에게 이용당하고 희생당하는 모습으로 표현된다. 여성으로서의 '자아완성'은 사회뿐만 아니라 남성과의 상대적 관계 속에서도 제약을 받는 것으로 표현되었다.

일엽은 '나의 완성'을 위한 지식이 바로 '내 인격'을 존중해줄 수 있는 것⁴⁸이라고 보았듯이 여성론을 통하여 궁극적으로 인간의 관점을 주장하고자 하였다. 그녀의 자유연애관과 정조관을 여성해방의 논조와 연결지어보면 '인격'으로 귀결되듯이 그녀의 관심은 남성의 상대적 개념인 여성이 아니라 인간 존재의 의미에 있었다. 그녀는 자신이 전개하였던 여성활동이 일시적이고 순간적인 구급책이었으며 영원하고 무궁한 진리는 되지 못한다⁴⁹고 고백하였다. 그녀가 불교에 귀의하게 되는 것은 "사람이 산다는 것이 무슨 의미냐?"라는 물음에 대한 절대적 세계관으로의 모색이었다.⁵⁰

---

47 「먼저 현상을 타파하라」. 『신여자』 제4호. 1920. 737.

48 김일엽. 2012. 「회상기」. 278-279.

49 B기자. 1935. 「삭발하고 장삼입은 김일엽여사의 회견기」. 『개벽』(신간) 제3호. 15.

50 김일엽. 1981. 「이 책을 내는 까닭」. 『청춘을 불사르고』. 중앙출판공사. 5.

III. 일엽의 죽음에 대한 인식과 불교관

1. 죽음과 근대 지식인의 책무

일엽이 죽음의 내용을 처음으로 다룬 글은 1907년 지었다고 하는
「동생의 죽음」이다. 어려서 죽은 동생을 그리워하는 마음을 표현한
이 시는 신체시의 효시인 최남선의 「해에게서 소년에게」보다 1년
더 일찍 썼다고 한다.[51] 일엽은 그녀의 문학작품과 회고작품 등을 통
하여 죽음에 관한 그녀의 생각을 단편적으로 나타내고 있다.『신여
자』에 수록된 작품들은 신여성의 계몽적 역할에 충실하고자 했던 잡
지의 취지에 맞게 죽음 역시 신여성의 책무를 드러내는 하나의 방식
으로 표현하고 있다.『신여자』에 실린 「어느 소녀의 사(死)」는 어떤
부잣집에 셋째 첩으로 시집보내려는 부모의 결정에 반대하고 죽음
으로 자신의 의지를 표현하고자 했던 '조명숙'이란 소녀의 이야기이다.

> ...부모가 자식을 사름이 못 되게 맨드시는 것은 부모의 죄라 안이홀
> 수 업삽나이다. 여식은 다시 부모에게 죄를 더호게 호고자 안이호와
> 생명을 버리여 간호오니 회개호심을 바라나이다.

> 기자 선생님—
> ...아마도 져와 갓흔 운명을 가진 여자가 자고로 만흘가 호나이다...

---

51 『불교신문』. 2010.6.2.

져는 제 입으로는 져를 이 시경 맨드시는 부모의 말을 참아 홀 수 없사

오나 다만 세상에 이러흔 원통흔 타지에 잇스면서 능히 말을 못ㅎ야

한 몸을 글읏치는 여러 불상흔 미가(未嫁)여자를 위ㅎ야 이 몸을 대신

희생ㅎ옵나니다...[52]

부모와 신문사로 보내는 두 통의 유서는 죽음을 통해 축첩의 폐해와 부모의 강제결혼으로 많은 여인들이 고통을 받고 있는 현실을 고발하는 내용이다. 소녀는 "여식이 만일 학교에를 안이단이여 글자를 못 빅왓엇드면 오날 이 거사가 업엇슬 걸노 아옵ᄂ이다."[53]고 하여 교육을 통해 여성에게 강요된 희생을 거부하고 문제를 공론화할 수 있는 의식을 지니게 되었음을 밝힌다.

당시 신여성의 책무는 전통적인 여성의 삶을 '여성 자신'의 주체적 입장에서 사회적인 문제로 드러내고 개조시키는 것이었다. 이들은 계몽활동을 위하여 죽음이라는 극단적인 방법까지도 사용할 수 있다는 인식을 갖고 있었다.

근대시기 소설에서 자주 등장하는 주제 가운데 하나는 사랑을 완성하기 위한 죽음이었다. 이러한 예는 일엽의 다른 소설 「희생」에서도 나타난다. 고아로 자랐으면서도 교육을 받고 사회의 주축으로 성장한 주인공 영숙은 자신의 사랑을 완성하기 위하여 사랑하는 성일과 죽음을 선택하겠다는 생각을 하게 된다.

---

52 「어느 소녀의 사(死)」.『신여자』제2호. 1920. 620-621.

53 「어느 소녀의 사(死)」. 1920. 618.

> 그 전에 내가 당신과 같이 죽어버리고 싶다고 말한 것은 아직 당신
> 을 알지 못하고 당신의 뜻을 잘 이해하지 못할 때의 일입니다. 당신과
> 같이 중한 책임이 있고 의무가 있는 어른이 왜 죽어요?[54]

「희생」에서는 개인의 사랑과 국가와 민족이라는 선택에서 후자를 우선하는 근대시기 지식인들의 전형적인 사고방식을 보여준다. 이러한 근거로 작용하는 지식인의 책무를 위하여 개인은 생명까지 희생할 수 있다는 비장한 각오를 드러낸다.

「단장(斷腸)」은 사랑하는 남자의 아이를 낳고 생활해야 하는 여인이 끝내 자신의 생활만을 지키려는 남자에게 버림받고 자살한다는 내용이다. 경제적인 문제를 스스로 해결하겠다는 간절한 부탁에도 불구하고 남자는 자신의 책임문제만을 거론함으로써 여자는 가족과 사회로부터 완전히 버림받게 된다. 이러한 비극적 결말은 근대시기 소설이나 매체에서도 자주 등장하는 내용이다. 근대시기 여성 지식인들의 자유연애는 주로 같은 유학생활을 경험하였거나 근대교육을 받고 근대사상을 접했던 남성들과 이뤄지는 것이 일반적이었다. 그 중에는 유부남인 경우도 많아 사회적인 문제가 되기도 하였다.

1926년 발표된 「순애의 죽음」에서는 이러한 남성들에 대한 분노가 일반 남자들에게로 확대되어 표현된다. 소설은 '글쓰는 재주와 교육받은' 순애라는 여인의 자살을 전해주는 형식으로 구성된다.

---

54 김일엽. 2012. 「희생」. 192.

...남자가 본위로 된 이 사회 남자가 가장이 된 이 가정에서 자아를 찾는다는 것은 얼마나 어려운 일이겠습니까? 하루바삐 이렇게 심한 불평을 잊으려고 그만 떠납니다.[55]

순애는 일본유학을 경험하고 신문사 경영에 참여하고 있던 남자 K에게 호감을 갖고 있었지만 그 사람에게 겁탈당하면서 자신의 인격이 무너지는 것을 깨닫게 된다. "지금 제 감정은 K만 미운 것이 아니야요. 횡폭한 일반 남성에게 대한 반감은 극도에 달합니다."[56]로 표현되는 내용처럼 근대여성들이 주체적인 삶의 방식으로 선택했던 자유연애는 관념과 현실 속에서 갈등을 드러내고 있었다.

일엽의 소설에서 죽음은 대부분 결혼이나 연애, 남자와의 관계 속에서 자살을 통하여 표현된다. "하루바삐 심한 불평을 잊으려고 그만 떠납니다."라는 말처럼 죽음은 현실과 분리되는 것으로 인식되고 현실의 좌절감에서 벗어나는 최후의 방법으로 선택되었다. 소설에서 보이는 일엽의 죽음관은 삶과 연속된 생명이라는 틀이 아니라 현실생활과의 관계 속에서 의미를 갖는 것으로 표현된다. 사랑의 완성이나 지식인으로서의 책무를 다하기 위한 죽음이 하나의 선택으로 작용할 수 있었던 것은 이러한 점에 근거한다.

55 김일엽. 2012. 「순애의 죽음」. 138.
56 김일엽. 2012. 「순애의 죽음」. 138.

2. 인간의 의미와 불교관

당시 조선이라는 시기적 특성과 지식인으로서 계몽의식을 걷어
내고 죽음 그 자체를 일엽은 어떻게 인식하고 있었을까? 『신여자』에
실린 작품이나 글을 중심으로 일엽의 죽음 인식을 살펴보면 부친의
기독교 신앙과 기독교 학교에서의 분위기가 일엽에게 영향을 주었
던 것으로 보인다.

소설 「동생의 죽음」에서는 '인생이 가장 싫어하는 이 무서웁고 두
렵고 설운 죽음'을 담담하게 받아들이는 동생의 마지막을 묘사하고
있다. 통곡으로 슬픔을 표현하는 계모와 달리 기독교 신앙에 익숙한
'나'는 '이 어린 영혼은 훨훨 가볍게 날아 슬픔도 아픔도 고생도 없
는 아름다운 낙원에 들어설 것'[57]을 믿으며 조용히 기도한다.

『신여자』 창간호(1920.3)에 실린 「계시」에서는 기독교 신앙을 통하
여 죽음을 대하는 김 부인의 태도 변화에 주목할 필요가 있다. 맏아
들을 잃게 되었을 때 그녀는 무당과 판수에게 의지하여 남편이 물려
준 재산까지 잃게 된다. 그러나 유일하게 남은 아들 인원이 죽어갈
때에는 신앙에 의지하는 것을 잊지 않는다. '자식의 영혼을 취하옵
소서.'라는 기도를 마치고 김 부인은 꿈 속에서 신비로운 경험을 한
다. 예배당에서 백의를 입은 노인이 "죄 많은 세인들아 너희의 징욕
과 생사를 위하여 기도하지 말라"[58]는 소리를 듣게 된 김 부인은 꿈
에서 깨어나면서 담담하게 자식의 죽음을 받아들이게 된다.

---

57 김일엽. 2012. 「동생의 죽음」. 255.
58 김일엽. 2012. 「계시」. 53.

20년대 중반 이후 일엽의 글에서 불교사상이 두드러지게 나타나는 것과 비교했을 때 그녀의 기독교적 인식은 초기에도 매우 미미하다. 비록 그녀가 기독교 배경에서 자라기는 했지만 중학교 졸업 때에는 이미 부모님이 계시지 않았고 사상적으로 방향도 정하지 못하고 있었다. 그리고 죄가 하느님 눈에 들키지 않게 하기 위하여 조심하던 마음에서도 신심(信心)은 점점 물러나서 의문만 생기게 되었다[59]고 말한다. 일본에 유학생활을 하게 될 때에는 무종교 상태에 빠져 천당지옥까지 부인하게 되었다[60]고 고백하고 있다.

일엽은 예수의 의미와 창조자 하나님에 대한 근원적인 문제들에도 의문을 지니고 있었다. 전지전능한 하나님이 왜 선악의 과수를 에덴에 두고 자유를 주었는지, 선악과를 먹어 악의 씨가 배태되었다면 왜 선인으로 개조시키지 않고 독생자를 보내 희생시키는지, 그리고 예수는 선악 세상을 다 구원해야 구세주라는 의의가 서지 않는지, 더 나아가 하나님은 왜 피창조자인 동시에 피해자인 악인이 "나를 왜 만들고 지옥은 왜 내어서 이 고생을 시키느냐고 원망한다면 하나님은 무엇이라 대답을 하실 것인가?" 등 신앙 자체에 대한 의문을 어렸을 때부터 갖고 있었다고 말한다. 그러나 목사인 아버지와 신도들은 회개와 기도만을 권하고 신심의 부족으로 치부해버리면서 아무런 답변을 얻지 못하였다.[61]

---

59 김일엽. 2012. 「청춘을 불사르고-B씨에게 제일신(第一信)」. 399. 'B'는 백성욱(1897-1981)을 말한다.

60 김일엽. 2012. 「청춘을 불사르고-B씨에게 제일신(第一信)」. 405.

61 김일엽. 2012. 「청춘을 불사르고-B씨에게 제일신」. 400-401.

일엽은 종교에 대해 단지 무조건적인 믿음의 신앙이 아니라 "왜?"라는 물음에 대한 논리적인 답변을 요구하였다. 그녀는 백성욱과 만나면서 불교교리를 통한 신앙의 의문들을 해소시켜 나간다. 백성욱은 '일체유심조(一切唯心造)'의 논리로 하나님이 바로 마음이며, 그 마음을 찾지 못한 동안은 완전한 인간이 아닌 줄 알아야 한다고 말한다.[62] 그녀는 불문(佛門)에 들어서게 된 이유를 다음과 같이 밝힌다.

불법은 현실적이요 증명적이다. 현실에서 증명되지 않는 것을 이 다음은 누가 보증할 것인가? 부처님의 법문이니 하나님의 말씀이니 할 것 없이 내 스스로 의심나지 않는 현실을 보아야 하는 것이다. 회의와 불안이 있는 생활을, 어찌 자유와 생명을 지닌 생활이라 할 것인가?[63]

이미 출가한 뒤에 회고록 형태로 기술되었다는 점에서 근대시기 당시의 인식과 사유에 외적 요인들이 더해져서 표현되었을 가능성은 있지만, 이러한 인식은 그녀의 종교관을 형성하는 핵심으로 작용한다. 이렇게 볼 때 「계시」에서 보이는 태도는 근대시기 기독교가 문명과 동일시되어 인식되었던 틀에 머무는 정도였으며 소설 「동생의 죽음」에서의 태도 역시 익숙했던 종교적 신앙의 단순한 표현으로 볼 수 있다.

...내가 평소에 보고 듣지 못하던 가장 뛰어나는 법으로 인간이 무엇

62 관련 내용은 김일엽. 2012. 「청춘을 불사르고-B씨에게 제일신」. 402-404 참조.
63 김일엽. 1981. 「이 책을 내는 까닭」. 『청춘을 불사르고』. 중앙출판공사. 6.

인지 알아야 하고 내가 누군지 알기 위하여는 한량없는 목숨을 바쳐도 아깝지 않을 것을 느끼기는 하였나이다.[64]

리고 일엽이 밝히고 있듯이 '인간'과 '나'의 문제는 그녀의 **종교관**에서 핵심으로 대두된다. 그녀는 "우주적 시은에 뭉쳐진 이 몸을 버리는 것은 우주에 대한 배은이며 반역자로 생의 패배가 되어 생의 향하일로로 떨어지게 되는 것"[65]이라고 하고 인간으로 태어나는 것의 의미를 윤회관으로 설명한다. 인간은 윤회세계에서 인간으로 태어나는 희귀한 기회를 얻은 존재이기 때문에 일엽은,

　　　그는 결국 우리는 포기할 수는 없는 '나'를 이미 가졌으니 '내' 근본을 알자는 말씀입니다. 그러니 이 몸 가졌을 때 이 말을 들었을 때 이 법을 알아 얻어서 놓치지 말고 잘 지닌다면 이 생의 연장이 영겁화하게 되어 필경 성불합니다.[66]

라고 하여 인간의 의미를 깨달음의 길로 귀결시킨다. 따라서 이러한 기회를 스스로 포기해버리는 "자살은 살인하는 것보다 더 큰 죄"[67]로 되는 것이다.

　일엽은 '나'를 찾는 작업을 상대적인 현상세계와 절대적 세계와

---

64 김일엽. 2012. 「청춘을 불사르고-B씨에게 제일신」. 413.
65 김일엽. 2012. 「무심을 배우는 길」. 386.
66 김일엽. 2012. 「무심을 배우는 길」. 387.
67 김일엽. 2012. 「무심을 배우는 길」. 386.

의 관계성에서 파악하고 이것을 유심(有心)과 무심(無心)을 통하여 설명한다. 유심은 번뇌의 삶, 인생살이의 마음으로 표현되는 반면 무심은 외로움이 끊어지고 요구하는 마음이 없어진 마음으로 표현한다. 그런데 무심은 별도로 추구하는 마음이라기보다 유심을 버렸을 때가 바로 무심이 된다는 점에서 유한성을 버릴 때 바로 전체심을 얻게 된다. 현실세계에서 경험하게 되는 외로움이나 즐거움 등의 감정은 상대적인 것이기 때문에 유한적인 마음의 결과이다. 그런데 이러한 마음은 외계에 있는 것이 아니라 바로 내가 하는 망상에 불과하다. 따라서 무심이란 바로 '나'인 것이다.[68]

일엽의 이러한 무심론은 그녀가 스승으로 모셨던 만공선사(1871-1946)의 선사상을 연상시키는데, 모든 대립이 사라져버리는 선(禪)의 정신은 그녀의 불교관을 형성하는 주된 내용이다. 만공은 인간이 가장 귀한 의미가 바로 '나'를 찾는 데 있다고 보고,[69] 나는 무념처(無念處)에서 찾을 수 있으며 그것은 무념처에 일체유(一切有)가 갖추어져 있기 때문[70]이라고 보았다.

일엽은 세간에서 사랑을 신성하다고 말하지만 궁극적인 진리의 관점에서 신성은 인간의 모든 마음들과 정신이 단일화되는 것으로 설명한다.

68 김일엽. 2012. 「무심을 배우는 길」. 367-368.
69 만공. 1997. 「부록: 유어(遺語) 제일, 나를 찾아야 할 필요와 나」. 『만공어록』. 한국불교학회. 107.
70 만공. 1997. 111.

내가 소멸처에 들 때 상대도 일체도 다 소멸되어 만공(滿空)-일체화, 곧 합치-의 세계가 이루어지는 것으로서 그곳을 신성계라 합니다.

그런데 신성 그것은 사랑이나 정으로나 또는 신심, 효심, 애국심, 인류애, 자비심, 악심으로니 니의 일체 정신의 흰데 뭉침, 곧 정신 통일 또는 우주 단일화인 무심, 그 자리로서 피어난 정화(精華)가 곧 인격의 완성화입니다.[71]

나는 입산하여 인간이 가장 귀한 점, 곧 존재적 가치 표준을 인간에게 두게 된 까닭을 알았습니다. 인간은 내 마음대로 하는 나를 이루어야 비로소 최귀(最貴)한 인간이 되는 것을 알았습니다.[72]

일엽은 결국 인간의 의의가 바로 진정한 '나'를 찾는 데 있고 그 자리는 바로 외계의 대상에서 찾을 수 있는 것이 아니라 모든 마음과 정신의 대립이 사라져버리는 무심에 있다는 점을 강조한다. 모든 것이 합쳐질 수 있는 무한의 공간이 되기 위해서는 모든 것이 소멸되어야 한다. 일엽은 무심의 원리를 통한 모든 상대적인 대립을 단일화시킬 수 있는 자리가 바로 궁극적인 자리이며 경험세계의 인간이 추구할 방향을 종교적 완성에서 찾고 있다.

---

71 김일엽. 2012. 「무심을 배우는 길」. 381.
72 김일엽. 2012. 「무심을 배우는 길」. 363.

Ⅳ. 인격완성의 길

　　근대시기 서양에서 유입되었던 여성해방의 흐름은 일본에서 신여성들의 활동을 중심으로 정치적, 사회적 논쟁으로 확대되었다. 일본을 통하여 세계사적 흐름을 주로 접하였던 조선의 근대지식인들은 계몽활동을 통하여 조선 사회의 근대화를 달성한다는 공감대를 형성하고 있었다. 이 시기에 일엽은『신여자』의 발간을 통하여 여성 자신의 자기발전을 위한 변화와 인격적 각성을 촉구하고 전통사회의 변화와 여성문제의 점진적 해결을 모색하였다.

　　『신여자』가 종간되면서 일엽은 시대상황에 따라 변화를 모색하던 이전의 온건한 태도에서 벗어나 신정조관을 중심으로 적극적인 여성해방을 주장하였다. 그녀는 정조관념을 '성(性)'이라는 육체적 관계 속에서 판단하려는 기존의 성도덕에 반대하고 정신적·육체적 사랑의 일치를 주장하였다. '인격'과 '개성'을 바탕으로 하는 성(性)적 신도덕의 자유연애론은 정신 우위의 관념이 지배적인 전통사회의 틀을 깨는 하나의 통로였다. 연애론은 여성지식인들에게 해방론의 한 방향으로 설정된 것이었지만, 근대화에 대한 공감을 형성하던 남성 지식인들은 가부장제를 중심으로 하는 근대적 가정을 창출하기 위한 것으로 수용하였다. 여성운동은 이들과의 관계 설정에 갈등과 긴장 관계를 형성하면서 사회적인 제약과 함께 좌절을 경험할 수밖에 없었다. 일엽의 여성운동은 남성에 대한 상대적 개념으로서의 여성이 아닌 인간으로서의 '인격' 존중이었으며 자유연애관과 정조관 역시 '인격'으로 귀결되었다.

불교에 귀의하기 전까지 일엽에게 죽음은 지식인의 책무를 완성하기 위한 방법의 하나였으며 완전한 사랑을 이루기 위한 선택으로 인식되었다. 죽음은 현실과 분리되는 것으로 인식됨으로써 현실의 좌절과 고통에서 벗어나는 최후의 방법이기도 하였다.

일엽이 불문에 입문하게 된 것은 인간 존재의 물음에 대한 해결을 모색하기 위한 것이었다. 세속에서 그녀의 활동은 여성운동의 성격이었지만 '나'와 '인간'이란 관점에서 전개된 것이었으며 이러한 점은 그녀의 불교관과도 연결되는 것이다. 스스로가 표현하였듯이 여성운동을 통한 활동은 일시적인 것으로서 상대적 갈등 속에서 좌절되었다. 일엽은 인간의 의의가 '나'를 찾는 데 있으며 무심(無心)을 통하여 모든 상대적 대립이 단일화되고 그 관계가 무의미해지는 궁극의 자리를 추구하였다. 이것이 인간이 지향해야할 방향으로서 인격의 완성화는 바로 종교적 완성의 길인 것으로 제시된다. 따라서 인간으로 태어난다는 것은 윤회세계에서 너무나도 소중한 기회를 얻은 것이기 때문에 자살은 스스로 그 기회를 포기해버리는 것으로서 살인보다도 더 큰 죄라고 경고하였던 것이다. 일엽은 죽음을 생명이라는 하나의 과정 속에서 파악하고 인간 존재의 의미를 종교적 완성의 길로 제시하고 있다.

참고문헌

『신여자』 창간1호, 제2호, 제4호.
나일부. 1938. 「신여성과 구여성」. 『비판』 제6권 11호.

B기자. 1935. 「삭발하고 장삼입은 김일엽여사의 회견기」. 『개벽』(신간) 제3호.
「세계 3大 문제의 파급과 조선인의 각오여하, 사설」. 『개벽』 제2호. 1920.

김일엽. 1981. 『청춘을 불사르고』. 중앙출판공사.
김수진. 2009. 『신여성, 근대의 과잉』. 소명출판.
김일엽. 2012. 『김일엽 선집』. 김우영 엮음. 현대문학.
노미림. 2002. 「樋口一葉와 김일엽의 여성성 대조」. 『일어일문학연구』 제40집. 한국일
    어일문학회.
만공. 1997. 「부록: 유어 제일, 나를 찾아야 할 필요와 나」. 『만공어록』. 한국불교학회.
문옥표. 2003. 「조선과 일본의 신여성」. 문옥표 외. 『신여성』. 청년사.
박용옥. 2001. 「1920년대 新女性 硏究」. 『여성연구논총』. 성신여자대학교 한국여성연
    구소.
신남주. 2011. 「조선 신여성의 『세이토』수용의 영향과 성격」. 『한국여성교양학회지』
    제20집. 한국여성교양학회.
유연실. 2012. 「근대 한·중 연애 담론의 형성-엘렌 케이(Ellen Key) 연애관의 수용을
    중심으로」. 『중국사연구』 제79집. 중국사학회.
유진월. 2002. 「김일엽의 <신여자> 출간과 그 의의」. 『비교문화연구』 Vol.5. 비교문화
    연구소.
이태숙. 2000. 「'여성해방론'의 낭만적 지평」. 『여성문학연구』 제4호. 한국여성문학학회.
일엽선사문집간행위원회 편. 1974. 『(김일엽문집 상)미래세가 다하고 남도록』. 인물
    연구소.
白頭巾. 1913. 『新らしき女の裏面』. 二書房. 7 ; 박유미. 2009. 「『세이토(靑鞜)』의 여성담
    론 연구」. 충남대학교 박사학위논문. 26에서 재인용.
山下悅子. 1988. 『日本女性解放思想の起源』. 海鳴社. 90 ; 이상복. 「『靑鞜』創刊号の小說に
    おける女の新しさ」. 『일본근대학연구』 Vol.18. 한국일본근대학회. 97에서
    재인용.
田中壽美子. 1968. 『近代日本の女性像』. 東京: 社會思想社. 110 ; 윤혜원. 1975. 「한일 개화
    기 여성의 비교연구: 자아의식의 근대화과정을 중심으로」. 『아시아여성연
    구』 Vol.14. 숙명여자대학교 아시아여성연구소. 106에서 재인용.
平塚らいてう(らいちょう). 1913. 「元始, 女性は太陽であった」. 『局ある窓にて』. 東雲堂
    書店.

『동아일보』. 1920.7.22, 3면.
『동아일보』. 1921.2.24. 3면.
『불교신문』. 2010.6.2.

제7장

생사학자의
죽음[*]
푸 웨이쉰과 기시모토 히데오의 종교관 비교연구

이케자와 마사루池澤優(도쿄대 사생학 응용윤리센터)

○●○◉

Ⅰ. 동아시아 생사학의 비교연구

이 글에서는 '타이완의 생사학 연구의 아버지'라고 불리는 푸 웨이쉰을 소개하고, 그의 사상을 일본의 종교학자 기시모토 히데오의 사상과 비교하여 연구하고자 한다. 이 연구는 동아시아 문화권에 적합한 생사학을 구축하기 위한 방법론을 모색하는 것을 목표로 한다.

---

[*] 이 글은 2012년 3월 24일에 열린 Third PESETO Conference of Humanities에서 발표한 「East Asian Cultures and Contemporary Views on Life and Death」, 그리고 논문 「Religious Elements in Chinese Bioethical Discourses: the Sanctity of Person and the Virtuous Community」(『宗教硏究』 No 361. 2009)에서의 논의를 기반으로 한림대학교 생사학연구소의 제7회 국제학술대회에서 발표한 글이다.

이를 위해 먼저 생사학 연구(혹은 타나톨로지)의 문화적 배경을 개괄하고, 도쿄대학의 생사학 연구 프로젝트를 간단히 소개하는 것이 좋을 것 같다. 타나톨로지는 두말할 것도 없이 1960년대에 북미와 유럽에서 1960년대에 출발하였고, 그 역사직 배경에는 필립 아리에스가 '금지된 죽음'[1] 이라 명명한 독특한 죽음의 양식이 자리하고 있다. '금지된 죽음'이란 죽음을 직시하지 못하게 하고, 죽음을 은폐하고, 그것을 터부시하는 것을 의미한다. 이러한 방식의 죽음에 대한 비판으로 등장한 것이 소위 '죽음 자각 운동(Death Awareness Movement)'이며, 타나톨로지 연구는 여기서 비롯되었다. 대략 요약한다면, 타나톨로지의 초기 단계에서는 대담하게 죽음을 대면하고 이를 준비함으로써 생명의 유한성(mortality)를 받아들이는 것이 강조된다. 죽음에 기인하는 상실과 사별과 관련하여, 죽은 자와 분리함으로써 죽음으로 인한 상실을 회복하고 적극적인 삶을 이어갈 것을 주장한 것이다.

도쿄대학의 사생학연구 프로젝트는 2002년에 시작된다. 이 프로젝트를 이끈 시마조노 스스무는, 서양에서는 죽음과 삶이 공존할 수 없는 것이라고 간주한 것에 비해 일본문화에서는 전통적으로 죽음은 삶과 분리할 수 없는 것이라고 여기는 입장에서 삶과 죽음의 관계를 성찰했고, 일본의 사생학 연구는 삶과 죽음을 통합시키는 것이될 것이라고 했다.[2] 우리는 미국 타나톨로지에서 많은 것을 자연스

---

1 Ariès, Philippe. 1977. *L'Homme devant la mort*. Seuil.

2 Shimazono Susumu. 2003. 「An Essay on Death-and-Life Studies」. 『*Shiseigaku Kenkyu*(死生學硏究)』. 2003.

럽게 배우지만, 도쿄대학의 사생학 연구 프로젝트의 목적은 우리의
사생학 연구가 일본문화에 보다 적합한 것이 되는 것이다. 이를 위
해 동아시아의 비교연구는 유용한 작업이 될 것이다. 동아시아 각국
은 타나톨로지를 그들의 문화에 맞는 것으로 응용하고자 하는 문제
의식을 공유하고 있기 때문이다.

II. 푸 웨이쉰(1933-1996)

푸 웨이쉰은 중국사상과 종교 연구자이다.
타이페이 간호학연구소(Taipei Institute for Nursing)
의 텍스트[3]에서 푸 웨이쉰 교수는 '터미널 케
어의 종교적 관점과 죽음연구의 정신의학적인
측면을 종합하고, 타나톨로지에 삶의 문제를
더했으며, 생사학의 촉진과 발전에 기여한 타
이완의 생사학 연구의 아버지'라고 소개된다.

푸 웨이쉰은 타이완 신주 지역에서 태어나, 타이완 대학을 졸업했
고, 일리노이 대학에서 박사학위를 받았다. 1971년에 그는 템플 대
학에서 종교학 교수가 되었고, 25년간 죽음교육 프로그램을 담당했
다. 그리고 1993년에 그는 '죽음의 존엄, 그리고 삶의 존엄(The Dignity
of Death and the Dignity of Life)'이라는 책을 타이완에서 출판했다. 출판사

---

3 林綺雲 (ed). 2000. 『生死學』. 洪葉文化事業有限公司.

로부터 죽음교육에 관한 자신의 경험에 대한 출판을 요청 받은 후에, 그는 림프암 진단을 받았다. 그는 학자로서의 사명을 완수하기 위해 삶과 죽음에 대한 영적 탐구를 이어가기로 결심했고, 수술과 방사선 치료를 빏는 3개월 동안 글을 마쳤다. 그리고 그는 1996년에 끝내 사망했다. 그러나 그의 책은 타이완뿐만 아니라 중국, 홍콩, 싱가포르의 대륙에서도 대단한 호응을 불러 일으켰으며 지금까지 증쇄를 거듭하고 있다. 일본에는 푸 웨이쉰의 저서가 별로 출판되어 있지 않아 필자는 그의 사상에 대해 완전한 지식을 가지고 있지 않다. 그럼에도 그의 저서를 통해 푸 웨이쉰의 생사학 연구를 소개하고자 한다. 필자가 자문역할을 맡았던 2006년 판은 그가 첫 번째 출판 후에 쓴 글이 포함되어 있기에, 이는 생사학자가 어떻게 자신의 죽음을 마주하는가를 보여주는 중요한 자료이다.[4] 여기서 그 내용을

---

4 傅偉勳(Fu Weixu). 2006. 『死亡的尊嚴與生命的尊嚴』. 北京大學出版社.
　이 책의 구성은 다음과 같다.
　　Ⅰ. 도입
　　　　1) 현대인에게 죽음이라는 주제
　　　　2) 미국에서의 타나톨로지와 죽음교육
　　　　3) 미국 대학에서의 죽음교육에 대한 경험
　　Ⅱ. 죽음의 존엄
　　　　1) 자살과 안락사에 대한 물음
　　　　2) 임종기 환자의 정신 상태: 퀴블로 로스의 5단계 모델
　　　　3) 톨스토이의 '이반 일리치의 죽음'에서 본 깨달음의 의미
　　　　4) 구로사와 아키라의 <이키루>에서 본 삶의 방식
　　　　5) 헬렌 니어링의 사랑과 좋은 삶의 마무리
　　Ⅲ. 세계 종교와 죽음의 극복
　　　　1) 삶과 죽음에 대한 종교적 추구
　　　　2) 기독교
　　　　3) 힌두교
　　　　4) 전통 불교
　　　　5) 삶과 죽음에 대한 유교와 도교의 관점

간략히 소개하고자 한다.

이 책은 '특별한 작가가 쓴 특별한 책', '삶과 죽음에 대한 위대한 고찰'이라는 동료 연구자들의 글을 담은 서문으로 시작한다. 그리고 현대인의 죽음 문제, 미국의 타나톨로지와 죽음교육, 그리고 미국 대학에서의 죽음 교육에 대한 저자의 경험으로 본문이 이어진다. 본 논문에서 필자가 페이지로만 표시한 것은 모두 이 책의 일부임을 미리 밝힌다.

1장에서 푸 웨이쉰은 타나톨로지의 역사적인 배경과 그 내용을 요약한다. 현대산업 사회에서 노인이나 임종을 앞둔 환자가 마지막 순간까지 존엄을 유지하고, 삶의 질을 유지하는 것은 중요한 문제이다. 존엄한 삶이란 존엄한 죽음까지 포함한다. 이는 죽음의 질을 논의하기 위한 것이다. 존엄한 삶은 평온함 속에서 의미있는 삶을 사는 것을 의미한다. 그리고 존엄한 죽음이란 '죽음을 두려움 없이 평온하게 맞이하는 것'을 의미한다. 생사학은 최근에 확립된 다양한 분야에 걸친 통합적인 학문이며, 그 목표는 '누구나가 죽음을 수용

  그리고 부록으로는 「타나톨로지를 통해 본 삶과 죽음의 관계에 대한 푸 웨이쉰과 펑 리의 대화」, 「죽음의 도전과 지혜의 답: 나의 남은 삶의 의미」, 「병을 고치는 것에서 보살피는 것으로」라는 푸 웨이쉰의 글이 실린다. 그리고 「죽음을 향해 간 푸 웨이쉰의 길」, 「푸 웨이쉰의 새 책 읽기」, 「삶과 죽음의 존엄함」, 「죽음의 질을 얘기하자」, 「당신이 따라 온 길을 적어주세요. 이별은 슬프니까요」라는 동료학자들의 글이 실려 있다.

하는 것'이다

  2장에서 푸 웨이쉰은 템플 대학에서의 그의 교육 프로그램을 소개한다. '죽음의 존엄성'을 주제로 자살 및 안락사에 대한 물음, 그리고 퀴블러 로스의 '5단계 모델'에 기반을 둔 말기 환자의 심리적이고 정신적 상태에 대한 고찰, 그리고 톨스토이의『이반 일리치의 죽음』을 통해 본 죽음에 대한 깨달음의 성찰이 담겨있다. 그리고 구로자와 아키라 감독의 영화 <이키루(生きる, living)>, 헬렌 니어링의『아름다운 삶, 사랑 그리고 마무리』를 통해 삶과 죽음의 방식을 고찰한다.

  3장에서는 삶과 죽음에 대한 종교적인 논의를 전개하고, 4장에서는 최근의 생사학에 대한 그의 견해를 밝힌다. 3장에서는 삶과 죽음에 대한 종교적 탐구, 기독교, 힌두교, 불교, 그리고 유교와 도교 등 세계 종교에서 죽음이 어떻게 논의되며 죽음은 어떻게 극복되는 가를 논의한다. 4장에서는 '마음의 인식'에 대한 학제적 연구를 소개하며 삶과 죽음에 대한 현대적인 연구동향을 고찰한다.

  타나톨로지가 죽음(죽음의 존엄성)만을 다루는 데에 비해 그는 죽음과 삶(삶의 방식)을 연결시키고자 했다. 그의 '생사학'은 사람들에게 학문적인 가이드를 제공함으로써 그들이 삶과 죽음에 대한 건강한 통찰력을 가질 수 있도록 돕는 것, 그리고 삶에 대한 긍정적인 태도를 통해 죽음을 평온하게 맞이하는 것, 그리고 최종적으로 존엄한 삶뿐 아니라 존엄한 죽음에 도달할 수 있는 것을 추구했다. 죽음에 대한 태도는 오직 독자적으로 존재하는 주체인 우리 각자의 선택에 의한 것이다. 만일 우리가 '삶을 긍정적으로 바라보지 않는다면, 우리는

평온한 죽음을 맞이하거나 존엄한 죽음을 누릴 수 없을 것이다.' 왜
냐하면 삶에 대한 관점은 우리의 '궁극적인 염려'에 의해 결정되고,
우리가 '궁극적인 염려'에 확신이 없다면, 우리는 긍정적으로 살기
도 어렵고, 죽음을 받아들이기도 어려울 것이기 때문이다.

그렇다면 우리의 '궁극적인 염려'는 '더 높은 차원의 영성'과 관련
된다.[5] 우리가 '궁극적인 염려'에 확신을 가지기 위해서는, 무엇이
궁극적인 진실이며 본질인지를 명확하게 인식해야 할 필요가 있다.
이 인식은 자연스럽게 종교적인 요소를 포함하며, 그러므로 삶과 죽
음에 대한 종교적인 견해를 고려하는 것이 중요하다.

무엇보다 천국이나 지옥, 윤회 등 사후에 대한 종교적인 관점은
선택 가능한 사항들이다. 그러나 그것은 주관적인 믿음이기 때문에
보편적인 타당성을 가지는 것은 아니다. 덧붙인다면, 서로 다른 종
교적인 믿음은 종종 서로 적대적이기도 하다. 반면에 과학적 진실은
그것이 비록 완전히 옳은 것이 아니더라도, 증명할 수 있으며 설득
력을 가질 수 있다. 그렇기 때문에 그것이 과학과 모순되는 것이라
면, 우리는 종교를 맹신하는 태도를 피하는 것이 좋다. 다음으로, 푸
웨이쉰은 불교 이론의 연기(緣起, causes and outcomes)를 인간의 고뇌의 근

---

5 푸 웨이쉰은 인생을 10단계로 구성된 다층적인 것으로 간주한다. 이 10단계는 1)
  신체 활동, 2) 정신 활동, 3) 정치 / 문화 활동, 4) 역사적인 문화들, 5) 지적 탐구, 6)
  심미적 경험, 7) 윤리 및 도덕성, 8) 실존적 주관성, 9) 궁극적인 염려, 그리고 10)
  궁극적인 실재. (그는 이것을 '열 가지 삶의 레벨과 가치 선택의 모델'이라고 부른
  다. 그는 '더 높은 영성'이 의미하는 바를 설명하지는 않지만, 아마도 그것은 위의
  여덟 번째에서 열 번째 수준을 의미 할 것이다. 간단히 말해서, '더 높은 영성
  (spirituality)'이란 말은 삶에 대해 절대적으로 진실인 것과, 우리가 무엇을 위해
  살아야 할 것인가에 대한 각자의 독자적인 결정을 의미하는 것으로 보인다.

본을 명확히 밝히는 불교 이론으로 높이 평가하지만, 염세적인 개념인 불교의 해탈은 자기중심적이며, 또한 '적극적인 삶의 태도'에 반하는 것으로 여긴다. 마하야나 불교와 찬 불교의 공(空, vanity)의 이론에 따르면, 해탈의 개념을 전제로 하는 윤회와 열반의 이원론은 인간의 무명(無明 ignorance)의 산물이다. '윤회는 다름 아닌 깨달음'이며 '모든 차이는 마음에서 비롯된' 것이다. 그러므로 푸 웨이쉰은 불교의 '우월한 방식'과 '저급한 방식'을 구별하고, 또한 오늘날에 적절한 삶과 죽음에 관한 불교적 관점은 사후가 아니라 현세가 불교적 낙원을 이루기 위해, 적극적으로 살아가는 것이 되어야 한다고 결론지었다.

요약하면, 푸 웨이쉰은 '진정한 종교적 믿음'과 '비진정한 종교적 믿음'을 구별했다. 그리고 전자가 바람직한 궁극적 염려가 되어야 한다고 주장했다. 그 가치들의 핵심기준은 '마음의 깨달음(the recognition of mind)'이다. 그가 가장 존경한 사상가는 장자(莊子)이다. 장자는 삶과 죽음과 같은 인위적인 가치에 근거한 차별을 부정하고 모든 존재를 있는 그대로 받아들였다. 그리하여 궁극적으로 사물의 외연에 대한 집착을 버리고 '정신의 완전한 주체성'을 얻는다.

'진정한 종교적 신념'은 이러한 마음의 주체성을 가져다준다. 스스로의 '궁극적 염려'를 선택하는 것, 이에 근거하여 삶에 대한 스스로의 '책임감'을 자각하는 것, 그리고 마지막 순간까지 이 세상에서 창조적인 활동에 임하는 것, 이것은 모든 개인들에게 요구되는 것이다. 여기서 개인이 어떠한 신념을 선택하는가는 우선 중요하지 않다.

푸 웨이쉰의 사상의 두드러진 특징은 긍정적이고 적극적인 삶의 태도를 강조한 것이다. 이것은 미국의 초기 타나톨로지의 영향이라고 지적할 수도 있으나, 또한 동시에 그의 개인적인 가치관을 반영한 것이라 짐작할 수 있다. 우리가 긍정적으로 살아야 하는 이유에 대해 그는 '우리는 오직 우리의 삶과 그 활동에 대한 긍정적인 태도를 통해서만 우리의 인생을 진정하게 받아들일 수 있다. 그리고 이를 통해서 우리는 삶에 대해 진정 스스로 책임을 질 수 있다.'고 설명한다. 그는 산다는 것은 책임을 완수하는 것이라 느꼈다. 1994년 1월 소설가 핑 루와의 서면 대화에서 그는 비관적으로 사는 것을 존엄하지 않다고 비난하는 것은 불가능하지만, '여생을 바칠 천국의 명령'은 명상하고 글쓰기를 계속하는 것이라고 말했다. 그는 존엄과 죽음과 마찬가지로 적극적인 삶에 대해 매우 일관된 태도를 가졌다.

핑 루와 푸 웨이쉰의 대화에서 핑 루(平路)는 다음과 같이 고찰했다.[6]

> 푸 웨이쉰은 평온하게 맞이하는 죽음에 높은 가치를 두지만, 만약 삶에 대해 평생의 숙고 끝에 누군가가 원망과 불행을 안고 죽기를 선택했다면, 그 죽음은 존엄하지 않은 것인지 궁금하다.

이에 푸 웨이쉰은 다음과 같이 대답한다.

---

6 傅偉勳. 2006. 157-161. 「삶과 죽음의 관계: 푸 웨이쉰과 핑 루의 대화」.

    나는 어떤 죽음이 존엄한 죽음인가를 일반 명제로 선언하고 싶지 않다. 이 다원적이며 열린 사회에서 누구에게도 그럴 권리는 없다. (그러나) 글쓰기는 내 여생을 바쳐야 할 천국의 명령이다. 이 인식, 이 결정은 절대로 바뀌지 않을 것이다. 나는 내일 죽을 것을 알면서두 문제들에 대해 생각하고 오늘 밤에도 글을 쓰는 사람이다. 이것이 내 삶의 방법이다.

    이 책임은 누구를 위한 것일까? 이에 관련하여 이 책의 마지막 부분은 의미심장하다. 푸 웨이쉰은 사후에 대해서는 아무런 언급을 하지 않는다. 그러나 대신 그는 마지막 장의 대부분을 그의 친구나 동료 등 그를 걱정하는 사람들, 저명한 학자나 철학자들에게 감사를 표하는 데에 할애한다. 푸 웨이쉰의 궁극적인 염려 뒤에는 이러한 사람들의 지지가 있었음을 짐작할 수 있다. 만일 그의 삶이 그와 연결되어 있는 사람들의 지지와 인정 속에서 의미 있는 것이 된다면, 산다는 것은 그들에게 책임을 다하는 것이 될 것이다. 긍정적으로 살아가라고 하는 푸 웨이쉰의 주장은 필자가 보기에는 이들과의 관계에 기반을 둔 것으로 보인다.

Ⅲ. 기시모토 히데오(岸本英夫, 1903-1964)

    푸 웨이쉰의 삶과 죽음은 본인의 죽음을 대면한 생사학자의 삶과 죽음의 모습을 보여준다. 일본에 그와 비슷한 사례가 있다. 기시모토는 1921년에 도쿄제국대학을 졸업하고, 1931년부터 하버드에서

공부한 뒤에, 도쿄 대학의 교수가 된 종교학
자이다. 1954년에 그는 암진단을 받았다. 그는
10년 동안 암과 싸웠으며 은퇴를 앞둔 1964년
1월에 사망했다. 그는 타나톨로지가 성립되
기 전에 활동했기에 생사학자로 불리지는 않
는다. 그러나 그의 삶과 죽음에 대한 많은 에
세이를 썼고, 그 글들은 1965년에 『죽음을
응시하는 마음』(The Mind Gazing at Death)이라는 제목으로 출판되었다.[7]

　　1948년에 쓴 『삶과 죽음에 대한 네 가지 관점』에서 기시모토는 삶
에 대한 애착, 죽을 운명이라는 사실, 불가사의한 사후라는 이 세 가
지가 서로 대치하여 흐르면서 커다란 소용돌이를 만드는 급류가 된
다고 얘기한다. 그리고 죽음과 삶에 대한 다양한 견해가 물보라의
구름처럼 이 소용돌이 속에서 솟아오른다고 쓴다. 그리고 그는 죽음
과 삶에 관한 네 가지 유형의 견해를 분류한다. 1) 육신의 영속성의
추구 2) 사후의 삶의 지속에 대한 믿음 3) 무한한 우주적 생에 자신
의 생을 위탁하는 것, 그리고 4) 현재의 평범한 삶에서 영원을 찾는
다. 또한 그는 현대의 '건전한 정신'의 시대에 '세 번째 및 네 번째 유
형은 첫 번째 및 두 번째 유형보다 대중적'이라고 덧붙인다. 그가
1948년에 아직 죽음을 자신의 문제로 다루지 않았다는 것을 알 수
있다. 그러나 기시모토는 또한 '죽음이 우리에게 직접 다가올 때 우
리는 죽음과 삶에 대해 빌려온 견해로는 그것을 극복 할 수 없다.'

---

7 脇本平也·柳川啓一(編). 1976. 『生と死 (岸本英夫著作集 6)』. 渓声社.

고 한다. 그의 삶 역시 자신의 죽음을 마주하면서 죽음을 연구한 학자의 사례가 될 것이다.

암을 선고받은 후의 기시모토의 고뇌는 매우 진지했던 것 같다. 그는 현대사회가 죽음에 대해 잇고 있기 때문에 사람들은 죽음을 마주하면 어찌할 바를 모르고 경악한다고 쓰고 있다. 이는 아마도 그 자신에 대한 얘기이리라. 그의 고뇌는 많은 요소들에 관련되어 있는데, 중요한 관심은 사후에 대한 것이었다.

그는 온갖 노력을 했음에도 사후의 영혼이라는 개념은 믿을 수 없다고 했고, 한편으로 죽음에 직면해서도 흔들리지 않는 스스로의 근대적 이성을 자부했다. 하지만 죽음 후에 영혼이 존재하지 않는다면, 이는 그의 죽음과 함께 모든 것이 텅 비게 된다는(Void) 것을 의미한다. 암이 드러나기 전에도 그는 죽음에 대한 가장 설득력 있는 생각은 인간의 정신과 우주적 삶(전체로서의 삶)의 융합이라고 꼽았으나, 그렇다면 그의 정신이나 자아는 어떠한 흔적을 남기지 않고 사라지는 것이 된다. 그는 이것은 '머리가 쭈뼛하게 무섭다'라고 쓰고 있다. 아마도 그는 지각의 주체(기시모토 자신)가 죽으면, 지각의 대상(세계)도 사라질 것처럼 느낀 것 같다[8]

---

8 '지금의 자아, 의식이 있는 자아로서는 사라진다는 것은 그 무엇보다 두렵다. 그것은 머리가 쭈뼛하게 설 정도로 무섭다.' '내가 사후의 이상적인 영역을 믿을 수 있다면 얼마나 편안한 느낌일까? 그것은 '삶의 고갈'에 가장 적절한 해결책이 될 것이다. 죽음 이후의 삶이 있다면, '삶의 고갈'에 대한 치열한 공격은 필연적으로 잠잠해질 것이다. 그러나 내 안에 있는 지성은 나에게 날카롭게 호소한다. '당신은 그러한 타협에 동의하는가'라고. 그것은 죽음의 고뇌로 인해 패배한 나머지 타협하는 것이 아닐까. 그 증거는 바로 당신의 마음은 그러한 생각에 동의하지 않는다는 것이다.'(脇本平也・柳川啓一(編). 1976. 212-214).

기시모토가 나루세 진조의 마지막 강의 기록을 읽은 1960년 즈음 그의 견해가 바뀌었다.[9] 그는 그의 죽음에도 불구하고 세계는 살아남을 것이라고(혹은 무언가는 살아남을 것이라고) 깨달았고, 그리하여 죽음이란 '이별'이 찾아오는 것이라고 생각하게 되었다. 모든 개인은 그가 살아있는 동안에 많은 사람들과 사물들에 작별인사를 해야 한다. 이별은 쓰라린 경험이지만 우리는 그러한 쓰라림을 견뎌야 한다. 죽음은 극단적인 '이별'이기에, 그 이별을 준비함으로써 우리는 그것을 견딜 수 있을 것이다. 이 준비는 '완전하게 사는 것(live thoroughly)'을 의미한다. 죽음 그 자체는 인간의 지식의 범위를 넘어서기 때문에, 우리가 할 수 있는 것은 마지막 순간까지 사는 것이다. 그러므로 우리는 우리의 삶이 귀중하다고 느끼며, 그 연장에서 우리는 삶 그 자체의 존엄함을 깨닫는다. 온전하게 살아가려는 태도가 삶에 대한 경의로 귀결된다. 동시에 '완전하게 살기'위해서 우리에게는 자신의 삶을 거기에 몰두하고 희생할 수 있는 목적, 이상적인 목표가 필요하다. 무엇이든 보통의 직업을 포함하여 목적이 될 수 있다. 그리하여 모순적이게도 삶에 대한 경의는 이상적인 것에 몰두하는 삶의 방식을 요구한다. 당연하게도, 죽음에 대한 두려움은 우리가 '온전히 산다' 하더라도 사라지지 않는다. 그러나 기시모토는 우리는 우리가 헌신하는 것을 위헤 죽을 수 있다고 얘기한다.

---

9 나루세 진조(1858-1919)는 개신교 목사이자 일본여자대학의 창립자이다. 그는 1918년 간암 진단을 받았고, 1919년 1월에 대학에서 작별 강의를 했고 3월에 사망했다. 기시모토는 나루세의 강의 보고서를 읽었지만, 나루세의 크리스천으로서의 신념에 대해서는 언급하지 않았다.

나는 점차적으로 한 가지를 깨달았다. 그것은 죽음이 전체가 아니라는 것이다. 즉 우리에게 주어진 것은 실제 우리가 살고 있는 삶에 불과하다. 우리에게 주어진 삶을 어떻게 살 것인가는 그 무엇보다 중요하다. 그러나 그렇다고 하더라도 여전히 '삶의 고갈'이 문제는 남아있다. 그러므로 우리는 매일의 삶을 사는 것 외에 정신적으로 죽음에 대비해야 한다. 이 삶을 잘 살아야 한다는 관점에서 보면, 이제 죽음은 인생의 작별을 고하는 시간이라고 믿게 되었다. 좋은 작별을 위해서 우리는 항상 조심스럽게 죽음을 준비해야 한다(기시모토 히데오 전집 6. 216-217).

'죽어가는 사람은 모두에게 모든 것들에 작별 인사를 해야 한다. 그것은 정말 슬픈 일이다. 죽음의 작별은 완전한 헤어짐이지만, 그러나 되돌아보면 우리가 삶에서 경험하고 견디는 다른 헤어짐과 질적으로 다른 것은 아니다. 그것은 실제적으로 텅 빈 경험이 아니다. 나는 우리가 미리 죽음을 준비한다면, 우리는 그것을 견딜 수 있을 것이라 생각한다. … 죽음의 순간, 나는 작별을 고하고 우주적 영혼으로 돌아가 영원한 안식을 취할 것이다. … 이별의 시간이 올 때, 우리는 우리의 삶을 회상하고 남은 가족들과 삶의 달콤함을 생각하면서 모든 사람과 헤어지게 될 것이다. 그렇다면 무작정 일하는 것은 우리의 삶을 풍요롭게 하는 유일한 방법은 아니다. 사실 개의치 않고 일하는 것은 삶의 한 방식이지만 고요하게 삶을 경험하는 것은 더 나은 삶의 방식 일 수 있다. … '나의 이별의 시간'에 대한 생각을 할 때 나는 일상생활에 대한 나의 태도에 대해 긴장감을 느끼고, 결단이 필요함을 느낀다. 이에 더하여 나는 내 삶의 깊은 곳에 암이라는 중심 기둥이 있다는 것을 느끼는데, 그 덕분에 나는 정말로 좋은 삶을 살고 있기도 하다'(기시모토 히데오 전집 6. 148-152).

　앞에서 언급했듯이, 기시모토는 신이나 사후의 영혼을 믿지 않았다. 그 때문에 그는 보통 비종교적이라 여겨진 일본 근대 지성의 전형적인 인물이라고 일컬어지는 반면, 일본 사생학에서 종교적인 신봉자들은 그를 혹독하게 비평하기도 했다.(예를 들어 내가 아는 한 종교학자는 '기시모토는 세계의 종교를 연구하면서, 왜 종교에서 아무것도 배우지 못하는가.'라고 말하기도 했다.) 그러나 그는 사후의 삶에 대해서는 믿지 않았으나, 스스로의 믿음에 대해서 명료하게 말했다. 그에게 있어 암이 발견되기 전의 이상적인 종교란 유니테리언파(Unitarianism)나 존 듀이와 같은 '인간적인 종교'였다. 이는 초자연적인 요소와 함께 기본적인 가치를 인간 존재에 둔 종교이며, 임의적인 욕망을 극복하고 우리에게 삶의 이상을 알려주는 종교이다. 우리의 삶은 우리의 세계관을 통해 의미를 얻기에, 세계관은 바로 '종교적인 것'이다. 그러나 실제 종교에는 '역사적인 비순수성'이 섞여있다. 기시모토는 듀이가 종교의 '비순수성'을 제거하기 위해 애썼다고 평가했다. 다시 말해, 기적이나 영혼과 같은 비이성적인 요소들은 종교를 현대·이성·과학에 적용하기 위해 제거해야 할 것이라고 여겼다.

　기시모토의 종교적 믿음은 그의 암 발병 이후에도 변하지 않았다. 그의 논의의 출발점은 귀중한 삶을 어떻게 사는가에 있었다. 삶은 가장 소중하기 때문에 자연을 포함한 중생은 소중한 것이다. 이상적인 것은 모든 중생의 행복을 위해 기도하는 것이다. 실제로 영혼의 개념과 같은 전통적인 종교적 신념은 설득력이 떨어지고 있지만, 그

213

러나 기시모토의 견해로는 이 때문에 종교가 무용한 것이 되는 것이
아니라, 종교가 '진짜인' 것이 됨을 의미한다. 그에게 종교는 인간의
근본적인 문제에 대한 해결책을 제시하는 것이며, 그 전형적인 예는
비로 죽음이다. 그러므로 죽음의 해결책에 대한 생각들은 비록 일반
적인 의미의 종교는 아니지만, 분명 종교적이다. 현대인의 근본적인
문제는 사후세계가 아니라 삶에 있다. 본질적으로 하나님 중심의 기
독교와는 달리, 동아시아의 종교는 인본주의적인 것이었다. 그들은
특정한 '마음의 태도'(또는 '마음의 상태')를 제시함으로써 인간의 고뇌를
풀기 위해 노력했다. 그렇다면 동아시아의 종교들은 그것에서 '비
순수한 것'을 제거함으로써 죽음에 대한 태도를 제시하는 이상적인
종교가 될 수 있다.[10] 한편 그는 환경을 변화시켜 인간의 고통을 해
소하려고 하는 경향이 있는 서양문화와는 달리, 일본문화는 '내향
적'이고 죽음에 대한 '정신적 준비'를 강조하는 경향이 있으며 이는
인본주의적인 종교의 기초가 된다고 논의했다.[11]

Ⅳ. 동아시아 생사학의 구축

푸 웨이쉰과 기시모토는 서로 다른 점이 많다. 푸 웨이쉰은 죽음
을 앞두고 적극적으로 살아가기를 원했다. 기시모토는 보다 소극적

---

10 脇本平也·柳川啓一(編). 1976. 37-52.

11 脇本平也·柳川啓一(編). 1975. 『東西の文化 (岸本英夫著作集 4)』. 41-52, 96-100, 101-118.

으로, 죽음의 두려움에 맞서 싸우기 위한 버팀목을 찾았다. 또한 그는 전형적인 근대 지식인으로서 '인간의 존엄성'을 확고하고 의심 없이 믿었다.[12] 반면 푸 웨이쉰은 존엄이란 고독한 현대인의 실존적인 선택이라는 것을 예리하게 깨달았다(즉, 존엄성의 객관적인 근거가 없다). 그러나 그들은 죽음에 직면하여 전통적인 종교에 대한 동일한 태도를 공유한다. 우선 그들은 종교에 대한 진정한 믿음과 비진정한 믿음을 구별하고, 동아시아 종교들에서 진정한 믿음을 찾아낸다. 두 번째로, 그들은 신이나 영혼과 같은 소위 일반적인 의미에서의 종교로만 진정한 믿음을 국한시키지 않는다. 마지막으로 그들은 죽음에 대한 태도란 바로 살아가는 태도라고 생각한다.

다시 말해 푸 웨이쉰과 기시모토는 그들이 속해 있는 전통적인 종교나 문화를 재해석하여 삶과 죽음에 대한 그들의 견해를 수립했다. 동아시아에 사는 우리에게 있어서 그들이 놀랍게도 같은 길을 걸었다는 것은 의미심장하다. 우리의 감각과 감정은 무의식적으로 우리의 전통적인 문화의 영향 하에 있으며, 그리하여 서양 타나톨로지의 어떤 면들에 대해 불편함을 느끼는 것은 피할 수 없는 일이다. 동시에 우리 중 많은 사람들은 전통적인 종교적 신념을 실제적으로 거의 느끼지 못하기도 한다. 그렇다면 우리가 가야 할 유일한 길은 우리의 전통을 창의적으로 해석하고 재구성하는 것이다. 이것이야말로 바로 동아시아 생사학의 주제일 것이다.

---

12 기시모토의 사상에 문제가 있다면, 종교적 신봉자들이 비판하는 바인 그의 비종교적 성향이 아니라, 바로 이 의심 없는 인간중심주의일 것이다. 그는 현대 합리성에 전적으로 동의했지만, '건전한 합리성'과 '불건전한 탐욕'을 구별하는 것은 실질적으로 어렵다.

참고문헌

傳偉勳. 2006. 『死亡的尊嚴與生命的尊嚴』. 北京大學出版社.
脇本平也·柳川啓一(編). 1975. 『東西の文化 (岸本英夫著作集 4)』. 渓声社.
脇本平也·柳川啓一(編). 1976. 『生と死 (岸本英夫著作集 6)』. 渓声社.
林綺雲 (ed). 2000. 『生死學』. 洪葉文化事業有限公司.
Ariès, Philippe. 1977. *L'Homme devant la mort.* Seuil.
Shimazono Susumu. 2003. 「An Essay on Death-and-Life Studies」. 『*Shiseigaku Kenkyu*(死生學研究)』. 2003.

제3부

죽음의
자기결정권

생명과 인간존엄에 대한 숙고

제8장

대만의
환자자주권리법 법안

쑨 샤오즈孫效智(타이완대학교)

○◉○◉

Ⅰ. 〈환자자주권리법〉의 기본 이념

대만의 〈환자자주권리법(Patient Self-determination Act)〉은 2015년 12월 18일에 입법원을 거쳐 2016년에 총통의 공포로써 발효되었고, 그로부터 삼 년 후에 정식으로 시행된다. 이는 아시아 최초로 환자의 자주적 권리를 보장하는 법률로서, 사회복지 및 의료인들의 권익뿐 아니라 모든 국민들의 일상에 중요한 의미를 가진다. 〈환자자주권리법〉의 구체적인 내용을 알리기 위해 이 법의 기본이념, 입법의 필요성, 그리고 이 제도에서 중요하게 부각된 부분을 소개하고자 한다.

〈환자자주권리법〉의 제1조는 전체 조문의 3대 입법이념을 골자로 있다. 이 3대 입법이념이란 바로 '환자의 의료자주권 존중', '선종 (善終)을 위한의 권익 보장', '의료인과 환자의 조화 추구'이다. 과거에도 수많은 의사법규(醫事法規)가 존재했지만 그 가운데서 환자를 중심으로 설계된 것은 없었고, 더욱이 환자의 자주권 보장이 중요한 목적으로 거론된 바가 없음은 물론이다. 이 법률은 환자를 규범적인 주체로 보고 환자의 자주권 보장을 핵심가치로 보고 있다는 점에서 의사법규 입법에 있어서의 패러다임의 전환이라고 할 수 있다.[1]

여전히 죽음을 기피하는 대만 사회에서 선종, 즉 '좋은 죽음'이란 쉽게 꺼낼 수 있는 화제가 아니다. <호스피스완화의료조례>에서조차 '선종'의 개념을 법 안으로 편입시키지 못했는데, 환자자주권리법은 환자의 선종권을 명문으로 규정하여 보장하고 있다. 마지막으로 의료인과 환자의 조화로운 관계를 모색하는 것이 중요한 입법 목표이다. 이는 오늘날의 사회적 요구와 부합하는 것으로, 삼대입법 이념은 결코 구호에 불과한 것이 아니다. 이 법은 각 항의 제도와 그 시행을 통해 실현될 것이다.

환자의 의료자주권 존중에 관하여, 이 법의 제4조 제1항에서는 환자가 '알 권리·선택권·결정권'을 가진다고 공포하였다. 제2항에서는 한 걸음 더 나아가 환자 이외의 다른 관련자들이 의료기관 또는 의사가 환자의 선택에 따라 행하는 것을 방해할 수 없다고 규정하고 있다. 종합적으로 보면, 이 법의 제4조에서 보장하는 환자의 자주권은 기존의 <의료법>이나 <의사법>에 비해 매우 획기적인 것이라 할 수 있다.

<의료법>의 제63조 제1항, 제64조 제1항, 제81조, 그리고 <의사

1 吳振吉·蔡甫昌. 2016.「簡評 '病人自主權利法' 及其影響」.『醫院』49(1). 6-10.

법>의 제12조 1항에서도 의료기관이나 의사의 고지의무를 부여하기는 하지만, 고지의 대상은 '환자 측'이지 '환자'가 아니다. 다시 말해, 환자를 포함한 환자의 배우자, 친족 또는 관련자 등이 모두 고지의 대상이 되어 알 권리를 가지게 된다. 이전 법에서는 수술이나 마취, 또는 특정한 외과치료를 둘러싼 검사와 시행에 이르기까지, 환자가 우선적인 선택권과 결정권을 가지는 것이 아니라, 의료인/기관 측은 '환자 측' 가운데 한 사람의 동의를 얻어서 의료적 처치를 할 수 있었다. 이는 결국 알 권리, 선택권, 결정권이 환자에게만 속한 권리가 아니므로, 환자와 관계된 사람들과 비교했을 때 환자가 우선권을 가지지 못하는 결과로 이어졌다.

이 법의 제4조에서는 알 권리·선택권·결정권이 환자와 관계된 것이지 환자 측의 권리가 아니며, 이에 근거하여 환자가 가장 우선권을 가질 수 있도록 할 뿐만 아니라, 다른 사람들의 생각이 환자의 자주적 의사를 뛰어넘을 수 없다는 점을 분명히 하였다. 제5조 제1항에서는 의료인측이 병의 상태, 치료 정보를 환자에게 고지하되, 환자가 분명한 반대를 표시하지 않을 때 비로소 환자와 관련된 사람들에게 고지할 수 있음을 거듭 밝혔다. 다시 말해, 환자와 관련된 사람의 알 권리는 적어도 환자의 암묵적 동의를 거쳐야 한다는 것이다. 제6조의 '동의'에 관한 규정은 입법 과정 중에 타협되었는데, 이는 <의료법>과 서로 이어지도록 하기 위해서이다. 제4조부터 제6조까지의 규정을 종합적으로 살펴보면 환자의 알 권리, 선택권, 결정권이 확립되었다고 할 수 있는데, 이 부분은 의심의 여지가 없을 것이다.

이 외에도 언어표현 방식을 살펴보면, <의료법>과 <의사법>에서 사용하는 '설명', '고지', '동의' 등의 용어는 의료기관이나 의사가 주체가 되고, 환자들로부터 동의라는 반응을 기대하는 것이었다. 이에 비해 환자자주권리법의 '알 권리·선택권·결정권' 등의 용어는 환자를 주체로 하고, 환자가 병의 증상을 이해하고 의사가 제공하는 의료 항목에 따라 선택과 결정할 수 있는 권리를 분명히 하고 있다. 마지막으로 이 법의 제10조는 환자가 의료위임대리인(Health Care Agent)을 미리 선정하여, 환자의 자주권이 환자의 의식이 혼미해지거나 자신의 의견을 분명하게 표출할 수 없을 때까지 연장될 수 있게 하고 있다.

환자의 선종권(善終權)을 보장하는 것에 관하여, 이 법은 환자가 특정한 임상조건 아래서 생명유지를 목적으로 한 연명치료를 거부하는 것, 아울러 의료인 측에 완화의료 및 기타 적당한 처치를 요구하는 것을 허락하고 있다. 연명치료를 거부하는 것과 선종의 관계는 의학기술의 진보로 인한 '가공된 구차한 삶'이 점차 '좋은 죽음보다 못한 삶'이 되어가는 현실에 기인한 것이다.

이는 '개똥밭에 굴러도 이승이 좋다'라는 전통적 사고방식에 도전하는 것이기도 하다. 환자자주권리법의 제14조 제1항에서는 다섯 가지 임상 조건 아래, 환자는 사전의료의향서를[2] 통해 연명치료와 인공영양 공급 및 유동식 공급을 거부할 수 있다고 분명하게 정하고 있다. 다시 말해, '좋은 죽음보다 못한 구차한 삶'을 살아야 하는 특

---

2 원문의 '사전의료결정'은 한국의 '사전의료의향(서)'를 의미하기에, 문맥에 따라 '사전의료의향(서)'로 번역했다.

정한 상황이라면, 환자는 구차하게 살지 않고 좋은 죽음이라는 출구를 선택할 수 있는 것이다. 여기에서의 좋은 죽음은 선종(善終)이다. 물론, 환자가 연명치료를 거부한 후에 좋은 죽음을 확보할 수 있도록 죽음으로 나아가는 과정에서 완화의료와 기타 적당한 처치가 반드시 이루어져야 한다. 이것이 바로 이 법의 제16조에서 규정한 내용이다.

의료인과 환자의 조화를 촉진하는 방안으로서 이 법은 환자가 의료행위의 주체라는 점을 강조하고 있기는 하지만, 의료인과 간병인에게도 동일한 주체성을 부여한다. 그러므로 의료인과 환자의 관계는 서로 균형 잡힌 주체성을 유지하게 된다. 전통적으로 의료인과 환자 양측은 의료라는 전문적 분야에서 대등한 관계가 아니라, '의료인'이 도움을 주고 '환자'가 도움을 받는 '관계의 불균형'을 이루고 있었다. 이로 인해 환자의 주체성이 무시되는 결과가 초래되었는데, 이 법을 통해 잘못된 것들을 바로 잡고 환자의 주체적인 지위가 다시 세워질 수 있기를 바란다. 다만 잘못된 것들을 바로잡으려는 시도가 지나쳐서 갈등이 생겨서는 안 될 것이다. 의료인과 환자의 상호주체성이라는 기초 위에서, 이 법을 통해 환자의 자주권을 보장하는 동시에 의사의 전문적 자주성이 존중되기를 기대한다.

이 법의 제4조에서는 환자기 선택하고 결정할 수 있는 의료 항목의 범위는 의사의 전문적 건의에 제한된다고 규정하고 있다. 생사(生死)와 관련된 의료 상황에서, 제14조 제1항은 다음과 같이 규정하고 있다. 의료기관이나 의사는 환자가 작성한 사전의료의향(서)에 따라 의료적 치료를 거부한다는 '환자의' 뜻을 존중해야 하는데, 이는

223

반드시 집행해야 한다는 것은 아니다. 다시 말해, 의료기관이나 의사는 환자의 사전의료의향을 존중하여 집행해야 하지만, 집행을 원하지 않는 경우에는 환자를 다른 의료기관이나 의사에게 위탁할 수 있다. 이 외에, 이 법의 제14조 제5항에서는, 환자의 사전의료의향(서)에 따라 집행하는 의료기관이나 의사는 법률적으로 형사책임, 행정책임과 민사상의 배상이 면제된다고 분명하게 보장하고 있다. 이는 환자의 의사를 존중하는 의료인들의 입장을 고려한 것이다. 따라서 환자자주권리법은 환자의 의사와 자주성을 최대한 존중하여 의료인과 환자 사이의 균형있는 조화를 꾀하는 것에 그 목적이 있다.

Ⅱ. 〈환자자주권리법〉의 입법 필요성

혹자는 이렇게 생각할 수도 있다. <의료법>, <의사법> 또는 <호스피스완화의료조례>에 모두 환자의 자주권을 보장하는 관련 규정이 있기에, 설령 부족한 점들이 있다 하더라도 이들에 의거하여 수정하면 되는데, 굳이 애써서 <환자자주권리법>을 따로 만들어야 하는가?[3]라고 말이다. <환자자주권리법>의 단독 입법 필요성은 어디에 있는가? 이러한 의견들이 전혀 이치에 맞지 않는 것은 아니다. 그러나 이들은 환자자주권의 미시적 측면에만 착안하여, 개별적 법률제도의 설계 목적, 환자 권리구조의 전체적 기획 및 법의 안정적 작

---

3 吳振吉·蔡甫昌. 2016.

용이라는 거시적인 측면을 간과하고 있다.

우선 개별적 법률제도의 설계 목적에서 보자면 <의료법>과 <의사법>의 규범적 주체는 의료기관이나 의사이지, 환자가 아니다. <의료법>과 <의사법>에서는 환자의 권리를 규범화하고 있기는 하지만, 명분이 바르지 않아 의미를 살리지 못하므로 온전하다고 볼 수 없다. 먼저 <의료법>에 대해 말해보자면, 이 법의 제1조에서는 <의료법>의 입법취지는 의료사업의 발전 촉진과 의료자원의 합리적 분포 등에 있다고 밝히고 있다. 이어 제2조에서 7조까지 의료기관과 법인 등에 대한 정의가 부가되어 있는데, 입법사상은 의료기관측을 주체로 하여 규범화 되었다는 것을 분명히 알 수 있다. <의사법> 제1장의 총칙은 의사의 자격을 규범화 하는 것에서부터 시작하여, 제2장에서는 의사의 집무 조건을 규범화하고, 제3장에서는 의사의 의무에 대해 언급하며, 제4장에서는 징계와 처벌, 제5장에서는 공회(公會)에 대해 다루고 있는데, 이는 모두 의사를 규범의 주체로 삼고 있다. 따라서 <의료법> 또는 <의사법>은 의료기관/의료인 측을 주체로 하는 것이지, 환자의 권리와 의무를 그 규범의 목적으로 하는 것이 아니다. <호스피스완화의료조례>에서는 그 규범 대상을 환자로 하고 있기는 하지만, 제1조에서 그 입법 목적은 말기 환자에 대한 보장이지, 모든 환자의 권익이 아니라는 점을 분명하게 밝히고 있다.

규범의 주체가 환자가 아니기 때문에, 환자의 권리와 의무와 관련된 사항은 <의료법> 또는 <의사법> 가운데 대부분 의료기관측과 관련된 권리와 의무 조항 아래 자잘한 규범으로 덧붙여져 있을 뿐이다. '고지와 동의'를 예로 들어 보자. <의료법> 제63조와 <의사법>

제12조 1항에서는 법을 수정하여 고지 대상을 환자로 명료화하여, 현재 사용되는 '환자 측'이라는 용어를 대신하고 있지만, 환자의 자주권에 대한 내용을 환자를 규범주체로 하지 않는 법률 안으로 결합시킬 수 있을까. 또한 <의료법> 또는 <의사법>에서 환자를 주체로 하는 용어, 예를 들어 '알 권리·선택권'을 사용하려고 한다 하더라도, 이는 의료기관측을 주체로 하는 '고지 동의'와는 다른 것으로, 결코 쉬운 일이 아니다.

마찬가지로 혹자는, 환자가 연명치료를 거부할 권리는 <호스피스완화의료조례>의 수정을 통해 동일한 목표에 도달할 수 있기 때문에, 꼭 새로운 법을 만들 필요는 없다고 주장한다.[4] 중요한 것은 <환자자주권리법>의 관심이 다만 연명치료의 거부에 있거나, 말기 환자에만 있는 것도 아니라는 점이다. <환자자주권리법>의 모든 함의는 조례 중에 포함되어 있는데, 이는 조례의 명칭부터 각 조의 내용까지 거의 모두 변경된 것으로써 '결과적으로' 새롭게 법을 제정하는 것과 마찬가지이다.

다음은 환자의 권리 구조에 대한 전반적 계획의 필요성에 대해 언급하고자 한다. 대만의 <의료법>은 오랫동안 환자를 주체로 하는 일반성, 총체적 규정이 부족했다. 만약 환자의 권리를 완전히 보장하려면, 환자의 알 권리·선택권·결정권이 중심이 되어, 사전의료의향(서) 작성, 사전의료보호플랜, 의료위임대리인, 의료 거부의 권한

---

4 黃啟禎. 2016. 「病人自主權利法. 第四屆臺中醫法論壇 醫病關係再探討」. 彰化市.
鄭逸哲·施肇榮. 2016. 「沒有 '安樂死'之名的 '安樂死法' : 簡評 2016年 '病人自主權利法'」. 『軍法專刊』62(4): 18-35.

226 생명과 인간존엄에 대한 숙고

과 조건 등과 결합된 조치를 '시행할 수 있는' 시스템 계획까지 확대할 수 있다는 가능성으로 발전해 나가야 한다. 이들은 왜 환자를 주체로 하는 법률이 필요한지를 설명하는 중요한 이유가 된다. 이 외에 환자를 주체로 하는 법률은 법의 발전 가능성을 확보하고, 법의 수정, 조정, 확충을 지속적으로 진행할 수 있도록 해야 한다.

　마지막으로 법의 안정성이라는 각도에서 보자면, 현행법 체계는 각종 이익과 논리가 서로 부딪히고, 서로 타협해 온 결과이다. 어떠한 변화라도 모두 현행법 체계의 입법 정신, 역사의 흐름, 축적된 문화 자원을 고려해야만 하며, 가볍게 바꾸거나 훼손하거나 폐기해서는 안 된다. 그러므로 입법을 할 때에는 현행법과 충돌을 예상하고, 이를 완화하고 극복할 수 있도록 균형을 유지해야 한다. <호스피스완화의료조례>와 <환자자주권리법>은 법률상 특별법과 보통법의 관계를 갖고 있기 때문에, 모든 환자에게 속한 권리와 의무에 관한 규범은 <환자자주권리법>으로 회귀되고, 말기환자에 속하는 사람들만 <호스피스완화의료조례>의 규정을 적용받게 된다. 이것은 관련된 법체계를 극복하려는 것인 동시에, 기존의 호스피스완화의료기관이 지나친 파동을 겪지 않도록 함으로써, 법의 안정성을 유지하려는 것이다.

　최근의 친족동의서를 예로 들어보면, 조례의 현행규범에는 동의서 설계가 포함되어 있지만, <환자자주권리법>에는 없다. 조례의 동의서 권한은 세 차례의 법률 수정을 거쳐 완전히 확립되었는데, 이는 동의서는 타인이 말기 환자를 대신하여 삽입된 관을 제거할 수 있는가의 여부를 결정하는 것으로, 환자 본인의 결정이 아니기 때문이다. 사회는 지금까지 누적된 상당한 경험을 바탕으로 '한 사람의 생사권'을 타인이 대신 결정한다는 도덕적 문제를 반드시 고려해야 하는지의 여부를 확인하였다. <환자자주권리법>은 말기환자가 아니더라도 연명치료를 거부할 수 있는 규범을 포함하고 있어서, 입법 과정 중에 이미 적지 않은 사람들의 불안과 반감이 표현되었다. 만약 입법 초기에 이 항목의 권리를 환자 이외의 다른 사람에게 넘겼다면, 더욱 커다란 논쟁을 야기했을지도 모른다. 순조로운 입법을 위해 타협된 결과는 <환자자주권리법>의 명칭에 분명히 드러난 것처럼, 생사(를 결정해야 하는) 상황에서, 환자 자신이 결정하고, 그 외의 다른 사람이 간섭하지 않도록 하는 것이다. 향후 극복해야 하는 문제는 이후의 토론으로 미루어둔다. <호스피스완화의료조례>는 특별법의 지위에 있는데, 이에 따르면 사전의료의향도 없고 서명된 의향서도 없는 말기 환자들의 경우, 친족의 동의서 또는 의사의 지시에 따라 삽입된 관을 제거할 수 있도록 되어 있다.

III. 〈환자자주권리법〉의 제도 설계와 중점 설명

환자의 의료자주권 존중 방면에서 이 법의 제4조에서부터 제6조까지는 위에 기술한 것처럼 환자가 '자신의 병에 대해' 완전히 알 권리, 선택권과 자주권을 가진다고 분명히 밝히고 있다. 이어서 이 법이 보장하는 내용, 즉 환자가 구차한 삶을 거부하고 좋은 죽음의 권리를 보장받을 수 있는 관련 제도에 대해 심도 있는 설명을 하도록 한다.

앞서 설명한 환자의 자주적 권리를 관철하기 위해, 이 법은 사전의료보호상담·사전의료의향(서)·의료위임대리인 등의 기제를 도입하였다. 이 법의 제9조 및 제14조에 따르면, 생사(生死)를 포함하는 의료 거부권, 법정 과정과 조건의 행사(行使)는 반드시 먼저 '사전의료보호상담'을 거쳐야 하고, 그런 후에 비로소 '사전의료의향(서)'에 서명할 수 있다. '사전의료의향(서)'는 증거나 증인 또는 공증을 거친 후에, 건강보험증(현행 의료보험카드)에 기록해야만 효력이 발생한다. 환자의 사전의료의향을 집행하려고 할 때에는, 반드시 2인의 관련 전문의의 확진을 받아야 하고, 완화의료단체의 2차 각서를 받아서, 이 법의 제14조 1항의 다섯 가지 특정한 임상 조건에 부합하는지 확인해야 한다. 이렇게 해야 연명치료 및 인공영양 공급, 유동식 공급을 중지하거나 제거할 수 있다. 다섯 가지 임상조건의 판단 과정과 기준은 주관기관이 의학전공분야와 그 영역에 속한 환자의 임상 경험에 따라 각 분야의 전공학회에 청하고, 완화의료 전문단체와 함께 모여 구체적인 방향으로 발전시킬 수 있도록 해야 한다. 관련 연구에는 수많은 인력과 시간이 투입되어야 하는데, 이는 또한 왜 이 법이 반드시 입법 후 삼 년 후에 정식으로 시행되어야 하는지의 이유를 말해준다.

1. 사전의료보호상담(Advance Care Planning, ACP)

사전의료보호상담(ACP)은 이 법을 이해하는 의료서비스 전문요원이 제공하는 의료와 법률정보로서, 환자와 환자 가족 또는 기타 주요 관련자들과의 상담과 대화, 소통을 통해 환자와 기타 참여자들에게 이 법이 보장하는 환사사주권의 함의와 빔위를 충분히 이해히게 함으로써, 환자가 평화롭고 조화로운 관계 속에서 자주적으로 사전의료의향(서) '작성을' 할 수 있도록 돕는 것이다.[5] 자원하여 참여한 사람 외에, 대만 사회에서 친족은 매우 중요한 지위를 차지하므로, 자원자와 가족(친족)이 충분히 소통하게 해야 한다. 이 법의 제9조 2항은 2촌 이내의 친족 가운데 적어도 한 사람이 반드시 ACP(사전의료보호상담)에 참가해야 한다고 명시하고 있다. 만약 환자가 지정한 의료위임 대리인이 있다면 같은 조항 규정에 의거하여 함께 참가해야 한다.

ACP는 사전대비형과 중대질병형으로 나눌 수 있다. 전자는 건강했을 때, 언제든 일어날 수 있는 예외적 상황을 미리 예비하는 것이다. 누구든 예기치 못한 교통사고나 중풍에 걸려 되돌릴 수 없는 혼수상태 또는 식물인간의 상태가 될 수 있다. 이러한 상황까지 고려하여 사전의료의향(서)에 서명을 희망하는 사람들은 우선 사전대비형 ACP에 참여해야 한다. 후자는 중대한 질병으로 진단을 받은 후에 '참여를' 희망한 사람들을 가리키는데, '좋은 죽음보다 못한 구차한 삶'의 상황에 직면할 수 있다는 가능성이 예견된 상황에서, 미리 계획을 세울 수 있을 때 ACP를 희망하는 사람들을 말한다. 사전대비형 ACP를 진행할 때, '참여' 희망자는 환자가 아니므로, 이 법의 제9조 제5항의 규정에 부합하는 의료기관을 자유롭게 선택할 수 있다. 중대질병형 ACP의 경우, 희망자는 이미 의료체계에 포함된 환

---

5 吳振吉·蔡甫昌. 2016.

자이기 때문에, 이 법의 규정에 부합하고 또한 환자의 병세를 잘 알고 있는 의료단체가 'ACP'를 제공하게 된다.

2. 사전의료의향(서)(Advance Decision, AD)

생사를 다투지 않는 일반 수술과 마취, 기타 침입성 검사와 치료에 대해 <의료법>과 이 법의 제6조에 따르면, 환자는 동의서를 통해 의료결정권을 행사할 수 있다. 환자는 '의료에 대해' 동의해야 하지만, 의사가 제안한 의료 선택항목에 대해 동의해야 하는 것은 아니다. 그러므로 생사를 다투지 않는 일반적인 상황 하에서, 환자는 의료 선택에 대한 동의 또는 거절할 권리를 가지게 된다. 그러나 특정한 의료 시행 또는 생명의 유지나 연장을 위한 인공영양 공급과 유동식 공급이 필요할 때, <의료법>의 틀 안에서 환자는 거절할 여지가 거의 없다. 이 법의 제6조는 구명(救命)을 의료기관의 예외 없는 의무로 보지만, 이 법은 환자가 AD(사전의료의향(서))를 통해 특정한 임상조건 아래서 생명을 유지하는 의료 또는 인공영양 공급과 유동식 공급에 대해서는 거절의 의사를 표현할 수 있다.

AD가 개인의 생사존망을 포함하기 때문에, 이 법의 제8조 제1항에서는 '완전히 행위의 능력을 갖춘 자'만이 서명할 수 있다고 규정하고 있다. 여기에는 만 20세가 된 자, 만으로 20세가 되지 않았지만 혼인한 자, 지적능력이 온전한 자를 포함하고 있다. 이 외에도 제8조 제1항의 후반부에서는 환자가 AD에 서명한 후에도, 언제든지 생각을 바꿀 수 있고 AD에 서명하기 전에 철회하거나 변경할 수 있다고 규정하고 있다. 마지막으로 이 법의 제15조에서도 의료기구 또는 의사가 환자의 AD를 집행하기 전에 의사를 표시할 수 있는 환자에게 AD의 내용과 범위를 확인하여, 환자에게 다시 한 번 생각하게 하고 결정할 수 있는 기회를 주어야 한다고 규정하고 있다.

대만과 다른 나라의 AD를 비교해보면, 중요한 세부 항목에서 차이를 보인다. 대만 이외의 '국가에서 시행하는' AD의 효력발생은 대부분 환자가 의식을 상실한 이후로 제한한다. 그러나 대만의 AD는 이와 다르다. 대만의 AD 효력발생의 다섯 가지 임상 조건 가운데, 첫 번째와 다섯 번째 조항에 따르면 환자는 반드시 의식이 불분명하거나 또는 자기의 의사를 분명히 표현할 수 없는 조건에 놓일 필요가 없다. 이에 근거하여 대만의 AD 기능은 두 가지를 갖게 되는데, 첫째는 다른 나라와 동일한 기능으로서 환자가 스스로 의식이 없어진 후에 집행하는 것이고, 둘째는 환자가 의사를 표현할 수 있다면, AD의 기능은 의료를 거부할 수 있는 일종의 장엄한 서면 표현이 되는 것이다.

의료기관이 환자의 AD를 집행하려고 할 때 환자는 죽음에 이르는 과정을 그저 지켜보기만 하는 것인가? 그건 아니다. 이 법의 제16조에서는 병원이 환자의 AD를 집행하려고 할 때, 완화의료 또는 그 외의 적당한 처치를 해야 한다고 규정한다. 완화의료가 없다면 환자는 좋은 죽음을 맞이하기가 어렵다. 따라서 다음과 같은 질문, 즉 '이미 치료를 포기했는데, 왜 병원에 데려오는가?'라는 물음은 이치에 맞지 않는다.[6] 물론 환자가 이때 이미 더 이상의 병환 치료 또는 생명을 구하려는 의료 처치를 필요로 하지 않는다고 하더라도,

이것이 어떤 의료적 협조도 필요하지 않다는 말과 동일한 의미는 아니기 때문이다. 고맙다고 말하기, 미안하다고 말하기, 사랑한다고 말하기, 작별 고하기 등의 '인생사도(人生四道)'. 즉 인생에서 전해야 할 네 가지 말을 전하는 것이나 온전한 돌봄을 포함하는 완화의료는 환자가 이때 매우 절박하게 필요로 하는 의료적 돌봄이라고 할 수 있다.

3. 의료위임대리인(Health Care Agent, HCA)

의료위임대리인(HCA)을 지정하는 목적은 환자의 자주권 실현을 보조하는 데 있다. <호스피스완화의료조례>에 이미 HCA의 설계가 포함되어 있기는 하지만, 이 조례가 부여하는 권한은 비교적 단순하여, 임상에서 거의 그 기능을 발휘하기 어렵다. 이 법이 부여하는 HCA의 권한은 더욱 확대되어, 환자의 의식이 혼미하거나 자신의 의견을 분명히 표현할 수 없을 때, 보충적인 지위를 갖는다. 따라서 환자를 위해 고지를 받고 동의서에 서명하는 것뿐만 아니라, 환자의 사전의료의향(AD)에 따라 환자를 대리하여 의료에 관한 의사를 밝힐 수 있다. HCA의 책무 가운데 하나는 환자가 의식이 없을 때 의사를 밝힌 사람의 의사를 대리하는 것이다. 그러므로 의료위임대리인은 의사를 밝힌 사람의 뜻과 이 법과 관련된 자문 사항을 분명히 알아

---

6 黃啟禎. 2016. 「病人自主權利法. 第四屆臺中醫法論壇 醫病關係再探討」. 彰化市. ; 吳育政. 「不專業的《病人自主權利法》」. 『天下雜誌獨立評論』 2016.1.28. (https://opinion.cw.com.tw/blog/profile/52/article/3822).

야 한다. 이렇게 했을 때 의료위임대리인은 그의 책무를 다하는 것이고 환자의 의사를 실천하는 데 책임을 진다고 할 수 있다. 이러한 이유로, 이 법의 제9조 제2항에서는 HCA은 반드시 환자와 함께 사전의료보호상담(ACP)에 참기해야 힌디고 규정하고 있다.

Ⅳ. 환자와 의료진, 사회전체를 위한 법

    <환자자주권리법>은 환자가 주체가 되는 의료법규로서, <의료법>·<의사법> 등 의료기구나 의료인들을 규범대상으로 하는 법규와는 차이가 있다. 이 법의 기본 이념은 환자에게 알 권리, 선택권과 결정권을 향유할 수 있는 자주 권리를 확보하게 하는 것으로서, 특정한 조건 하에서 이러한 '환자의' 자주권은 연명치료나 인공영양 공급, 수분 공급을 거부할 수 있다.

    환자의 자주권을 구체화하기 위해 이 법은 약간의 결합적 기제를 도입하였다. 환자는 사전의료보호상담의 과정을 통해 충분한 의료정보를 얻고, 가족과 친구, 의료 기관과의 충분한 토론과 소통을 거친 후에 사전의료의향(서)에 서명하는 것을 결정할 수 있다. '환자' 자신이 특정한 의료적 상황에서 어떻게 할 것인지, 또는 어떠한 의료를 받을 것인지를 선택하고, 동시에 자신이 신임하는 사람들을 의료위임 대리인으로 지정함으로써, 자신의 의식이 분명하지 않을 때에도 자신의 뜻을 관철할 수 있을 것이다.

    <환자자주권리법>은 환자의 입장에서 출발한 자주권을 확립하

는 한편 의사의 전문적 자주권을 존중함으로써 의사들이 이상적인 치료를 행할 때 '의사들이' 법규를 준수하고 법률의 보장을 받을 수 있도록 하였다. 더욱 중요한 것은 사전의료보호상담을 통해 강화된 의료과정의 소통과 대화를 기반으로, 이 법이 환자와 의사, 공동체 모두에 유익한 기회를 제공할 수 있다는 것이다.

참고문헌

吳振吉·蔡甫昌. 2016. 「簡評 '病人自主權利法' 及其影響」. 『醫院』49(1).
鄭逸哲·施肇榮. 2016. 「沒有 '安樂死'之名的 '安樂死法' :簡評 2016年 '病人自主權利法'」. 『軍法專刊』62(4).
吳育政. 「不專業的《病人自主權利法》」. 『天下雜誌獨立評論』 2016.1.28.
黃啟禎. 2016. 「病人自主權利法. 第四屆臺中醫法論壇 醫病關係再探討」. 彰化市.
(http://opinion.cw.com.tw/blog/profile/52/article/3822. 2017.12.27일 최종검색).

제9장

환자의 자기결정권에 대한 불교생사관적 검토[*]

타이완 〈안녕완화의료조례〉를 중심으로

양정연(한림대학교)

◌◉◉◌

Ⅰ. 안녕완화의료의 법제화 논의

2009년 '세브란스 병원 김할머니 사건'을 통하여 임종환자에 대해 연명의료를 어떻게 해야 할 것인가에 대한 사회적 논의가 본격화되었다. 환자 가족과 병원 측의 법적 문제로 이어졌던 소송에서 대법원은 김할머니의 인공호흡기 제거를 허용함으로써 무의미한 연명의료에 대한 법적 견해를 공식적으로 밝혔다. 그러나 이러한 판단 결과는 관련 법규가 정립되지 않은 가운데 나왔다는 점에서 의료계는 물론 사회적으로도 지속적인 논란을 야기하고 있다.

---

* 이 글은 강원대학교 비교법학연구소『강원법학』43 (2014)에 실린 논문「타이완 '安寧緩和醫療條例' 법제화의 시사점」을 수정 보완한 것입니다.

2013년, 대통령 자문기구인 국가생명윤리심의위원회는 연명 의료에 대한 환자의 자기결정권을 법적으로 보장할 수 있는 특별법 제정을 권고하였다.[1] 이에 대해 가톨릭 측에서는 먼저 호스피스 완화의료의 제도화가 이뤄져야 한다는 점과 생명존중 문화의 확산 등 사회적 여건이 미흡하다는 점을 들어 법제화에 반대하고 단계적 접근이 필요하다는 점을 공식적으로 밝혔다.[2] 이에 앞서 기독교생명윤리협회에서는 호스피스 완화의료 제도가 안정적으로 실시되고 이 문제에 대한 충분한 공감대가 형성된 뒤에 입법화의 논의가 전개되어야 한다는 입장을 표명하였다.[3] 불교계에서는 종단마다 통일된 견해를 도출하지는 못했지만, 존엄사에 대한 엄격한 기준 적용이 이뤄져야 한다는 견해가 주된 입장이었으며, 2010년 이후 '불교적 관점에서 본 연명치료중단과 장기기증' 세미나 등 관련 활동을 통해서 지속적인 관련법 논의에 대한 관심을 표명하였다.

임종환자의 의료조치에 대한 관련법 제정은 기본적으로 환자의 의견을 존중하고 그 결정에 대한 법적 근거를 제공하는 것이 주된 목표이다. 죽음의 정의가 육체적 관점만이 아니라 심리적, 영적인 측면 등 종합적인 관점에서 이뤄져야 한다는 호스피스와 생사학의 활동이 활발하게 전개되면서 타이완에서는 2000년에 <안녕완화의료조례>가 제정되었다. 이 조례에서는 존엄한 죽음을 맞이할 수 있

는 권리 보장을 위해 환자의 자기결정권과 완화의료 선택을 법적으로 보장하고 있다.

말기환자에게 완화의료의 선택은 죽음을 성장의 마지막 단계이며 영적 성숙의 과정으로 인식하는 생사학과 임종과정을 종교적인 완성을 위한 소중한 기회로 제시하는 불교생사관의 관점에서도 중요한 의미를 갖는다. 본 글에서는 <안녕완화의료조례>에 나타난 환자의 자기결정권과 완화의료 선택이 어떻게 다음 단계를 준비하는 승화된 관점에서 검토될 수 있는지 임종과정에 대한 불교적 관점에서 검토하고자 한다.

Ⅱ. 〈안녕완화의료조례〉 개요

2013년 1월에 공포된 제3차 <안녕완화의료조례> 수정 내용을 보면, 입법의 목적과 주관기관, 전용명사 정의 등 모두 15개조로 구체적인 내용과 범위를 규정하고 있다.[4] 조례 제1조에서 "말기환자의 의료 의향을 존중하고 그 권익을 보장하기 위하여 본 조례를 특별히 제정한다."고 밝히고 있듯이, 조례는 '말기환자'의 '의료 의향 존중'과 '권익 보장'을 위하여 제정되었다. 2000년, 치음 입법원에서 조례가 공포된 이후 주관기관이 위생서에서 복리위생부로 변경된 2013

---

4 타이완 <안녕완화의료조례>의 내용과 현황에 대해서는 양정연. 2014. 「타이완 <안녕완화의료조례>의 제정과 평가」. 『제3회 국내학술대회: 연명의료결정 법제화에 대한 학제적 성찰』. 한림대 생사학HK 연구단. 83-100 참조.

년 7월 제4차 수정을 하기까지 이 세 가지의 정의와 범위 등을 중심
으로 수정이 이뤄졌다. 먼저 조례에서는 '말기환자'에 대해 다음과
같이 정의한다.

심각한 부상이나 질병에 걸려, 의사의 진단을 통해 치유불가로 판단
되고 의학상 증거가 있으며 가까운 시기 내에 병세가 진행되어 사망에
이르는 것이 이미 불가피한 자를 말한다.[5]

여기에서 검토가 필요한 부분은 '가까운 시기 내'에 사망에 이르
게 되는 상황에 처했을 경우로 한정하고 있는 부분이다. 타이완 의
료계에서는 실무적인 차원에서 이 시기를 3개월에서 6개월로 보고
있다. 그런데 이러한 요건은 소수의 심각한 급성환자를 제외한다면
말기 악성종양환자의 경우에만 부합하게 된다.[6] 이러한 조건을 본다
면, 조례에서 의료 의향과 권익을 보장받을 수 있는 환자는 극히 제
한된 범위에서만 인정되고 있음을 알 수 있다.

조례에서 말기환자가 선택하는 '의료 의향'의 내용은 안녕완화의
료의 선택과 심폐소생술의 시행 여부로 구분할 수 있다. 처음 조례
가 제정되었을 때는 심폐소생술의 불시행을 안녕완화의료의 한 부
분으로 설명하였다. 그러나 안녕완화의료가 구급의료를 포기하는
것이라는 오해가 있을 수 있다는 점과 말기의료의 선택을 다양하게

---

5 양정연. 2014. 90.

6 陳信如, 盧映潔. 2012. 「撤除心肺復甦術與病人生命權保障之爭議」, 『臺灣醫界』. 55(3). 39.

탄력적으로 이뤄지도록 한다는 점에서,[7] 제3차 수정에서는 이 둘을 별도로 구분하여 정의하고 있다. 그리고 연명의료 결택에 대한 규정에서 말기환자가 '심폐소생술 혹은 연명의료 시행에 대해 선택하는 것'으로 설명하고 있다.

안녕완화의료에 대해서는,

> 말기환자의 생리, 심리 및 영적 고통을 경감하거나 없애기 위하여, 완화시키고 견딜 수 있도록 하는 의료 돌봄을 실시함으로써 그 생활의 질을 증진하는 것을 말한다.[8]

라고 정의하고 있다. 말기환자에 대한 돌봄과 완화의료의 의미를 질적인 측면에서 규정하고 있는 것이다. 이 점은 삶을 질적으로 향상시킨다는 세계보건기구(WHO)의 완화의료(Palliative Care) 정의를 고려하여 이뤄진 것이다. 완화의료는 다음과 같이 정리된다.[9]

• 고통과 기타 고통스런 증상을 경감시킨다.
• 생명을 긍정하고 죽음을 하나의 정상적인 과정으로 여긴다.
• 죽음을 앞당기거나 늦추지 않는다.
• 환자의 심리직, 정신적 돌봄의 측면을 통합한다.
• 환자가 죽기 전까지 가능한 적극적으로 생활할 수 있도록 돕는 지원

---

7 양정연. 2014. 94.
8 <安寧緩和醫療條例> 第3條2項.
9 http://www.who.int/cancer/palliative/en/

체계를 제공한다.

- 환자의 병환기간과 근친자 상실에 대해 그 가족이 대처할 수 있도록 돕는 지원 체계를 제공한다.
- 필요한 경우, 근친자 상실에 대한 상담을 포함하여 환자와 그 가족의 요구를 처리할 수 있도록 팀을 구성한다.
- 삶의 질을 향상시키고 또한 병세에 긍정적인 영향을 줄 수 있다.
- 질병 초기에 화학요법이나 방사선요법과 같이 생명 연장을 목적으로 하는 다른 치료법들과 함께 적용할 수 있고, 고통스런 임상 합병증을 더 잘 이해하고 관리하는 데 필요한 조사들을 포함한다.

이러한 원칙을 고려해볼 때, 안녕완화의료는 질병으로 인한 각종 증세는 물론 환자의 심리적, 사회적 그리고 인격적인 면까지 종합적으로 돌봄이 이뤄져야 하는 것으로서, 단지 말기환자에게만 적용될 수 있는 것이 아님을 알 수 있다. 따라서 완화의료에 대한 범위를 전통적으로 암 환자 중심에서 다른 조건의 환자들에게도 확대되어야 한다는 인식이 점차 확산되고 있다.[10]

심폐소생술의 개념은 처음 조례제정 시에는 "임종이나 생명의 징후가 없는 환자에 대해 기관 내 삽관, 체외 심장마사지, 구급약물 주사, 심장 전기충격, 심장 인공격동, 인공호흡이나 기타 구급치료 행위"로 규정되었으나, '빈사' 상태의 환자 역시 그 대상이라는 점에

---

10 LK Rosenwax, B McNamara, AM Blackmore and CDJ Holman. 2005. "Estimating the size of a potential palliative care population". *Palliat Med* 19. 558. 이 논문은 질병의 종류에 따라 최소범위와 중간 범위, 최대 범위로 나누고 어떤 질병을 앓고 있는 환자들에게 완화의료가 도움이 될 수 있는지를 측정하였다.

서 제3차 수정문에서는 추가하여 포함시켰다.[11]

조례에서는 심폐소생술 불시행의 선택을 말기환자인 경우에만 존중될 수 있는 것으로 규정하고 있는데, 명확하게 이해가 필요한 부분은 말기환자에게 연명의료를 실시하지 않았을 때 가까운 시일 내에 죽음에 이른다는 것인지, 아니면 실시하더라도 그러한 결과에 이른다는 것인가에 대한 점이다. 조례제정 과정을 보면, '안락사'와 '자연사'를 명확하게 구분하고, 전자는 환자의 고통을 없애고자 하는 수단이 '살인'이라고 규정하였고, 후자는 기본적으로 적극적으로 치료하지 않고, 치료 불가능한 환자의 빈사 단계를 연기하지 않으며 그 질병의 자연스런 과정에서 사망하도록 하는 것이라고 규정하고 있다.[12] 조례는 자연사를 전제로 제정되었으며, 앞에서 말기환자에 대한 정의가 '가까운 시기 내에 병세가 진행되어 사망에 이르는 것이 이미 불가피한 자'로 되어 있다는 점, 빈사 단계를 앞당기지 않는 것이어야 한다는 점, 그리고 식물인간에 대해서는 조례 적용에 해당되지 않는다는 점에서, 조례에서는 연명의료를 실시하더라도 가까운 시일 내에 죽음에 이르는 것이 불가피한 경우를 말하고 있음을 알 수 있다.

처음에 제정된 조례에서는 심폐소생술 불시행만을 규정하였으나 이후 수정을 거쳐 이미 시행된 심폐소생술에 대해서 중지나 철회를 할 수 있다고 인정하였다. 이러한 조치는 작위적인 조치가 이뤄진다

---

11 <安寧緩和醫療條例> 第3條3項.

12 「立法院第四屆第三會期衛生環境及社會福利, 司法兩委員會第二次聯席會議紀錄」, 2000.4.27. 419.

는 점에서 안락사 논쟁으로 이어졌다. 그러나 미국과 영국의 의사협회에서 제시한 근거들, 즉 말기환자의 치료 맥락에서는 불시행과 중지, 혹은 철회가 윤리적으로 차별이 없다는 점, 환자에 대한 선행과 피해 회피의 원칙 등 의사로서의 윤리적인 측면이 있다는 점, 환자에게 가장 이로운 방법에 토대를 두고 의료 조치가 이뤄진다는 점을 바탕으로 심폐소생술의 중지나 철회가 인정되었다.[13]

조례의 규정에 따르면, 의사의 치료행위가 중지 혹은 철회되는 시점은 바로 '무의미'하다는 판단이 제기된 다음이라야 가능하다. '무의미'라는 용어는 가능한 결과를 이루려는 노력을 하더라도 경험적으로나 추리를 했을 때 일어날 개연성이 거의 없다는 점을 의미하는 것으로 사용할 수 있다[14]는 점에서 '무의미한 의료조치'라는 것은 의료조치를 취했을 때 기대되는 효과를 얻을 수 없다는 것을 의미한다.

그렇다면 의료현장에서 의료진이 무의미한 의료조치라고 판단하고 환자가 희망하는 경우, 심폐소생술을 실시하지 않는다고 했을 때 윤리적으로 문제가 발생하지는 않는 것일까? 이 경우에 심폐소생술은 의무가 아닌 것이 되는데, 치료가 선택인지 의무적으로 이뤄져야 하는 것인지에 대한 논란은 삶의 질이라는 기준과 관계[15]되어서 검토되어야 하는 부분이다. 말기환자에 대한 치료가 무의미하고 환자

---

13 이와 관련된 내용은 양정연. 2014. 95 참조.

14 L. J. Schneider, N. S. Jecker, A.Jonsen. 1990. "Medical Futility: Its Meaning and Ethical Implications". *Annals of Internal Medicine* 112. 951.

15 T. L. Beauchamp & J. F. Childress. 2001. *Principles of Biomedical Ethics.* 5th ed. New York: Oxford University Press. 136.

에게 이익보다 해악을 더 많이 가져다 줄 정도로 삶의 질이 충분히 낮다면, 치료를 보류하거나 중단시키는 것이 정당할 수도 있다는 의견이 제시되기도 한다.[16] 그러나 '삶의 질'이란 개념이 생명의 가치를 판단하고 비교하는 수단으로 될 수는 없기 때문에,[17] 가치나 유용성의 관점에서 논의될 수는 없을 것이다. '삶의 질'이라는 용어가 단순히 병이 없는 것만이 아니라 복지를 기본 조건으로 요구하고, 점차 의료계와 과학계 등 다양한 분야로 영역이 확대되고 있다는 점에서[18] 구체적인 기준을 제시하기는 어렵다. 이러한 난점에도 불구하고 그 논의방향에는 인간의 사회적, 경제적 차원은 물론 윤리적·영적인 차원[19]을 포함하여 함께 검토되어야 하고, 적어도 의료영역에서 삶의 질을 논의할 때에는 앞의 '삶을 질적으로 향상시킨다는 완화의료(Palliative Care)의 정의'를 고려하여 심리, 사회, 인격적인 면 등 종합적인 측면에서 검토할 필요가 있다.

III. 환자의 자기결정권과 가족의 대리결정권

전통적으로 의료현장에서 긴급하거나 복잡한 과정을 거치는 의료조치는 대부분 의사의 결정에 따라 이뤄졌다. '부권주의(paternalism)'로

---

16 김일순외 2인. 1999. 『의료윤리의 네 원칙』. 계축문화사. 70.

17 이동익. 2007. 「'삶의 질'과 '생명의 신성함' 생명윤리」. 『인간연구』 13. 기톨릭대학교 인간학연구소. 49.

18 이동익. 2007. 44.

19 이동익. 2007. 49.

통징되는 의사의 이러한 역할은 환자에게 적절한 의료조치를 전문적 기술과 지식을 바탕으로 처방할 수 있다는 점에서 의료윤리원칙 가운데 선행의 원칙과 피해 회피 원칙과도 관련된다.

그런데 20세기에 들어서면서, 2차 세계대전 기간에 이뤄졌던 인체실험 등에 대한 경각심이 고조되었고 이를 바탕으로 의학연구와 의료현장에서 실험대상자와 환자에 대한 권익 보장에 대한 요구가 증가하였다. 의학연구 영역과 관련해서, 실험대상자에게 실험과 관련된 내용과 위험성 등에 대한 고지가 반드시 이뤄져야 한다는 누렘베르그 강령(Nurmberg Code, 1947)이 제정되었고, 1964년대에는 헬싱키 선언(The Declaration of Helsinki, 1964)[20]을 통하여 인체실험에 대한 윤리규범을 명시하였다. 의료현장에서도 환자의 인권이 보장되어야 한다는 인식이 확산되면서, 1965년 미국의원협회는 '환자권리장전(Patient's Bill of Rights)'을 공포하게 되었다. 장전 내용에는 환자가 중시와 존중이 이뤄지는 돌봄을 받을 권리를 포함해서 진단 및 치료 과정 등에서 자신과 관련된 사항 등에 대한 권리 보장, 그리고 환자는 인간으로서의 존엄성을 인정받아야 한다는 등 의료현장에서 이뤄지는 여러 조치들에 대해 포괄적으로 환자의 권리를 제시하고 있다.[21]

1914년 쉘렌도르프의 사례(Schloendorff v. Society of New York Hospital)[22]를 통하여 환자의 동의 없이 이뤄진 수술에 대한 의사의 책임과 고

20 T. L. Beauchamp & J. F. Childress. 1979. *Principles of Biomedical Ethics.* New York: Oxford University Press. 287-293 참조.

21 T. L. Beauchamp & J. F. Childress. 1979. 285-287.

22 Schloendorff v. Society of New York Hospital. 211 N.Y. 125. 105 N.E. 92. 1914.

지 의무가 법적으로 결정되었지만, 본격적으로 법정 소송을 통해 의료계의 부권주의에 이의를 제기하기 시작한 것은 1950년대부터이다. 이후 의료 법제화에서 가장 부각되어 나타난 것은 '충분한 정보에 근거한 동의'였다. 그리고 임종 환자에 대한 치료 중단 같은 경우에서도 의사가 결정하던 전통적인 방식에서 점차 환자 스스로 의료조치를 거부할 수 있도록 법적으로 그 권한을 보장하면서 환자와 의사의 관계를 새롭게 정의하는 방향으로 전개되었다.[23]

일본에서는 1984년, 환자권리선언 전국기안위원회[患者權利宣言全国起草委員会]가 '환자 권리 선언(안)'을 발표하면서 사회에서 법제화의 필요성을 제기하기 시작하였고 1997년에는 의료법 개정을 통하여 '충분한 정보에 근거한 동의' 노력의 의무를 규정하였다.[24]

타이완에서는 중화의학회가 1982년, 세계의학회가 주장한 환자가 누려야할 6대 권리를 수용하였고, 1997년 '환자권리 10대 성명'을 발표하였다. 의료법과 전민건강보험법, 전염병방치법 등 관련법에서 점차 환자의 권리를 명문화하였고, 2000년 <안녕완화의료조례>를 제정하여 말기환자의 심폐소생술 조치와 완화의료에 대한 자주권을 인정하는 특별법을 제정하였다.[25]

심폐소생술은 지금도 의료현장에서 위급한 상황에 처한 환자의 생

---

23 Marc A. Rodwin. 1994. "Patient Accountability and Quality of Care: Lessons from Medical Consumerism and the Patients' Rights, Women's Health and Disability Rights Movements". *American Journal of Law and Medicine* 20. 151-152.

24 관련내용은 木幡洋子. 2011. 「医師—患者関係の再考と医学情報権」. 『人間発達学研』 2. 7. <표 3>.

25 吳淑美. 2011. 「論安寧緩和醫療之自主權」. 國立中正大學法律學研究所碩士論文. 47.

명을 구하는 긴요한 의료조치로 사용되고 있다. <의료법>과 <의사법>에서는 구급치료를 하거나 필요한 조치를 이유 없이 지체해서는 안 된다[26]고 규정하고 있지만, 조례가 제정되면서 심폐소생술을 시행하지 않아도 되는 법적 근거가 마련되었다. 그런데 조례는 그 대상이 말기환자로 제한된 규정이라는 점에서 말기환자가 아닌 경우는 평소에 의향서를 통하여 심폐소생술의 불시행을 원했다고 하더라도 선택의 결정권이 보장될 수 없는가라는 논란이 있을 수 있다. 앞에서 살펴보았듯이, 말기환자에 대한 정의를 새롭게 하고 있는 추세를 고려할 때, 이 문제에 대한 논의는 앞으로도 지속될 것으로 보인다.

조례에서 환자의 자기결정권은 구체적으로 '충분한 정보에 근거한 동의'와 사전의향서로 표현된다. 그리고 환자에 대한 의료조치 행위에 대해 환자가 정상적인 의사표현이 불가능하다고 인정되는 경우, 가족이 대신 의료조치에 대한 결정권을 행사할 수 있는 가족의 대리결정권 보장되어있다. 의사의 설명은 환자의 동의가 이뤄지는 전제가 된다. 따라서 <의료법>과 <의사법>에서는 병세와 의료방침, 조치, 부작용을 포함한 예기되는 상황 등을 환자나 가족에게 충분히 설명하도록 의무화하고 있다.[27]

조례에서는 말기환자가 의식이 혼미하거나 분명하게 의사를 표시할 수 없을 때, 우선순위에 따라 필요한 의료 결정을 할 수 있다고 규정하고 있다.[28] 미국 뉴욕 주에서는 관련법(Family Health Care Decisions

---

26 <醫師法> 第21條, <醫療法> 第60條.

27 <醫療法> 第63條, <醫師法> 第12條1項 참조.

28 <安寧緩和醫療條例> 第7條2項.

Act, 2010)을 통하여 대리인의 우선순위를 배우자나 동반자, 성인 자녀, 부모, 형제자매, 평소 환자의 활동, 건강, 종교, 도덕적 신념 등을 잘 아는 가까운 친구(18세 이상)나 친척으로 정하고 있다. 그런데 타이완의 <안녕완화의료조례>에는 배우자, 성인자녀·손자녀, 부모, 형제자매, 조부모, 증조부모 혹은 삼촌 등 방계혈족, 일촌 등 직계인척으로 되어 있다.

<안녕완화의료조례>에서 가족 대리결정권의 우선순위는 입법과정에서 알 수 있듯이,[29] <인체기관 이식 조례 시행 세칙(人體器官移植條例施行細則)>(1988.3.11公布 條文) 제4조의 규정에 근거를 두고 있다. 그러나이 조항은 장기 이식 수술을 위해 인체기관의 기증을 우선적으로 고려한다는 점에서 환자의 자기결정권과 이익을 최우선으로 고려해야 하는 조례와 그 취지가 다르다는 점에 주의해야 한다. 그렇다면조례에서 규정한 가족 대리결정권의 우선순위가 환자의 자기결정권과 이익을 최우선적으로 보장할 수 있는가에 대한 검토가 이뤄져야 할 것이다.

의료행위에서 가족의 대리결정권은 환자의 의료조치에 대한 동의권과 대리권의 행사를 통해 이뤄지는데, 타이완에서는 가족의 대리결정권이 의료환경에서 큰 영향을 끼치는 것으로 나타나고 있다. 그 이유는 전통적인 가족 관계가 중시되고 부권 중심의 관념이 의료조치에서도 관련된다는 점, 환자에 대한 돌봄이 주로 가족을 중심으

---

29 『立法院議案關係文書-院總第1780號 政府提案第6927號』. 1999.12.29, 행정원안인 <緩和醫療條例草案> 第7條3項의 내용에서도 처음 공포된 내용과 동일한 친족 범위를 규정하고 있는데, 이 조항은 <人體器官移植條例施行細則>(1988.3.11公布 條文) 第4條의 규정을 참조하여 작성한 것이다.

로 이뤄지고 있기 때문에 중내한 의료조치일수록 가족의 의견이 고려된다는 점, 그리고 의료분쟁과 관련한 대부분을 환자 가족이 제기하고 있다는 점 때문이다.[30]

민법이 경우, 7세 미만인 미성년 자녀의 입양이나 입양 중지에 관련된 사항을 제외하면, 그 법정대리인이 대리한다는 것 이외에, 나머지 신분행위는 모두 대리제도의 적용이 이뤄지지 않는다. 그러나 부모는 미성년인 자녀를 보호하고 양육할 권리와 의무인 친권을 갖고 있으며, 그 권리는 자녀의 복리 증진과 권리를 보호하는 것으로 전개되고 있다.[31] 법적으로 부모는 자녀에게 가장 이롭도록 조치할 것으로 추정되기 때문에[32] 의료법을 비롯한 조례에서도 가족의 결정권이 인정되고 배우자와 혈연관계에서부터 그 권리를 인정한다고 볼 수 있다. 그러나 연구자료에 따르면, 처음에는 환자의 이익에 기초해서 이뤄지더라도 중요하고 긴박한 결정이 이뤄져야 할 때는 자신의 생활경험과 가치관에 근거해서 결정하거나 심지어는 환자의 원래 의사를 변경하기까지 하는 경우가 있다[33]는 점에서 안녕완화의료조례의 '가장 가까운 친족'에 따라 환자에 대한 의료조치 결정이 이뤄지는 점은 재검토할 필요가 있다.

30 王志傑. 2002. 「病患自主權理論基礎研究-兼論病患自主權對我國安寧緩和醫療條例之啓示」. 國防管理學院法律研究所碩士論文. 154-157.

31 陳棋炎, 黃宗樂, 郭振恭. 1999. 『民法親屬新論』. 三民書局. 258; 王志傑. 2002. 158에서 재인용.

32 高鳳仙. 1998. 『親屬法-理論與實務』. 五南書局. 361; 王志傑. 2002. 158에서 재인용.

33 陳孟佳, 楊秀儀. 2010. 「急重症病患之告知後同意」. 『臺灣醫學』 6. 677; 陳惠祺. 2013. 「探討《安寧和醫療條例》中親屬決定權之法律與倫理問題-以無意識能力成人未期病人為中心」. 國立政治大學法學院法律學研究所碩士論文. 82에서 재인용.

Ⅳ. 환자 자기결정권에 대한 불교생사관의 인식

<안녕완화의료조례>는 말기환자의 임종 시기를 무의미한 의료 조치로 인한 고통이 아니라 존엄한 죽음을 맞이하는 과정이 될 수 있도록 환자 스스로 선택할 권리를 법적으로 인정하는 것이다. 의료법에서는 말기환자인 경우라도 구급 조치가 이뤄져야 하는 것으로 규정하고 있기 때문에 의료현장에서는 심폐소생술을 비롯한 '육체적 생명'의 연장조치가 이뤄지게 된다. 의료법에서 규정하는 내용은 의료의 개념이 기존의 생명 구제라는 측면을 법적으로 보장하기 위한 것이지만, 조례의 내용은 호스피스와 의료인의 역할에 따른 변화를 통해 사회적으로 의료에 대한 개념과 인식이 전환되면서 그에 대한 법적인 근거를 마련했다는 점에 의미가 있다.

푸웨이쉰(傅偉勳, 1933~1996)은 일상적인 삶에서 삶과 죽음에 대한 지혜를 배양하고 실존적 태도를 건립하는 것을 포함해서 마지막 죽음의 순간까지 인간 존엄의 문제를 고려하는 것이 현대 생사학의 역할이라고 인식하였다. 그는 현대 생사학이,

> 이미 죽음의 문턱에 이르러서도 여전히 신념을 세우지 못한 사람들도 생명 성장의 마지막 단계에 이르러 자연스럽고 편안하게 죽음을 받아들여서 죽음의 존엄을 유지할 수 있도록 도와주어야 한다.[34]

---

34 傅偉勳. 2001.『죽음, 그 마지막 성장』. 전병술 옮김. 청계출판사. 272.

는 방향을 제시하고 삶의 마시막까지 실존직 태도를 견지해야 한다
는 점을 강조하였다. 현대 생사학을 이끌었던 퀴블러 로스는 "육체
란 단지 우리가 죽음이라 부르는 변화를 겪을 때까지 일정기간 머무
르는 집"[35]에 지나지 않으며, 죽음은 이 삶에서 고통도 번뇌도 없는
다른 존재로 이행하는 것일 뿐[36]이라고 말한다. 그녀는 삶의 유일한
목적을 성장하는 것에 두었고 죽음을 성장의 마지막 단계로 인식하
였다. 따라서 죽음은 삶에서 가장 멋진 경험으로 되며[37] 임종과정은
삶의 마무리와 완성을 이룰 수 있는 마지막 기회가 되는 것이다.

불교에서는 죽음의 순간에 어떤 마음을 지니는가가 다음 세계에
직접적으로 영향을 미치는 것으로 말한다. 『유가사지론』에서는 임
종자의 마음상태를 선한 마음(善心), 악한 마음(不善心), 선하지도 악하
지도 않은 마음(無記心)으로 나누고,

> 선한 마음으로 죽을 때는 안락하게 죽으며…악한 마음으로 죽을 때
> 는 고뇌하며 죽으며, 임종 때는 극심한 고통으로 몸이 핍박받는 느낌
> 을 받는다.[38]

고 하여, 임종 때의 마음가짐에 따라 죽음의 상황을 다르게 맞이한
다고 말한다. 선한 행위와 악한 행위를 한 경우는 많이 익숙하였던

---

35 엘리자베스 퀴블러 로스. 2003. 『사후생』. 최준식 옮김. 대화문화아카데미. 84.
36 엘리자베스 퀴블러 로스. 2009. 『생의 수레바퀴』. 강대은 옮김. 황금부엉이. 301.
37 엘리자베스 퀴블러 로스. 2009. 300.
38 『瑜伽師地論』(大正藏 30). 281b. "又善心死時安樂而死, … 惡心死時苦惱而死, 將命終時極重苦受逼迫於身."

힘이 가장 강하게 작용하고 마음은 그쪽으로 치우치게 된다.[39] 일반적으로 많이 행한 업이 유력하지만, 선악이 혼합된 업이 있는 경우는 임종 때의 업이 우선[40]하기 때문에, 죽음의 순간 어떤 마음을 유지하는가는 다음 생을 결정하는 데 매우 중요하게 작용한다.

정토신앙에서는 임종과정에서 아미타불에 대한 올바른 믿음을 일으켜 지극한 마음으로 십념(十念)을 하게 된다면, 무간지옥에 빠지게 되는 악한 행위인 오역죄(五逆罪)를 지은 경우에도 극락왕생할 수 있다고 말한다.[41]

선남자, 선여인이 아미타불의 말씀을 듣고서 그 명호를 굳게 지니고 하루나 이틀, 사흘, 나흘, 닷새, 엿새, 이레 동안 마음이 어지럽지 않고 한결같다면, 그 사람이 목숨을 마칠 때 아미타불은 모든 성중과 함께 그 앞에 나타나신다. 이 사람이 목숨을 마칠 때 마음이 전도되지 않으면 아미타불의 극락국토에 왕생할 수 있다.[42]

라고 정토경전에서 말하듯이, 임종자가 지녀야할 지극한 마음은 전도되지 않은 한결같은 마음으로서 죽음 이후의 세계에 대한 확신이

---

39 『瑜伽師地論』의 관련 내용을 검토한 내용은 양정연. 2013a.「불교 임종교육과 임종행의 검토」.『한국선학』36. 한국선학회. 499 참조.

40 林 隆嗣. 2003.「臨終業について」.『印度學佛敎學硏究』52(1). 印度學佛敎學硏究會. 322.

41 『佛說觀無量壽佛經』(大正藏 12). 345c-346a 참조.

42 『佛說阿彌陀經』(大正藏 12). 347b. "舍利弗！若有善男子、善女人, 聞說阿彌陀佛, 執持名號, 若一日、若二日、若三日、若四日、若五日、若六日、若七日, 一心不亂, 其人臨命終時, 阿彌陀佛與諸聖眾現在其前. 是人終時, 心不顛倒, 即得往生阿彌陀佛極樂國土."

기도 하다.

  그런데 이러한 마음 가짐과 함께 중요하게 작용하는 것은 자신의 상황과 환경을 전도된 마음 없이 그대로 파악할 수 있는 '정지(正知)'의 유무이다. 『유가사지론』에서는 미혹된 상태에서 모태에 들어가는 범부와 달리, 전륜왕의 경우는 입태하고 있다는 것을 알고, 독각의 경우는 입태와 주태, 보살의 경우는 입태와 모든 경우에 정념을 잃지 않고 자신의 환경을 올바로 인식한다고 말한다.[43] 임종과정에서 환자가 정신과 마음을 집중해야 하는 이유는 그 과정이 금생의 마무리뿐만 아니라 다음 단계를 준비하는 시기이며 윤회세계관에 직접적인 영향을 미치기 때문이다.

  연기로 이뤄진 세간의 모든 현상들이 무상하고 항상하지 않는다는 것을 아는 것은 있는 그대로 파악할 수 있는 여실한 관찰이며 올바른 인식이다. 이에 대한 구체적인 가르침은 『잡아함경』의 임종사례들에서도 나타나듯이, "…색이 바로 아(我)인가, 아(我)와 다른 것인가, 이것도 저것도 아닌가?……"[44]로 대변되는 오온과 "안식이 있기 때문에 눈의 접촉이 있는 것이며, 눈의 접촉에 따른 인연으로 안으로 감수가 생겨나니, 고(苦)이거나 낙(樂)이거나 불고불락(不苦不樂)인가?……"[45]로 설명되는 육입(六入)의 내용이다. 오온과 육입의 존재적

---

43 『瑜伽師地論』. 629c. "一纏及隨眠結生相續, 謂諸異生. 二唯隨眠結生相續, 謂見聖跡. 三正知入胎結生相續, 謂轉輪王. 四正知入住結生相續, 謂諸獨覺. 五於一切位不失正念結生相續, 謂諸菩薩." 참조.
44 『雜阿含經』(大正藏 2). 267b. "「…汝見色即是我、異我、相在不?」……" 참조.
45 『雜阿含經』. 267c-268a. "「有眼識故有眼觸, 眼觸因緣生內受, 若苦、若樂、不苦不樂耶?」……" 참조.

측면을 올바로 관찰함으로써 결국은 일체행이 무상하고 항상하지 않는다는 것, 그리고 이러한 것에 대한 애착은 의미가 없는 것이기 때문에 결국 세간의 모든 현상들에 대해 염리심을 일으켜 해탈[46]이라는 궁극적인 종교적 완성을 구해야 한다는 인식의 전환은 현재의 상황을 올바로 파악할 수 있는 마음과 청정한 정신이 있어야만 가능하게 된다.

호스피스를 비롯한 완화의료 관점에서는 의료현장에서 이뤄지는 임종환자에 대한 육체치료 중심의 의료를 정신적이고 영적인 측면까지 포함하여 종합적으로 접근하고 있다. 육체 중심의 치료가 이뤄지는 경우, 약물을 비롯한 심폐소생술 등의 조치는 육체와 정신적으로 강한 자극이 동반되기 때문에 정신과 마음을 올바로 유지할 수 있는 여유를 갖기 어렵게 된다. 타이완의 종교계와 호스피스 관련 단체에서 주도적으로 안녕완화의료조례 제정을 추진했던 이유는 환자의 의견을 존중하여 무의미한 치료에 따른 고통을 경감하고 삶의 질적인 향상을 이루는 것을 인간 존엄성과 연결짓고 있기 때문이다.

종교는 인간이 어떻게 자기 삶의 목적과 자신의 한계를 넘어 절대적 지평을 향할 수 있는가에 대한 이론과 실천을 제공한다는 점에서 인간 존엄성에 대한 근거를 제시할 수 있다.[47] 불교 윤회관에서 인간

---

46 『雜阿含經』. 243b. "一切行無常，一切行不恒、不安、變易之法. 諸比丘！於一切行 當生厭離、求樂、解脫"; 양정연. 2013b. 「초기 경전에 나타난 善終의 의미-잡아함경의 선종사례를 중심으로」. 『선문화연구』 15. 한국불교선리연구원. 'V. 여실한 관찰' 관련 내용 참조.

47 김용해. 2003. 「인간존엄성과 인권을 근거 짓는 작업에서의 문제들」. 『사회와 철학』 6. 사회와 철학 연구회. 245. 주)75.

은 열반에 이를 수 있는 거의 유일한 기회를 얻은 존재이기 때문에 마지막 죽음의 순간까지 종교적 완성의 가능성을 확대하는 가르침을 제시한다.[48] 임종과정과 죽음에 관한 불교생사관의 관점에서 청정한 의식을 지니고 맞이하는 죽음의 순간은 정신적, 영적으로 성숙할 수 있는 마지막 기회로서 인간 존엄의 내용을 종교적 완성으로 승화시킬 수 있는 가능성과 연결시키고 있는 것이다.

타이완 <안녕완화의료조례>는 의료현장에서 환자의 자기결정권을 보장하기 위하여 안녕완화의료 선택과 심폐소생술의 시행 여부에 대한 선택권을 법적으로 보장하고 있다. 그동안 의료현장에서는 환자의 육체적 측면을 중심으로 의료조치가 이뤄졌으나 점차 심리적이고 정신적, 영적 측면까지 통합적으로 검토되어야 한다는 인식이 확산되면서 WHO에서도 삶의 질 향상이라는 종합적인 측면에서 안녕완화의료를 정의하게 되었다. 완화의료의 범위 또한 기존의 암환자 중심에서 다른 조건의 환자들까지 확산되어야 한다는 의견이 대두되면서, <안녕완화의료조례> 등 관련법에서도 향후 확장된 범위에서 논의될 것으로 보인다.

법적으로 환자의 자기결정권이 논의되고 이를 보장하는 것은, 의료현장에서의 환자의 권리, 그리고 인간 존엄성의 관점에서 이루어졌다. 그런데 호스피스와 생사학에서는 임종과정과 의료조치를 삶의 질적인 측면에서 검토하고 인간 존엄의 관점과 함께 영적인 성숙을 위한 과정으로 인식한다. 특히 불교적 생사관에서는 이 문제를

---

48 양정연. 2013b. 44 참조.

종교적 완성인 해탈에 이를 수 있는 마지막 기회를 부여받은 인간 존재로서의 의미와 가치로 연결짓는다. 환자에게 이로운 의료조치를 인간 존재의 의미라는 관점에서 제시함으로써 말기환자가 올바른 인식을 통하여 임종과정에서 종교적 완성을 추구할 수 있도록 한다. 정토신앙에서는 일념으로 아미타불을 염송함으로써 아무리 악행을 저지른 자라도 정토세계로 왕생할 수 있다는 구제론을 제시한다. 일체현상에 대한 무상, 무아의 진리를 터득하고 세속에 대한 집착을 여의기 위해서는 자신의 상황과 환경을 있는 그대로 파악할 수 있는 전도되지 않는 견해가 필요하다. 그런데 임종과정에서 약물과 육체적 자극을 통한 무의미한 의료 조치가 이뤄질 경우, 환자의 마음은 집중하지 못하고 소중한 마지막 기회를 상실해버리는 것이 된다.

조례가 의미를 갖는 것은 환자가 결정권을 통해 임종 시기를 무의미한 의료조치로 고통을 받으면서 보내는 것이 아니라 '맞이하는 죽음'을 준비할 수 있는 시간과 여유를 갖는다는 점이다. 불교에서 임종과정은 죽음과 내생에 대한 공포와 두려움을 없애고 마지막까지 종교적 완성을 이룰 수 있는 소중한 기회로 작용한다. 이런 점에서 환자의 자기결정권은 육체적 고통 없이 맞이하는 존엄한 죽음뿐만 아니라 다음 단계를 위한 준비과정의 관점에서 이해될 수 있는 것이다.

참고문헌

『佛說觀無量壽佛經』. 大正藏 12.
『佛說阿彌陀經』. 大正藏 12.
『瑜伽師地論』. 大正藏 30.
『雜阿含經』. 大正藏 2.

김일순외 2인. 1999.『의료윤리의 네 원칙』. 계축문화사.
傅偉勳. 2001.『죽음, 그 마지막 성장』, 전병술 옮김. 청계출판사.
엘리자베스 퀴블러 로스. 2003.『사후생』. 최준식 옮김. 대화문화아카데미.
엘리자베스 퀴블러 로스. 2009.『생의 수레바퀴』. 강대은 옮김. 황금부엉이.

高鳳仙. 1998.『親屬法-理論與實務』. 五南書局 ; 王志傑. 2002.「病患自主權理論基礎研究-
　　兼論病患自主權對我國安寧緩和醫療條例之啓示」. 國防管理學院法律研究所碩
　　士論文. 158에서 재인용.
陳孟佳, 楊秀儀. 2010.「急重症病患之告知後同意」,『臺灣醫學』6 ; 陳惠祺. 2013.「探討《安
　　寧緩和醫療條例》中親屬決定權之法律與倫理問題-以無意識能力成人末期病人
　　爲中心」. 國立政治大學法學院法律學研究所碩士論文. 82에서 재인용.
陳棋炎, 黃宗樂, 郭振恭. 1999.『民法親屬新論』, 三民書局.
Beauchamp, T. L. & Childress, J. F. 1979, 2001(5th ed.). *Principles of Biomedical
　　Ethics*. New York: Oxford University Press.

김용해. 2003.「인간존엄성과 인권을 근거 짓는 작업에서의 문제들」,『사회와 철학』6.
　　사회와 철학 연구회.
양정연. 2013a.「불교 임종교육과 임종행의 검토」,『한국선학』36. 한국선학회.
양정연. 2013b.「초기 경전에 나타난 善終의 의미-잡아함경의 선종사례를 중심으로」.
　　『선문화연구』15, 한국불교선리연구원.
양정연. 2014.「타이완 <안녕완화의료조례>의 제정과 평가」,『제3회 국내학술대회:
　　연명의료결정 법제화에 대한 학제적 성찰』. 한림대 생사학HK연구단.
이동익. 2007.「'삶의 질'과 '생명의 신성함' 생명윤리」,『인간연구』13. 가톨릭대학교
　　인간학연구소.

吳淑美. 2011.「論安寧緩和醫療之自主權」. 國立中正大學法律學研究所碩士論文.
王志傑. 2002.「病患自主權理論基礎研究-兼論病患自主權對我國安寧緩和醫療條例之啓示」.
　　國防管理學院法律研究所碩士論文.
陳信如, 盧映潔. 2012.「撤除心肺復甦術與病人生命權保障之爭議」,『臺灣醫界』55(3).
木幡洋子. 2011.「医師—患者関係の再考と医学情報権」,『人間発達学研』2.

林 隆嗣. 2003. 「臨終業について」. 『印度學佛教學研究』 52(1). 印度學佛教學研究會.

Rodwin, Marc A. 1994. "Patient Accountability and Quality of Care: Lessons from Medical Consumerism and the Patients' Rights, Women's Health and Disability Rights Movements." *American Journal of Law and Medicine* 20.

Rosenwax, LK, McNamara, B., Blackmore, AM and Holman, CDJ. 2005. "Estimating the size of a potential palliative care population." *Palliat Med* 19.

Schneider, L. J., Jecker, N. S., Jonsen, A. 1990. "Medical Futility: Its Meaning and Ethical Implications." *Annals of Internal Medicine* 112.

보건복지부. <연명의료의 환자 자기결정권, 특별법 제정 권고-2013년도 제1차 국가생명윤리심의위원회 심의 결과 발표>. 2013.7.31 보도자료.

한국기독교생명윤리협회. <'연명의료결정법(안)'에 대한 의견서>. 2013.12.5.

『평화신문』. 2014.2.23.

WHO Definition of Palliative Care. 2002.

Schloendorff v. Society of New York Hospital, 211 N.Y. 125, 105 N.E. 92. 1914.

(타이완 관련자료)

<安寧緩和醫療條例>, <人體器官移植條例施行細則>, <醫師法>, <醫療法>

「立法院第四屆第三會期衛生環境及社會福利, 司法兩委員會第二次聯席會議紀錄」. 2000.4.27.

『立法院議案關係文書-院總第1780號 政府提案第6927號』. 1999.12.29.

제10장

존엄사의
법제화
미국과 네덜란드를 중심으로

유지영(한림대학교)

◎◎◎◎

Ⅰ. 김 할머니 사건

회복이 불가능한 환자의 생명을 의학적으로 연장하는 것에 대한
논란은 1997년 '보라매병원 사건' 이후로 지속되어 왔다. 당시 가족
의 요청에 따라 인공호흡기에 의지하던 의식불명 환자를 퇴원시켰
던 의사는 살인 혐의로 기소되었고, 2002년 대법원으로부터 의학적
권고에 반하는 환자의 퇴원조치로 인한 살인방조죄로 유죄판결을
받게 되었다.[1]

그러다 2009년 5월 한국 대법원에서 처음으로 연명치료중단을

---

1 대법원판례 2002도995.

승인한 '김 할머니 사건'이 발생하였다.[2] 김 힐머니는 2008년 2월 폐암 조직검사를 받다가 과다출혈로 인해 식물인간 상태가 되었고, 평소 할머니의 뜻에 따라 가족들은 무의미한 연명치료의 중단을 병원 측에 요구하였다. 하지만, 병원 측에서는 이를 거부하였고, 재판을 통해 김 할머니의 인공호흡기를 떼어낼 수 있었다. 이후, 김 할머니는 인공호흡기 없이 201일을 생존하다 2010년 1월 사망하였다. 당시 대법원의 판결은 연명치료 중단에 대한 법제화 논의를 촉발하는 한국의 첫 존엄사 판결로서의 의의를 가진다.

존엄사에 대한 논의는 삶과 죽음, 자기 결정, 국가와 공동체의 역할에 관해 다양하고 심오한 질문을 제기한다. 연명의료결정법의 2018년 시행을 앞둔 현재, 현장에서는 여전히 혼란과 불안에 대한 지적이 계속되고 있다. 이에 이미 오래전부터 존엄사법을 시행하고 있는 대표적인 국가인 미국과 네덜란드의 존엄사 법제화 과정과 그 내용 및 영향력을 살펴봄으로써 다양한 견해를 제시하고자 한다.

II. 존엄사란 무엇인가?

존엄사에 대해서는 다양한 개념들이 혼용되어 사용되고 있어, 그 개념을 명확히 이해하는 것이 필요하다. 우선 존엄사에 대한 개념을 정의해보면, 존엄사(Death with Dignity)란 "죽음에 직면한 환자가 품위

---

2 대법원판례 2009다17417.

있게 죽음을 맞도록 하기 위하여 생명유지조치를 중지하는 것"을 의미한다.[3] 일부에서는 존엄사와 안락사를 같은 의미로 보아 때로 혼용하여 사용하기도 하지만, 엄밀하게는 구분되는 개념으로 볼 수 있다.

이에 반하여 안락사는 조금 더 광범위한 개념으로 볼 수 있는데, 안락사(Euthanasia)는 "불치의 중병에 걸린 등의 이유로 치료 및 생명 유지가 무의미하다고 판단되는 생물에 대하여 직·간접적 방법으로 생물을 고통 없이 죽음에 이르게 만드는 행위"를 의미한다.[4] Euthanasia(안락사)는 그리스어로 '좋은 죽음'을 의미하며, 법적인 상황에서 안락사는 고통을 덜어주기 위해 환자의 생명을 죽음에 이르게 하는 것을 의미한다.

안락사는 죽음에 이르게 하는 수단에 따라 적극적 안락사와 소극적 안락사로 구분하게 된다. 첫째, 적극적 안락사는 "안락사를 수행하는 사람이 불치병의 환자나 아주 심한 고통의 환자, 의식이 없는 환자의 삶을 단축시킬 것을 의도하여 구체적인 행위를 능동적으로 행하는 안락사의 한 형태"이다. 일반적으로 약물 등을 사용하여 환자를 죽음에 이르게 하는 경우로 볼 수 있다. 둘째, 소극적 안락사는 "환자가 겪고 있던 질병 등의 원인으로 인해 질병에 대한 치료가 불가능한 과정에 들어섰을 때 안락사를 수행하는 사람이 죽음의 진행 과정을 일시적으로 저지하거나, 연명시킬 수 있는 능력이 있음에도

---

3 윤영호. 2008. 「품위 있는 죽음(존엄사)을 위한 법적·제도적 장치 마련」. 『의료정책포럼』 6(3). p.103.

4 http://en.wikipedia.org/wiki/Euthanasia.

회복이 불가능한 과정에 들어섰을 때 이를 방치함으로써 죽음에 이르게 하는 것"이다. 즉, 연명치료를 제공하지 않음으로써 환자를 죽음에 이르게 하는 경우가 이에 해당되며, 이런 의미에서 많은 사람들이 존엄사와 소극적 안락사를 같은 의미로 혼용하여 사용하는 경우가 많다.

안락사는 또한 동의여부에 따라 자발적 안락사와 비자발적 안락사로 구분하게 된다.[5] 첫째, 자발적 안락사는 "어떤 행위에 대해 환자가 자신의 죽음을 자유롭게 동의했을 때 시행되는 안락사"를 의미한다. 환자의 동의하에 실시된 안락사로 광범위하게는 의사조력자살이 포함되기도 한다. 둘째, 비자발적 안락사는 "환자 스스로 삶과 죽음에 대한 선택을 할 수 없는 경우"를 의미한다. 즉, 환자가 동의를 표현할 수 없는 곳에서 실시되거나 환자의 의지에 반하여 행해지는 안락사가 이에 해당된다.

자발적 안락사의 한 형태라고 볼 수 있는 의사조력자살(Physician-Assisted Suicide: PAS)은 "환자의 의지에 따라 의사가 죽음을 초래하는 약을 제공하고, 환자 스스로 이를 투여해 죽음을 맞이하는 것"을 의미한다.[6] 이러한 의사조력자살은 환자의 생명을 인위적으로 단축시킨다는 점에서 많은 논란이 되기도 한다.

존엄사의 법적 허용여부와 법제화 내용은 위에 제시된 개념에 따

---

5 Brock, D. 1993. "Voluntary Active Euthanasia". *Hastings Center Report* 22(2). 10-22.

6 이종원. 2007. 「안락사의 윤리적 문제: 의사조력자살을 중심으로」. 『철학탐구』 21. 155-187.

라 이해되어야 한다. 이 글에서는 '소극적 안락사'와 '의사조력자살'을 합법화하고 있는 미국과 '자발적 안락사'를 합법화하고 있는 네덜란드를 중심으로 존엄사 관련 법률에 대해 검토해 보기로 하겠다.

Ⅲ. 존엄사의 법제화: 미국

미국에서의 존엄사는 여러 사건의 판례를 통해 합법화에 이르게 되었다. 여기에서는 미국의 존엄사 법제화 과정에 영향을 미친 주요 사건들을 살펴보고, 미국 최초의 존엄사법인 오레곤 주의 존엄사법 내용과 그 영향력에 대해 살펴보도록 하겠다.

1. 사건: Cruzan v. Director, Missouri Department of Health[7]

Nancy Cruzan은 자동차 사고로 인해 식물인간 상태에 빠지게 되었고, 위에 급식튜브를 연결한 채로 연명하고 있었다. Nancy Cruzan의 부모는 병원 측에 급식튜브를 통한 영양공급 중단을 요청하였으나, 병원 측에서는 이를 거절하였다. Nancy Cruzan의 부모는 미주리 주 법원(Missouri Trial Court)에 급식튜브제거를 요청하면서, Nancy Cruzan이 교통사고를 당하기 전부터 혼수상태에 빠지게 되면 인공적인 장치에 의존해서 살고 싶지 않다고 친구에게 말한 사실

---

7 Cruzan v. Director. Missouri Department of Health. 97 U.S. 261. 1990. (미국 대법원 판례)

을 주장하였다. 미주리 주 법원은 Nancy Cruzan이 치료를 끝내길 원한다는 청원서를 수락하였다. 그러나 미주리 대법원(Missouri Supreme Court)은 연명치료에 대한 Nancy Cruzan의 소원은 "명확하고 설득력 있는 증거(clear or convincing evidence)"가 없다고 주장하며, 위의 결정을 뒤엎게 되었다. Nancy Cruzan의 가족은 이 사건을 미국 연방대법원 (U.S. Supreme Court)에 상고하였고, 여기에서는 Nancy Cruzan에게 치료 종결을 요청할 수 있는 헌법상의 권리가 있는지 여부가 주요 쟁점으로 다루어지게 되었다. 미국 연방대법원에서는 환자가 연명치료를 거부할 권리가 있다고 판결하였다.

미국 연방대법원에서는 환자가 연명치료를 거부할 수 있는 권리 (the right to refuse life-sustaining treatment)가 헌법 제14조에 규정된 적법절차 조항(Due Process Clause)에 의해 보장되며, 헌법의 위반여부는 주 정부 의 이익에 반하여 결정될 수 있다고 주장하며 미주리 대법원의 판결 을 기각하였다. 미국 연방대법원은 "살려는 의지(living will)" 또는 "명 확하고 설득력 있는 증거(clear or convincing evidence)"가 있는 경우, 판단 능력이 없는(incompetent) 환자의 경우에도 연명치료를 거부할 수 있는 권리가 있다고 판결하였다. 이 사건이 갖는 중요한 의의는 다음의 두 가지로 볼 수 있다. 첫째, 말기환자의 연명치료를 거부할 권리는 헌법에 명시되어 있다. 둘째, 판단능력이 없는 환자의 권리를 결정 하기 위해서는 더욱 엄격한 규칙이 적용된다.

위의 판례는 소극적 안락사로서의 연명치료 거부권이 헌법상 규 정되어 있음을 명시한 중요한 사건으로 볼 수 있다.

2. 조력자살의 합법화 운동

Cruzan 사건 이후, 말기환자의 연명치료를 거부할 권리는 헌법에 의해 인정되었다. 그러나 다른 약물을 사용하여 사망을 촉진하거나 의사의 조력자살(assisted suicide) 또한 환자의 권리에 포함될 수 있는지 여부가 문제시되었다.

당시에 미국 대부분의 주에서는 자살을 돕거나, 유발하거나, 촉진 하는 것을 금지하고 있었다. 그러던 중, 조력자살을 합법화하기 위한 움직임이 일어나기 시작하였다. 1988년 캘리포니아 주에서는 조력자살을 합법화하려는 시도가 있었지만, 유권자의 충분한 동의를 얻지 못하였다. 4년이 지난 후인 1992년에도 'Death with Dignity Act' 법안이 발의되어 투표가 시행되었지만, 48%의 득표로 합법화에 실패하였다. 1991년 워싱턴 주에서도 'Death with Dignity Act'가 발의되었지만, 46%의 득표로 합법화에 실패하였다. 알래스카, 애리조나, 콜로라도, 코네티컷, 하와이, 아이오와, 메인, 메릴랜드, 매사추세츠, 미시간, 네브래스카, 뉴햄프셔, 뉴멕시코, 로드아일랜드, 버몬트, 워싱턴 주 모두 조력자살을 합법화하려는 시도가 있었지만 모두 실패하였다.[8] 결국, 오레곤 주가 1994년 조력자살을 합법화한 첫 번째 주가 되었다.

---

8 Gorsuch, N. M. 1999. "Right to Assisted Suicide and Euthanasia". *The Harvard Journal of Law & Public Policy* 23. 599.

3. 사건 : Washington v. Glucksberg[9], Vacco v. Quill[10]

1990년대 중반, 의사들과 조력자살을 지지하는 사람들이 뉴욕 주와 워싱턴 주를 중심으로 조력자살에 대한 헌법적 권리를 주장하였다. 그러나 미국 연방대법원에서는 1997년 발생한 Glucksberg와 Quill 사건에서 조력자살에 대한 헌법적 권리를 만장일치로 부정하는 판결을 내렸다.

Washington v. Glucksberg 사건의 주요 쟁점은 조력자살 금지가 헌법 제14조에 규정된 적법절차 조항(Due Process Clause)을 위반했는지 여부였다. 지방법원(The District Court)에서는 조력자살 금지가 위헌이라고 판결을 하였고, 제9순회 항소법원(The Court of Appeals for the Ninth Circuit)에서는 조력자살 금지가 합헌이라고 반박하였다. 항소법원(En Banc Court of Appeals)에서는 또다시 조력자살 금지가 위헌이라고 선언하였다. 결국 워싱턴 주는 미국 연방대법원에 상고를 하였다.

미국 연방대법원에서는 판결을 위해 먼저 미국의 역사를 살펴보았다. 앵글로 아메리칸 관습법에 따라 자살과 조력자살은 700년 동안 처벌되었으며, 거의 모든 주에서 여전히 금지되고 있었다. 하지만, 조력자살은 헌법 제14조에 규정된 적법절차 조항에 의해 보호되는 기본적인 자유권에 해당하는 것이 아니었다. 특히, 워싱턴 주의 조력자살 금지는 주의 이익 증진 및 보호와 합리적인 연관성을 갖고 있었다. 따라서 미국 연방대법원은 조력자살 금지가 헌법

---

9 Washington v. Glucksberg, 521 U.S. 702, 716. 1997. (미국 대법원 판례)

10 Vacco v. Quill, 521 U.S. 793. 1997. (미국 대법원 판례)

제 14조에 규정된 적법절차 조항에 의해 보호되는 기본적 자유권 (fundamental liberty interest)을 침해하는 것이 아니라는 판결을 내리게 되었다.

Vacco v. Quill 사건의 주요 쟁점은 조력자살 금지가 헌법 제 14조에 규정된 평등권 조항(Equal Protection Clause)에 위배되는지 여부였다. 대부분의 주와 마찬가지로 뉴욕 주에서도 연명치료 거부권은 인정하였지만, 조력자살은 금지하였다. 따라서 연명치료 거부권과 조력자살을 다르게 취급하는 것이 평등권 조항을 위반하는지 여부에 대한 논쟁이 있었다. 미국 연방대법원은 이 두 가지는 전적으로 구별되는 다른 사안이라고 주장하며 뉴욕 주의 조력자살 금지가 평등권 조항을 위반하는 것이 아니라고 판결하였다. 즉, "죽게 만드는 것(making die)"과 "죽게 내버려 두는 것(letting die)"은 행위의 의도가 다르기 때문에 서로 구별되는 행위로 본 것이다.

이처럼 Glucksberg와 Quill 사건을 통해 미국 연방대법원에서는 죽을 권리 및 조력자살의 권리가 헌법상 규정된 권리가 아니라는 것을 명백히 하였다. 각 주에서는 적극적 안락사로 볼 수 있는 조력자살을 끊임없이 합법화하려는 시도를 하고 있으며, 2017년 현재 미국에서는 오레곤(Oregon Death with Dignity Act; 1994/1997), 워싱턴(Washington Death with Dignity Act; 2008), 버몬트(Patient Choice and Control at the End of Life Act; 2013), 캘리포니아(End of Life Option Act; 2016), 콜로라도(End of Life Options Act; 2016) 등 총 5개의 주와 워싱턴 D.C.(Death with Dignity Act; 2017)에서 조력자살을 허용하고 있다.

4. 오레곤 주 존엄사법(Oregon Death With Dignity Act)

앞서 언급하였듯이, 미국에서는 조력자살을 합법화하기 위한 움직임이 끊임없이 있어 왔다. 연명치료 거부권은 헌법에 의해 인정되었지만, 조력자살을 합법화하기 위한 운동은 대부분의 주에서 실패하였다. 그 첫 번째 예외가 바로 오레곤 주이며, 오레곤 주 존엄사법은 그런 의미에서 그 내용과 영향력을 살펴보는 것이 매우 의미가 있다고 볼 수 있다.

1) 합법화 과정

오레곤 주에서는 1994년 51%의 지지로 존엄사법인 '법안 16 (Measure 16)'이 통과되었다. 하지만, 이 법안을 반대하였던 의사, 만성질환자, 주거보호시설 종사자들은 이 법안이 미국 헌법에 위배된다고 주장하였다. 지방법원에서는 이 법안이 헌법 제 14조에 규정된 평등권 조항(Equal Protection Clause)에 위배된다고 판결하였다. 그러나 제9순회 항소법원에서는 원고가 이 주장을 제기하기에 부적합하다며 이 사건을 기각하였다.[11] 원고는 미국 연방대법원에 항소하였고, 이 사건은 Glucksberg와 Quill 사건의 판례를 토대로 1997년 10월 14일 기각되었다. 즉, 존엄사법의 헌법 위헌시비는 이로써 종결된 것이다.

이후 오레곤 주 입법부는 1997년 11월 존엄사법에 대한 주민투표

---

11 Lee v. Oregon, 107 F.3d 1382, 1386. 9th Cir. 1997. (미국 제9 순회항소법원 판례)

를 다시 실시하였다. 존엄사법인 '법안 16'을 폐지한다는 '법안 51(Measure 51)'은 주민 60%의 반대로 통과되지 못하였다. 결국, 오레곤 주 존엄사법(Oregon Death With Dignity Act: DWDA)은 1997년 11월부터 시행되게 되었다.

2) 내용

오레곤 주 존엄사법의 핵심은 특정 조건하에서의 의사조력자살(physician assisted suicide)을 합법화했다는 것이다. 이 법에 따르면, 환자는 판단능력이 있어야 하고(capable), 적어도 18세 이상이어야 하며, 오레곤 주 거주민으로써, 말기질환(terminal disease)을 갖고 있고, 조력자살을 자발적으로 요청해야 한다고 명시하고 있다.[12]

서면요청서에는 위의 자격을 갖춘 환자가 직접 서명하고 날짜를 기입해야하며, 적어도 두 명의 다른 증인의 확인이 필요하다.[13] 의사는 환자가 판단능력이 있고, 말기질환을 앓고 있는지, 자발적으로 조력자살을 요청하였는지를 확인하여야 한다. 또한 의료적 진단, 예후, 처방할 약물로 인한 잠재적인 위험이나 결과에 대해서도 환자에게 알려야 할 책임이 있다.[14] 위 내용은 반드시 자문의사(consulting doctor)의 확인을 거쳐야 하며, 환자는 요청을 철회할 수 있는 권리가 있다.

처음 요청은 구두로 이루어져야 하며, 환자는 15일 후에 다시 요청을 반복해야 한다. 이때, 의사는 환자에게 요청을 취소할 수 있는

---

12 OR. Rev. Stat. 127.805. (미국 오레곤 주 개정법령 제127조 제805항)
13 OR. Rev. Stat. 127.810. (미국 오레곤 주 개정법령 제127조 제810항)
14 OR. Rev. Stat. 127.815. (미국 오레곤 주 개정법령 제127조 제815항)

기회를 제공해야 한다.[15] 환자가 약물처방에 대한 서면요청서를 제출하면, 처방은 48시간 이후에 이루어진다.[16] 가족에게는 사전에 미리 통보하여야 하며, 관련 문서에 대한 보관과 보고 또한 모두 적법하게 이루어져야 한다

이러한 절차에 따라 말기질환 환자에게 약물을 제공하여 환자가 사망한 경우, 의사, 약사, 병원은 민사 또는 형사상의 어떠한 책임도 지지 않게 된다.[17] 하지만, 약물처방에 대한 요청서가 의도적으로 위조되거나, 환자의 요청서 철회를 의도적으로 은폐하거나, 환자에게 강제로 요청서를 작성하도록 만든 경우, 해당 의사는 "A급 중죄(Class A felony)"로 처벌을 받을 수 있다.[18]

3) 영향력

오레곤 주 존엄사법이 시행된 1997년에는 의사조력자살이 한 건도 보고되지 않았다. 의사조력자살은 1998년 3월 처음 발생하였고, 당해 총 16명이 의사조력자살로 사망하였다. The Oregon Public Health Division에서는 매년 의사조력자살로 인한 사망자 수를 보고하고 있으며, 매년 그 수는 조금씩 증가하고 있는 추세이다.

오레곤 주 존엄사법(DWDA) 시행 이래로 약물처방 서면요청서는 총 1,749건이 접수되었으며, 실제로 약물사용을 통해 사망한 환자

---

15 OR. Rev. Stat. 127.840. (미국 오레곤 주 개정법령 제127조 제840항)
16 OR. Rev. Stat. 127.850. (미국 오레곤 주 개정법령 제127조 제850항)
17 OR. Rev. Stat. 127.885. (미국 오레곤 주 개정법령 제127조 제885항)
18 OR. Rev. Stat. 127.890. (미국 오레곤 주 개정법령 제127조 제890항)

의 수는 총 1,127명이었다. 즉, 약물을 처방받은 환자들 중 실제로 이를 사용하여 사망에 이르는 경우는 약 64.4% 정도로 볼 수 있다. 가장 최근인 2016년에는 총 133명이 의사조력자살로 사망하였고, 이는 10,000명의 사망자 당 약 37.2명에 해당하는 수치이다.[19]

　미국의 다른 주에서도 오레곤 주의 존엄사법을 바탕으로 존엄사법 제정에 대한 논의가 끊임없이 이루어지고 있으나, 여전히 논란은 지속되고 있다.

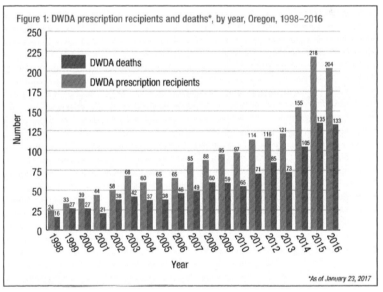

출처: Oregon Department of Human Services. 2017. Oregon Death with
　　Dignity Act Data summary 2016.

---

19 Oregon Department of Human Services. 2017. Oregon Death with Dignity Act
　　Data summary 2016.

IV. 존엄사의 법제화: 네덜란드

네덜란드에서는 오래전부터 안락사가 암암리에 시행되고 있었다. 이에 무분별한 안락사를 막기 위해 여러 사건의 판례를 근거로 안락사의 조건을 합법화시키게 되었다. 여기에서는 네덜란드의 존엄사 법제화 과정에 영향을 미친 주요 사건들을 살펴보고, 네덜란드 존엄사법의 내용과 그 영향력에 대해 살펴보도록 하겠다.

1. 사건: Postma[20]

1973년 Postma박사는 모르핀 주입을 통해 어머니를 죽음에 이르게 하였다. 그녀의 어머니는 78세의 미망인으로 뇌출혈로 인해 고통받으며 요양원에서 지내고 있었다. 그녀의 어머니는 Postma박사에게 자신을 죽여 달라고 요청하였고, 다른 요양원 직원들에게도 더 이상 살기 싫다는 이야기를 종종 하였다. 지방법원에서는 Postma박사가 네덜란드 형법 제 293조인 "요청 시 살인(killing on request)" 항목을 일부 위반하였다고 판결하였고, Postma박사는 1주일의 형 집행과 1년의 집행유예를 선고받았다.

재판과정에서 의료검시관(Medical Inspector)은 네덜란드 의사들이 더 이상 환자의 수명연장을 중요하게 생각하지 않는다고 증언하였다. 의료검시관은 특정한 조건이 충족된다면 비록 환자를 죽음에 이르

---

20 Griffiths, J., Bood, A., & Weyers, H. 1998. *Euthanasia and law in the Netherlands*. Amsterdam: Amsterdam University Press. 51-54.

게 할 위험이 있더라도 통증완화약물(pain-relieving drug)을 제공하는 것
이 통상적인 방법이라고 주장하며, 그 조건을 다음과 같이 제시하였
다: 환자는 불치병(incurably ill) 상태여야 하고, 정신적으로나 육체적으
로 견딜 수 없는 고통상태에 있어야 하며, 환자 스스로 죽고 싶다는
의지를 표명해야 하고, 질병 말기상태(terminal phase of illness)에 있어야
하며, 환자의 요청에는 의사만 응할 수 있다.

법원에서는 위의 여러 조건 중 환자가 질병 말기상태(terminal phase of
illness)에 있다는 조건에는 동의하지 않았다. 따라서 환자가 다른 모
든 조건을 충족시켰더라도 환자의 고통을 끝내기 위해 치명적인 약
물을 주사하는 것은 타당하지 않다고 판결하였다. 이후 Royal
Dutch Medical Association에서 발간된 논문에서는 Postma박사의
사건을 주요하게 다루었고, 이를 통해 안락사에 대한 논의 및 공개
토론이 증가하게 되었다. 이 사건은 최초로 안락사를 법률적인 문제
로 공론화시켰다는 점에서 큰 의의가 있다.

2. 사건: Schoonheim[21]

1982년 Schoonheim박사는 95세 환자의 안락사 요청을 수락하였
다. 환자는 고관절 골절로 인해 병상에 누워 생활하였고, 회복가능성
도 없었다. 환자는 음식물을 먹거나 마시지도 못하였고, 일시적으로
의식이 없어지는 경우도 종종 발생하였다. 환자는 자신의 상황을 굴

---

21 Griffiths, J., Bood, A., & Weyers, H. 1998. 62-63.

욕적이라고 느끼며 안락사를 반복적으로 요청하였디. Schoonheim 박사는 환자의 가족 및 다른 의사들과 상의 끝에 결국 안락사 요청을 수락하였고, 환자는 치명적인 약물주사를 투여한 후 사망에 이르렀다.

재판과정에서 Schoonheim박사는 두 가지 측면에서 자신을 변론하였다. 첫째, 이 사건은 의사로써 환자의 통증을 완화시켜야 할 의무와 법적으로 환자의 생명을 보호해야 할 의무가 충돌하는 상황(a situation of necessity)이었다. Schoonheim박사는 신중하게 이 상충되는 의무의 균형을 맞추기 위해 노력하였고, 객관적으로 결정을 내렸다고 주장하였다. 둘째, '법의 실질적인 위반'이 결여되어 있다고 주장하였다. 지방법원은 Schoonheim박사의 두 번째 주장을 받아들여 무죄를 판결하였다. 검찰은 암스테르담 법원에 항소하였고, 암스테르담 법원에서는 Schooneim박사가 네덜란드 형법 제 293조인 "요청시 살인(killing on request)" 항목을 위반하였음을 인정하였으나, 처벌은 가하지 않았다. 결국 피고인은 네덜란드 대법원에 상고를 하였다.

네덜란드 대법원에서는 '법의 실질적인 위반'이 결여되어 있음을 인정하였다. 하지만, 형법 제40조의 의무 충돌상황(a situation of necessity)에 대한 인정여부는 항소법원에서 적절하게 검토되지 않았다고 판결하였다. 네덜란드 대법원은 의무 충돌상황(a situation of necessity)의 정당화를 위한 몇 가지 가이드라인을 제시하였다. 여기에는 "견딜 수 없는 고통(unbearable suffering)", "개인의 존엄성 상실(loss of personal dignity)", "존엄한 죽음(die in a dignified manner)"이 포함되었다. 이에 대한 심리를 위해 원심은 파기되었고, 헤이그 항소법원으로 사건이 다시 회부되었다. 헤이그 법원에서는 Schoonheim박사의 의무 충돌상황에서의 판단은 정당화될 수 있음을 인정하였다. 결과적으로, 이 사건은 적극적인 안락사를 시행한 의사에게 형사 책임을 인정하지 않은 최초의 사례로 그 의의를 갖게 되었다.

3. 사건: Chabot[22]

50세 환자인 Netty Boomsma는 오랜 기간 우울증을 앓고 있었다. 이 환자는 폭력적인 결혼생활을 하였고, 두 아들은 사망하였다. 둘째 아들의 사망 이후, 환자는 자살을 결심하였고 Chabot박사를 찾아가게 되었다. 정신과 의사인 Chabot박사는 우선 환자를 진단하였고, 환자가 정신적으로 매우 심하게 고통 받고 있음을 알게 되었다. 1991년 Chabot박사는 환자에게 치명적인 약물을 처방해 주었고, 환자는 사망에 이르게 되었다.

Chabot박사는 네덜란드 형법 제 294조에 의해 기소되었지만, 의무 충돌상황(a situation of necessity)에 따라 정당하게 행동하였다고 주장하였다. 법원은 이전의 판례에서 피고인이 의무 충돌상황에서 정당하게 행동한 경우, 안락사가 정당화될 수 있다고 판결한 적이 있었다. 하지만, 검찰은 환자의 고통이 비신체화된 고통의 경우에는 적용될 수 없다고 주장하였다. 대법원은 환자가 신체적인(somatic) 고통을 겪고 있는지 여부에 관계없이 의무 충돌상황은 적용될 수 있으

---

22 Griffiths, J., Bood, A., & Weyers, H. 1998. 149-151.

며, 고통에 대한 문제는 환자의 자율적 판단에 근거할 수 있다고 판결하였다. 물론 정당화에 대한 문제는 독립적인 의료전문가에 의해 검토되어야 한다고 덧붙였다.

Chabot박사는 다른 의사동료들과 해당 환자에 대한 의학적 소견을 나눈 적은 있었지만, 실제로 그들이 환자를 독립적으로 검진했다는 증거는 없었다. 따라서 Chabot박사는 네덜란드 형법 제294조를 위반하였다고 인정되어 유죄판결을 받았다. 하지만, 법원에서는 어떠한 처벌도 가하지 않았다. 이 사건은 신체적인 고통뿐만 아니라 심리적인 고통까지도 안락사의 대상으로 인정한 데 그 의의가 있다.

4. 네덜란드 존엄사법(The Dutch Termination of Life on Request and Assisted Suicide (Review Procedures) Act)

네덜란드에서는 위의 판례들에서도 볼 수 있듯이 특정한 조건 하에서 안락사가 관행적으로 시행되고 있었으며, 사회적으로도 수용되고 있는 분위기였다. 하지만, 이런 관행이 합법적인 것은 아니었고, 실제로 의사들이 안락사를 시행할 때 특정한 조건들을 잘 준수했는지에 대한 법적 고려사항들이 필요하였다. 따라서 좀 더 적극적이고 공개적으로 이러한 문제점들을 해결하기 위해 안락사를 법제화하기 위한 법안을 마련하게 되었다.

1) 합법화 과정
1985년, 국가안락사위원회(State Commission on Euthanasia)에서는 법안

의 초안을 제시하였다.[23] 이 위원회에서는 새로운 조항인 제292b조를 통해 생명종결에 대한 처벌이 불가능한 의료적 관행조건(condition of non-punishable medical practice of termination of life)을 제안하였다. 또한, 제293조에 대한 개정을 통해 "조심스러운 의료 행위(careful medical practice)"의 조건을 자세하게 기술하였다. 1985년 국가안락사위원회가 제시한 법안은 법적으로 다양한 이슈가 되었다. 하지만, 정치적 상황으로 인해 의회에서는 약 15년간 어떠한 입법도 이루어지지 않았다.

1999년, 이 법안은 네덜란드 하원에 제출되었고, 2000년 104 대 40의 지지로 통과되었다. 이후, 상원으로 제출된 이 법안은 2001년 46 대 28의 지지로 통과되었다. 법안이 모든 의회에서 통과된 후, 네덜란드 존엄사법(The Dutch Termination of Life on Request and Assisted Suicide (Review Procedures) Act)은 2002년 4월 1일부터 효력이 발생되었고, 네덜란드는 안락사를 합법화한 최초의 국가가 되었다.

2) 내용

네덜란드 존엄사법(Review Procedures)은 특정 상황에서의 안락사와 의사조력자살을 합법화하고 있다. 이 법의 가장 중요한 부분은 형법 제293조 및 제294조의 개정이다. 형법 개정에 따라 안락사 또는 조력자살에 참여한 의사도 아래 제시한 요건과 절차가 충족되면 형사 책임을 지지 않게 된다.[24]

---

23 Griffiths, J., Bood, A., & Weyers, H. 1998. 69-74.

24 https://english.euthanasiecommissie.nl/due-care-criteria.

첫째, 환자는 자발적으로, 심사숙고하여 요청을 해야 한다.

둘째, 환자가 회복이 불가능한 상태에서 통증이 견딜 수 없는 정도여야 한다.

셋째, 의사는 환자에게 현재 상태 및 예후에 대해 알려주어야 한다.

넷째, 의사는 환자와 함께 합리적으로 다른 대안이 없다는 결정을 내려야 한다.

다섯째, 의사는 적어도 한 명 이상의 독립된 의사와 상의하여야 하고, 다른 의사는 직접 진단을 내리고 서면으로 의견을 제출해야 한다.

여섯째, 의사는 조력자살을 시행할 때 신중하게 의료적 처치를 하여야 한다.

여기서 환자는 적어도 16세 이상이어야 하며, 12~16세의 환자인 경우에는 부모 또는 보호자의 동의가 있으면 가능하다. 만약 환자가 판단을 내릴 수 없는 상태(incapable)라면, "사전의료지시서(advanced directives)"가 있는 경우에만 안락사를 실시할 수 있다. 안락사 시행 이후, 의사는 "합당한 보고서(reasoned report)"를 작성해야 하고, 검시관에게 사망 원인을 통보해야 한다. 검시관은 의사, 법률전문가, 윤리전문가 각각 한 명씩으로 구성된 지역심사위원회에 합당한 보고서를 제출해야 한다. 지역심사위원회에서는 보고서를 검토하고, 법에서 제시한 요건과 절차가 충족되었는지 여부를 판단한다. 만약 요건과 절차를 위반하였다면, 지역심사위원회는 검사에게 통보하여야 하며, 해당 의사는 처벌을 받게 된다.

3) 영향력

네덜란드에서 안락사는 2002년에 합법화되었지만, 이미 수십 년 동안 암묵적인 안락사가 실시되어 왔다. 실제로 안락사로 인한 사망자 수를 살펴보면 2001년에는 약 3,800명이 사망한 것으로 나타났다.[25] 이는 2001년 네덜란드 총 사망자의 약 2.7%에 해당하는 수치이다.

하지만, 안락사가 합법화된 2002년 안락사로 인한 사망자 수는 총 1,882명으로 안락사 합법화 이전보다 약 50% 가까이 줄어든 것을 볼 수 있다. 이는 안락사의 합법화로 인해 오히려 안락사에 대한 규제가 강화되었다는 것을 의미할 수 있을 것이다.

2002년 이후, 매년 안락사로 인한 사망자 수는 증가하고 있으며, 2016년 안락사로 인한 총 사망자 수는 6,091명에 이르렀고, 이는 2016년 네덜란드 총 사망자수의 약 4%에 해당하는 수치이다.[26] 특히, 2006년부터 2016년 사이에는 안락사로 인한 사망자수가 약 317%나 증가하였다. 인구의 고령화로 인해 매년 치매나 정신질환으로 인한 안락사 환자의 수 또한 꾸준히 증가하고 있다.

---

25 http://euthanasie.nl/nvve-english/pagina.asp?pagkey=72143&metkey=449.

26 http://www.ieb-eib.org/fr/pdf/report-2016-euthanasia-in-netherlands.pdf.

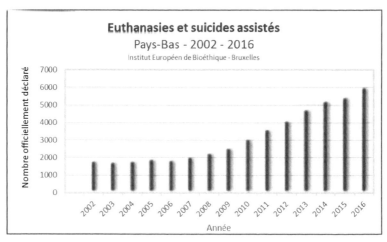

출처: Institut Européen de Bioéthique. 2017. Report 2016 euthanasia in
Netherlands

V. 미국과 네덜란드 존엄사법의 비교

지금까지 미국과 네덜란드의 존엄사법에 영향을 미친 사건들과,
합법화 과정, 해당 법안들의 내용 및 영향력에 대해 살펴보았다. 여
기에서는 두 나라의 존엄사법의 공통점과 차이점에 대해 간단히 살
펴보고자 한다.

1. 미국과 네덜란드 존엄사법의 공통점

미국 오레곤 주의 존엄사법(DWDA)과 네덜란드 존엄사법(Review
Procedures)의 공통점은 다음과 같다.

첫째, 의사가 환자의 진단, 의사결정과정, 처치에 모두 관여해야 한다.

둘째, 환자의 요청은 자발적으로 이루어져야 한다.

셋째, 환자는 의사와 다른 대안은 없는지 반드시 상담해야 한다.

넷째, 환자와 의사의 결정을 다른 독립적인 의사가 확인시켜주어야 한다.

다섯째, 의사는 모든 과정을 보고해야 하며, 보고된 내용은 반드시 검토되어야 한다.

2. 미국과 네덜란드 존엄사법의 차이점

미국과 네덜란드 존엄사법의 가장 큰 차이점은 적극적인 안락사에 대한 태도이다. 미국 오레곤 주의 존엄사법(DWDA)에서는 의사조력자살은 허용되지만 적극적인 안락사는 명시적으로 금지되어 있다. 따라서 의사는 환자의 요청에 따라 처방만 하게 되며, 실제적인 처치는 환자의 결정에 따라 발생하지 않을 수 있다. 반면, 네덜란드의 존엄사법(Review Procedures)에서는 의사조력자살 뿐만 아니라 적극적 안락사도 모두 합법화되어 있다. 따라서 의사는 환자의 처치뿐만 아니라 환자가 사망할 때까지의 모든 과정을 관리, 감독해야 한디.

두 번째 차이점은 질병의 상태에 관한 것이다. DWDA에서는 말기질환을 의학적 판단에 근거하여 6개월 이내에 죽음을 앞둔 것으로 제시하고 있다. 하지만, 환자가 참을 수 없는 고통을 겪고 있는지 여부는 명시되어 있지 않다. 반면, Review Procedures에서는 환자의 사망시점에 대해 명시하지 않고 있나. 그보다는 회복가능성이 없는 상태에서의 참을 수 없는 고통에 더욱 초점을 맞추고 있다.

세 번째 차이점은 요청의 표현에 관한 것이다. DWDA에서는 판단능력이 있는 상태에서 서면요청서를 작성한 환자만 약을 처방받을 수 있다. 반면, Review Procedures에서는 판단능력이 없는 상태의 환자라도 사전의료지시서가 있는 경우 안락사를 허용하고 있다.

네 번째 차이점은 환자의 자격에 관한 것이다. DWDA에서는 환자를 18세 이상의 오레곤 주 거주자로 제한한다. 반면, Review Procedures에서는 연령제한을 16세로 두고 있으며, 거주지의 제한을 두지 않는다. 또한 12~16세의 환자도 부모의 동의가 있으면 안락사를 요청할 수 있다.

다섯 번째 차이점은 대기기간에 관한 것이다. DWDA에서는 환자의 초기요청과 처방전 작성 사이에 최소한 15일의 대기기간을 필요로 한다. 반면, Review Procedures에서는 대기기간에 대해 명시하지 않고 있다.

마지막 차이점은 행동의 주체에 관한 것이다. DWDA에서는 환자가 본인의 죽을 권리를 주장하는 행동을 취하게 된다. 반면, Review Procedures에서는 의사의 처치가 주요한 행동으로 나타나게 된다.

Ⅵ. 나가며

지금까지 미국과 네덜란드에서의 존엄사 법제화 과정과 그 내용 및 영향력을 검토해 보았다. 존엄사의 합법화는 생명을 보호할 권리와 죽을 권리 사이의 갈등을 초래할 수 있기 때문에 매우 신중한 사안이다. 이미 존엄사를 허용하고 있는 미국과 네덜란드에서도 존엄사가 남용될 수 있으므로 특정한 조건이나 그 시행에 있어 다양한 제약이 가해지고 있으며, 끊임없이 문제제기가 이루어지고 있다.

존엄사의 합법화에 대한 논의는 실제 한국에서도 법안이 실행되면 다양한 문제점을 제기하게 될 것이다. 이미 존엄사를 합법화한 다양한 해외 사례들을 기반으로 우리나라 실정에 맞는 법안을 마련하려는 노력은 끊임없이 이루어져 왔지만, 실제로 시행되었을 경우 예상하지 못했던 문제점들이 제기될 수 있을 것이다. 이 때, 기존에 논의되었던 해외의 다양한 사례들을 거울삼아 다양한 견해를 제시하고 해결책을 모색할 수 있기를 기대한다.

참고문헌

대법원판례 2002도995
대법원판례 2009다17417
윤영호. 2008. 「품위 있는 죽음(존엄사)을 위한 법적·제도적 장치 마련」. 『의료정책포럼』 6(3). 101-106.
이종원. 2007. 「안락사의 윤리적 문제: 의사조력자살을 중심으로」. 『철학탐구』 21. 155-187.
Brock, D. 1993. "Voluntary Active Euthanasia". *Hastings Center Report* 22(2).
Cruzan v. Director. Missouri Department of Health. 497 U. S. 261. 1990.
Gorsuch, N. M. 1999. "Right to Assisted Suicide and Euthanasia." *The Harvard Journal of Law & Public Policy* 23.
Griffiths, J., Bood, A., & Weyers, H. 1998. *Euthanasia and law in the Netherlands*, Amsterdam: Amsterdam University Press.

Lee v. Oregon, 107 F.3d 1382, 1386. 9th Cir. 1997.
Vacco v. Quill, 521 U.S. 793. 1997.
Washington v. Glucksberg, 521 U.S. 702, 716. 1997.

저자소개

정영근	상명대학교 교육학과 교수
공병혜	조선대학교 간호학과 교수
양선진	충남대학교 유학연구소 양명학 실장
호리에 노리치카	도쿄대학교 사생학응용윤리센터 교수
천선영	경북대학교 사회학과 교수
양정연	한림대학교 생사학연구소 HK교수
이케자와 마사루	도쿄대학교 사생학응용윤리센터 교수
쑨 샤오즈	타이완대학교 철학과 교수
유지영	한림대학교 고령사회연구소 HK교수

생사학연구총서 1

생명과 인간존엄에 대한 숙고

초 판 인 쇄	2018년 02월 06일
초 판 발 행	2018년 02월 14일
엮 은 이	한림대학교 생사학연구소
저　　　자	정영근·공병혜·양선진·호리에 노리치카·천선영·양정연 이케자와 마사루·쑨 샤오즈·유지영
발 행 인	윤석현
발 행 처	도서출판 박문사
책 임 편 집	최인노
등 록 번 호	제2009-11호
우 편 주 소	서울시 도봉구 우이천로 353 성주빌딩 3층
대 표 전 화	02) 992 / 3253
전　　　송	02) 991 / 1285
홈 페 이 지	http://www.jncbms.co.kr
전 자 우 편	bakmunsa@hanmail.net

ⓒ 한림대학교 생사학연구소 2018 Printed in KOREA.

ISBN 979-11-87425-77-9　93300　　　　　　　　　　　　정가 21,000원